John C. Pollock

Hudson Taylor
Pionier im verbotenen Land

BRUNNEN
VERLAG GIESSEN·BASEL

ABCteam-Bücher erscheinen in folgenden Verlagen:
Aussaat Verlag Neukirchen-Vluyn
R. Brockhaus Verlag Wuppertal und Zürich
Brunnen Verlag Gießen und Basel
Christliches Verlagshaus Stuttgart
Oncken Verlag Wuppertal und Kassel

Titel der englischen Originalausgabe:
„Hudson Taylor and Maria"
© 1962 by John C. Pollock
Aus dem Englischen von Emmi Baumann

6. Auflage 1999
© 1983 Brunnen Verlag Gießen
Umschlagmotiv: Corel Stock Photo Library, Düsseldorf
Umschlaggestaltung: Ralf Simon
Herstellung: Ebner Ulm
ISBN 3-7655-3196-0

INHALT

JAMES

Teegesellschaft in einer Apothekerfamilie in der Bergwerkstadt Barnsley in Yorkshire (England) um 1845: mit Fleisch gefüllter, gebackener Teigpudding, Kartoffeln und Brotschnitten, Tee und ein dampfender, schwarzer Wasserkessel über dem Kamin draußen. Wogender, kohlenstaubgeladener Nebel. Geklapper von Schubkarren auf dem Steinpflaster der Straße.

Der zwölfjährige Hudson saß still vor seinem Teller und bewunderte seinen Vater, James Taylor, der sich über eins seiner beliebten Themen verbreitete. Neben Hudson saß seine drei Jahre jüngere Schwester Amalia, ihm gegenüber die besinnliche kleine Louisa und ein Nachbarjunge, Benjamin Broomhall, am Fußende die Mutter. Ihre Augen suchten die Wanduhr, denn der Apotheker redete sich wie gewöhnlich immer tiefer in sein Thema hinein. „Er war ein großer Erzähler", schreibt Benjamin Broomhall, „nur manchmal sehr ziellos. Man hätte ihn Herr Orakel nennen können. Doch alle Zuhörer lauschten gespannt seinen Worten, und mich verwirrte sein Wissen. Er breitete es nicht ungern vor andern aus und hatte ein unbegrenztes Vertrauen in sich selbst. Er gab sich unendlich viel Mühe, interessant zu erzählen." „Fesselnd und lehrreich", meint Amalia. „Uns Kindern war das Sprechen während der Mahlzeiten verboten. Vielleicht wurden wir etwas zu streng erzogen."

Während James Taylor sich weiter über sein Lieblingsthema erging, hörte ihm Hudson interessiert zu. Der Apotheker, ein Gemeindeprediger der Methodisten, hatte in seiner Jugend großen Anteil genommen an Reiseberichten von den Küstengebieten Chinas, dem geheimnisvollen Kaiserreich, das der westlichen Welt durch Seide und Porzellan, Jade und Tee bekannt war, die aber nur zu ungeheuren Preisen zu bekommen waren. Seitdem hatte er alles mit größtem Interesse verschlungen, was in einigen wenigen Büchern über dieses fremdländische, geheimnisvolle „Cathay" gesagt war. „In jenem Land kann beinahe jeder lesen", erklärte Herr Orakel der Tafelrunde, „und die Menschen dort verehren beinahe jedes Stück bedruckten Papiers. Kein Chinese würde ein solches je zerstören." Er vertrat die Meinung, China sollte mit Bibeln überschwemmt werden, und erzählte von der vielseitigen katholischen Arbeit. Er legte dar, wie die Jesuiten, die Peking einst duldete, jedoch später verbannte, heimlich unter Lebensgefahr von einem Ort zum andern zogen und Tausende von Meilen in das Land eindrangen. Er hatte methodistische Missionsberichte über Indien und Afrika gelesen. „Warum schikken sie niemanden nach China?" klagte er. „Warum sind in jenem großen Land nicht mehr als ein halbes Dutzend Protestanten?"

Jetzt meldete sich Hudson zu Wort. „Wenn ich groß bin, gehe ich als Missionar nach China." Die ganze Teegesellschaft blickte belustigt auf den kleinen Redner — der kränkliche, schwache Hudson nach China? Vor seiner Geburt hatte der Apotheker tatsächlich darum gebetet, doch schon lange jede Hoffnung aufgegeben. War es nicht ein Geschenk, daß Hudson wenigstens bei all seinen Krankheiten nicht in Krämpfe fiel wie seine Tante Sarah?

Amalia sagt, ihr Vater sei ein guter Apotheker gewesen. „Vor allem verstand er sich auf das Rezepteschreiben. Er war ein halber Arzt. Die Leute hatten großes Vertrauen zu seinen Rezepten." Er hatte einen widerspruchsvollen Charakter: freundlich, aber auch herrisch; verschlossen, aber auch redselig; hochtrabend, aber auch schüchtern. Den Armen half er gern, doch mit seinen Angehörigen war er streng. „Die Familie mußte mit wenigem auskommen", schrieb Amalia in ihren späteren Jahren. „Er wäre wohl in der Lage gewesen, seine Kinder gute Schulen besuchen zu lassen und Hudson eine medizinische Ausbildung zu geben. Doch unser Vater wollte uns Kindern einmal ein kleines Vermögen hinterlassen. Er bedachte aber nicht, daß uns eine gründliche Ausbildung mehr gedient hätte."

Mrs. Taylor war eine treue, fleißige, zarte Gattin, von ihrem Manne geliebt und ihm völlig untertan. Als Tochter des Pastors Benjamin Hudson war sie von höherem Stande. Von diesem Großvater erbte Hudson Taylor zwei Eigenschaften: den künstlerischen Sinn und die Fröhlichkeit.

Hudson war klein von Gestalt und hatte helles, lockiges Haar. Darunter guckten graublaue Augen hervor. Bis an sein Ende strahlte er viel Liebe aus. Auch besaß er eine lebhafte Phantasie. Gern saß er in der Dämmerstunde mit Amalia zusammen und erzählte ihr spannende Geschichten, bis sie der Schlaf übermannte. Seine Stimme wuchs sich zu einem wunderschönen Tenor aus, und an Familienmusikabenden beteiligte er sich mit Flötensolos. Von seinem Vater erbte er den starken Willen und ein selbständiges Denken.

Als Jüngling beunruhigte ihn die religiöse Atmosphäre seines Elternhauses. Mit fünfzehn Jahren trat er in die Lehre bei einer Bank. Sein fröhliches Wesen machte ihn überall beliebt. Er schreibt später: „Ich hätte gern viel Geld, ein Pferd und ein nach eigenem Geschmack eingerichtetes Haus gehabt und wäre auch zu gern mit andern jungen Leuten meiner Umgebung auf die Jagd gegangen." Die andern Lehrjungen fegten bald die Religion aus seinem Denken. Er spottete und fluchte, wenn auch vielleicht nicht so grob wie seine Umgebung, denn er war feinfühlig, und die traurigen Blicke seiner Mutter und Amalias Tränen entgingen ihm nicht. Von seinem Vater erhielt er für sein Lästern Schläge.

Das Gaslicht im trüben Yorkshire-Winter war zu stark für Hudsons Augen; sie blieben schwach, solange er lebte. 1848 verließ er die Bank und nahm sich der Töpfe und Flaschen in seines Vaters Apotheke an, schrieb Rezepte für Bauersfrauen auf dem Markt, die über wunde Füße klagten, und mischte die Pulver, wenn die Majorskinder Durchfall hatten. Kränklichkeit, Entwicklungsstörungen und eine nagende Unzufriedenheit der Seele machten ihn erregbar und mürrisch.

Ein Jahr später, im Juni 1849, war seine Mutter an einem Ferienort. Amalia war spazierengegangen, und Hudson wußte nicht, was er mit seinem freien Nachmittag anfangen sollte. Er durchstöberte seines Vaters Bibliothek und wühlte in einem Korb mit Evangeliumstraktaten. Er griff ein Blatt heraus und nahm sich vor, nur die darin erzählte Geschichte zu lesen, aber die Anwendung zu übergehen. Dazu begab er sich in die hinter dem Hause gelegene Scheune, machte es sich dort bequem und begann, „völlig uninteressiert zu lesen, mit der bestimmten Absicht, den Traktat sogleich zu vernichten, sollte er sich als langweilig erweisen".

Ein Satz fesselte ihn. Plötzlich wurde ihm bewußt, daß er die Religion bisher von einer falschen Seite betrachtet hatte. Sich gute Werke abquälen, um so für die schlechten gutzumachen, das hatte er als Christsein aufgefaßt. Diesen Kampf hatte er schon lange aufgegeben. Seine Schuld aber hatte sich angehäuft. Er war ein geistlicher Bankrotteur, der seinen göttlichen Gläubiger mit einer kleinen Dividende in Form gelegentlicher Gottesdienstbesuche und mit einem geplapperten Gebet vor dem Einschlafen abfand, doch ohne Hoffnung auf einen Abschluß. Wie so viele Bankrotteure hatte er nur nach einem angenehmen Leben getrachtet.

Ein einziger Satz in diesem Traktat brach das Siegel seines Verstandes. Er erkannte, daß Christus durch Sein Sterben am Kreuz die Sündenschuld auslöschte. „Damit kam die frohmachende Überzeugung wie ein Licht, das in meine Seele fiel, so daß es für mich nichts anderes zu tun gab, als auf die Knie zu sinken und diesen Erlöser und Seine Erlösung anzunehmen und Ihn bis in alle Ewigkeit zu preisen."

Weder Luther noch Bunyan oder Wesley empfanden die Befreiung von der Sündenlast, das Licht, das die Finsternis ablöste, die Wiedergeburt und das enge Verhältnis zu Christus tiefer, als der siebzehnjährige Hudson Taylor es erlebte an jenem Juninachmittag im Jahre 1849.

Es vergingen einige Tage, bis er Amalia unter dem Siegel der Verschwiegenheit sein Geheimnis schüchtern erzählte. Und als dann die Mutter zehn Tage später nach Hause zurückkehrte, eilte er ihr entgegen und sagte ihr alles. Während sie ihn in ihre Arme schloß, sagte sie: „Ich weiß davon. Ich freue mich schon zwei Wochen darauf, von dem Schönen zu hören, das du erlebt hast." Hudson wunderte sich über diese Worte. Hatte Amalia ihr Versprechen denn nicht gehalten? Von ihr aber hatte die Mutter nichts erfahren. Während ihrer Ferien, achtzig Meilen von ihrem Heim entfernt, habe sie am Tage seines Erlebnisses in der Scheune sich gedrungen gefühlt, ganz besonders für Hudson zu beten. Endlich habe sie sich von ihren Knien erhoben in der festen Gewißheit, daß ihr Gebet erhört worden sei.

„Vielleicht war es ganz natürlich", schrieb Hudson Taylor viele Jahre später, „daß ich gleich vom Anfang meines christlichen Lebens an zu der Erkenntnis geführt wurde, daß das Gebet eine ganz nüchterne Abmachung mit Gott bedeutet."

Die Sommertage gingen in heiterem Erleben dahin. Hudson war überströmend glücklich. Dankbarkeit, Liebe und Begeisterung trieben ihn zum Bekenntnis seines Erlebens vor seinen Freunden. Im Winter setzte die Reaktion ein. Zweifel überfielen ihn und vertieften sich, da Amalia fern in ihrer Schule weilte und seines Vaters Temperament schwierig war. Hudson verlor seine Fröhlichkeit und begann Jungenhaftigkeit mit Sünde zu verwechseln: „Ich neige zu Leichtsinn und Hohlheit, oft gebe ich meiner neckischen Art Raum." Als sein Vetter sich über seine verlängerte stille Zeit im gemeinsamen Schlafraum lustig machte, gab Hudson nach und plagte sich sofort mit Selbstvorwürfen.

D. E. Hoste brachte einmal seine Verwunderung darüber zum Ausdruck, daß Hudson Taylor im Vergleich zu Luther nicht jungenhafter war.

Anfang Dezember 1849 fürchtete er sich vor einem gänzlichen Abfall. Seine Mutter berichtet darüber: „Eines Abends war er besonders unglücklich über seinen Zustand. Er fiel auf seine Knie und flehte Gott inbrünstig um Hilfe und Bewahrung an. Auch erklärte er sich zu jedem Weg bereit, wenn Gott ihn nur vor dem Abfall bewahre. Er weihte sich Ihm neu und empfand dabei ein erhabenes Gefühl der Gegenwart Gottes, das er nicht beschreiben konnte. Er fühlte nur, daß sein Angebot angenommen sei. Er empfand es so stark, als hätte eine Stimme die Worte ausgesprochen, die Gott an sein Herz richtete: Dann geh nach China!"

Barnsleys einziges Buch über China gehörte dem Prediger der Gemeinde. Anfang des Jahres 1850 suchte Hudson diesen Mann auf.

„Warum möchtest du dieses Buch lesen?" fragte er Hudson, während er es aus dem Bücherregal nahm.

Der junge Mann, dessen Kindergesicht, blondes Kraushaar und kleine Gestalt ihn jünger erscheinen ließen, als er war, erzählte ihm den Grund.

„Wie gedenkst du in jenes Land zu kommen?"

Hudson murmelte etwas von den Jüngern Jesu, die ohne Bibel und Geld auf Gottes Befehl hin auszogen und denen nie etwas mangelte.

Der Prediger legte seine Hand väterlich auf die schmale Schulter des Jüngeren. „Mein Junge, wenn du älter bist, wirst du weiser sein als heute. Eine solche Idee war wohl angebracht in den Tagen Jesu auf Erden, doch nicht heute."

England hatte Hongkong seit dem beschämenden Opiumkrieg vor acht Jahren halten können und in fünf Vertragshäfen Fuß gefaßt, wo Missionsgesellschaften ihre Vertreter eingesetzt hatten, die jedoch höchstens einige Tausend der vierhundert Millionen Untertanen des Drachenthrons erreichten. Sie waren streng an die Küste gebunden, lebten, wie man annahm, ein hartes Leben in einem schwererträglichen Klima und besaßen erprobte medizinische Fähigkeiten. Für einen achtzehnjährigen Apothekergehilfen ohne Aussicht auf ein Universitätsstudium, der körperlich kaum die Nebel und Fröste des heimatlichen Yorkshire-Klimas aushielt, war jeder Gedanke an China einfach lächerlich.

„Armes, vernachlässigtes China!" schrieb Hudson an Amalia. „Kaum jemand erinnert sich seiner. Und jenes unermeßliche Land, das beinahe ein Viertel der Menschheit birgt, wird in Unwissenheit und Dunkelheit gehalten." Er legte sein Federbett beiseite, machte ausgedehnte Märsche in die Heide hinein, versuchte seine allgemeine Bildung zu erweitern und wagte sich an das schier Unmögliche der Erlernung der schwersten Sprache der Welt.

China und Miss Vaughan erfüllte sein ganzes Denken und Herz. Hudson hatte sich in eine junge Musiklehrerin verliebt, die Amalia für einen Ferienaufenthalt nach Hause gebracht hatte. Doch gestand er ihr seine Liebe nicht. „Was soll ich nur tun?" schrieb er an Amalia am 11. November 1850. „Ich liebe sie. Ohne sie wäre das Leben für mich ein leerer Raum. Doch kann ich sie nicht für mich gewinnen."

Im Frühjahr 1851 nahm er eine Stelle als Arzneibesteller bei einem jovialen Arzt, Dr. Richard Hardey, an, dessen Bruder, ein erfolgloser Börsenmakler, Mrs. Taylors Schwester, eine Porträtmalerin, geheiratet hatte. Hardeys hatten einen munteren Kreis von Freunden um sich gesammelt, in dem Musik, Medizin, Kunst, Religion und Fröhlichkeit die Tage ausfüllten. Sie wohnten auf der einen Seite des Humber, und auf der andern war Amalia in der Schule, in der Miss Vaughan Musikunterricht erteilte. Das Fährboot hatte einen häufigen Passagier. „Wenn Miss Vaughan in Barton uns beide am Klavier begleitete", dann sprach er nachher auch immer mit Amalia über seine Liebe zu Miss Vaughan. Und eines Tages gestand er ihr seine Liebe.

Doch die Musiklehrerin dachte nicht daran, je nach China zu ziehen. So sehr Hudson, angezogen von ihrem Charme, sich auch bemühte, es war aussichtslos. Hudson erkannte, daß er sie nicht überreden konnte. „Er sprach viel über China", schrieben seine Freunde in Barton über Hudson. „Er war ein blasser, blondhaariger, schlanker Jüngling, impulsiv und liebenswürdig."

Im November siedelte er in ein ungesundes Hafengebiet über. In Drainside lebte er äußerst sparsam und in harter Selbstverleugnung. In seiner Freizeit begab er sich als selbsternannter Missionsarzt in die unfreundlichen Straßen, wo geringe Löhne, übergroße Familien und Schnaps Hausväter und Mütter in rohe Menschen verwandelten und die Kinder dahinsiechten. Das irische Erbe in seinem Blut drängte ihn zu außerordentlichen Erlebnissen, die der Lächerlichkeit nicht entbehrten, denn oft erfuhr er „eine sehr rohe Behandlung, wobei meine Traktate in Stücke gerissen wurden".

Drainside war zu viel für Miss Vaughan. Am 16. Dezember 1851 schrieb Hudson an Amalia: „Einige Tage hindurch war mir so elend ums Herz wie nur möglich . . ., bis ich beinahe alles aufgab." Am Sonntag „saß ich allein im Sprechzimmer und begann über die Liebe Gottes nachzusinnen . . . Diese besänftigte

11

und demütigte mich. Sie brachte meine eisige, festgefrorene Seele zum Sprechen."

Miss Vaughans Absage und das harte Leben in Drainside genügten ihm nicht als Vorgeschmack für sein künftiges Arbeitsfeld. Er stellte sich selbst tief im Innern Chinas vor, „weit entfernt von jeder menschlichen Hilfe und allein auf den lebendigen Gott geworfen für Bewahrung, Nahrung und Hilfe jeder Art. Ich fühlte, daß meine geistlichen Muskeln gestählt werden mußten . . . Ich dachte, wenn ich je nach China ausziehe, kann ich keinen Anspruch an irgend jemand oder etwas stellen, und ich werde mich allein auf Gott verlassen müssen . . . Darum ist es wichtig, daß ich lerne, Menschen durch das Gebet von Gott bewegen zu lassen, ehe ich England verlasse."

Hudson richtete sein Leben so ein, als reiche das Geld nicht mehr aus für die Bedürfnisse des nächsten Tages. Einmal schenkte er seine letzte halbe Krone weg, um das Leben einer ausgehungerten Irin zu retten. Am folgenden Morgen brachte die Post den fünffachen Betrag in Form eines Geldstücks, das in ein paar kostbare Handschuhe eingepackt war. Den Spender konnte er nie ausfindig machen.

Die Frage, wie er je das unbekannte Land seiner Träume erreichen solle, beschäftigte ihn dauernd. Vielleicht könnte er es als Matrose versuchen? Doch dazu hätte seine Kraft wohl nie gereicht, und das Meer hätte bestimmt bald seine schmächtige Gestalt begraben.

Hudson wandte sich an die Londoner Missionsgesellschaft. „Zweifellos war es ein kindlicher Brief, voll Liebe für den Herrn, aber auch nicht viel mehr. Ich bin froh, daß er nie beantwortet wurde." Die Methodisten hatten in China keine Arbeit. Es muß noch gesagt werden, daß Hudsons Vater mit den Führern der Methodistengemeinde einen Zusammenstoß gehabt und sich der neuen, reformierten Gruppe angeschlossen hatte, während er selbst sich eine Zeitlang zu den Plymouth-Brüdern hielt.

Dann tauchte Karl Gützlaff wie ein Komet am europäischen Himmel auf. Er stammte aus Pommern und hatte ein ungestümes Temperament. Er war der Meinung, das Christentum müsse mit allen Mitteln in China verbreitet werden. Er wollte die chinesische Küste mit guten Traktaten überschwemmen und nahm auf einem Schiff, das den verbotenen Handel mit Opium betrieb, eine Stellung an. Damit segnete er China mit der einen Hand, aber mit der andern schadete er ihm. Er besaß eine erstaunliche Geschicklichkeit im Sprechen und Schreiben der chinesischen Sprache und diente den britischen Besatzungstruppen während des Opiumkrieges als ehrenamtlicher Richter. Außerdem organisierte er den Spionagedienst. Nach dem Krieg amtierte er als chinesischer Sekretär in der Regierung Hongkongs. Dort benützte er sein Gehalt zur Entwicklung eines ausgezeichneten Planes, nach dem Kolporteure alle Provinzen zu durchziehen und überall Bibeln zu verkaufen hatten. Im Gegensatz zu den meisten der wenigen Missionare im Fernen Osten vertrat er die Ansicht, China müsse durch Chinesen für Christus gewonnen werden, und alle Europäer hätten sich in Kleidung und Betragen dem Volk und Land anzupassen. Er forderte auch zum Erwerb des chinesischen Bürgerrechts auf.

Es ist möglich, daß Gützlaff vor dem Verlassen Hongkongs Ende 1849 bereits den erstaunlichen Berichten seiner Kolporteure mißtraute, doch verbot ihm sein Stolz, dies einzugestehen. Auch fühlte er sich selbst zu sehr als Autorität im chinesischen Kaiserreich. Im Jahre 1850 bereiste er Europa und rief in seinen Versammlungen zu großzügiger Finanzierung seines Planes auf, wobei jedes westliche Land eine Provinz übernehmen und deren Bekehrung zum Christentum ermöglichen sollte. Weitgehendes Eingehen auf seine Vorschläge wurde durch eine zornige Reaktion abgelöst, als man entdeckte, daß Gützlaff hoffnungslos hintergangen wurde. Es erwies sich, daß die glänzenden Geschichten in Kanton erfunden worden waren. Die 2871 bekehrten Mongolen und Tibetaner existierten nur in den Träumen von Opiumrauchern. Gützlaff starb im 48. Lebensjahr 1851 in Hongkong als gebrochener Mann; bis zuletzt hatte er für China gebetet.

Wie eine Lache auf dem Sand, wenn die Flut zurückweicht, ließ die Gützlaff-Idee eine kleine, unbedeutende Organisation zurück, die sich Chinesischer Evangelisationsverein nannte. Seine Gründer waren zum großen Teil Geschäftsleute aus den Brüderkreisen, die begeistert alle interdenominationellen und internationalen Bemühungen unterstützten. Sie waren äußerst zielbewußt und hartnäckig, doch besaßen sie nur beschränkte Mittel und unterstützten damit einen einzigen Missionar, der später entlassen werden mußte, weil er sich am Kulihandel beteiligte. Dazu verfügten sie über eine internationale Zeitschrift, „The Gleaner" (Ährenlese). Hudson Taylor, der den Inhalt dieses Blattes gierig verschlang, besaß weder die Mittel, sich besser informieren zu können, noch die Fähigkeit, den Weizen von der Spreu unterscheiden zu können.

Im Herbst 1852 kam er auf eine Einladung des Chinesischen Evangelisationsvereins nach London. Diese Gesellschaft wollte für seine medizinische Ausbildung im London-Hospital aufkommen. Der Verein zeigte bald seine Geschäftstüchtigkeit, die später zu seiner Auflösung führte. Hudson lieferte sich ihm klugerweise nicht völlig aus. Er ließ sich zwar von dem Verein das Eintrittsgeld bezahlen; im übrigen ließ er den Sekretär im Glauben, sein Vater komme für Unterkunft und Unterhalt auf. Der Vater aber meinte, der Verein sorge dafür. Hudson Taylor lebte dem Beispiel Georg Müllers nach, der in Bristol Hunderte von Waisen aufnahm und Missionare unterstützte, obwohl er keinen Pfennig sein eigen nannte und nie Menschen um Gaben bat. Dieses Anliegen brachte er allein vor Gott.

Hudsons tägliche Nahrung bestand aus einem Laib Brot und einem Pfund Äpfel. Die vier Meilen zwischen Soho und dem London-Hospital legte er zu Fuß zurück, wobei ihn sein Weg an Gasthäusern vorbeiführte, aus denen ihm täglich verlockende Düfte entgegenkamen.

Auch die Ingwerbrötchenverkäufer in den belebten Gassen bedeuteten eine ständige Versuchung. Doch diese harte Schule kräftigte ihn. Er fürchtete sogar, sein Frohsinn sei unchristlich. „Wie schwer ist es oft", schrieb er an Amalia, „alles zu meiden, was leicht und angenehm ist, wenn man sich wohl fühlt und fröhlich gestimmt ist!"

Die Bewährungsprobe ging nach sechs Wochen zu Ende, als Hudson sich an einem septischen Leichnam infizierte. Der Arzt erklärte ihm, er könne die Krankheit nur überstehen, wenn er nicht zu viel Bier, und was dazu gehört, zu sich nehme, und verordnete ihm Koteletts und Wein. Hudson kehrte zur Erholung in sein Elternhaus in Yorkshire zurück. Im nächsten Jahr nahm er sein Studium in London wieder auf, diesmal wohlversehen mit Geld, das der Vater beisteuerte.

Hudson konnte den Gedanken an China nicht ertragen ohne einen Menschen, den er liebte und von dem er wiedergeliebt wurde. Er überredete seine alte Liebe, Miss Vaughan, zur Aufgabe aller ihrer Einwände. Sie verlobten sich zum zweitenmal. Er übersah bewußt, daß sie in Einstellung, Konstitution und Ausbildung ungeeignet war. Schon nach wenigen Wochen vertraute er Amalia an: „Ich wußte um meine Liebe zu ihr, und sie sagte mir doch, sie liebe mich. Doch ich weiß, daß sie mich nicht mehr liebt wie einst ... Ich fürchte, wir müssen unsere Verlobung auflösen. Bete für mich und schreibe bald!"

Die Angelegenheit wurde im April 1853 durch ihren Vater, Rev. Mr. Vaughan, geordnet, der erklärte, daß ihm nichts größere Freude bereiten würde, als Hudson in England als Schwiegersohn willkommen heißen zu dürfen, doch, so berichtete Mrs. Taylor Amalia, er „wird nie mit einer Ausreise in den Fernen Osten einverstanden sein. Hudson meint zwar, Mr. Vaughan sollte sich nicht *jetzt* ihrem Plan entgegenstellen ... doch weil er auf seiner vorgefaßten Meinung beharrt und Hudson nicht weiter in England bleiben *kann*, haben sich die beiden jungen Leute zur Auflösung ihrer Verlobung entschlossen. Armer Junge, ich fühle mit ihm! Der Schlag wird ihn hart treffen; doch ich glaube, es wird so recht sein."

Im Frühsommer 1853 trafen merkwürdige Nachrichten in England ein. Ein unbekannter Hakka aus Südchina namens Hung war als Kaiser ausgerufen worden. Er behauptete, Christ zu sein, und nannte sein schnell wachsendes Reich das „himmlische Königreich großen Friedens" (T'ai-ping T'ien-Kuo). Nach einem Aufstand, der sich über zwei Jahre hinzog, war die südchinesische Hauptstadt Nanking gefallen. Die Armeen des „himmlischen Königs" marschierten auf Peking zu. Die verbündete Mandschudynastie brach zusammen. Bald würde der Drachenthron von einem Christen eingenommen sein.

Im Mai war der Gouverneur von Hongkong, der britische Generalbevollmächtigte, auf der „Hermes" den Yangtse hinaufgesegelt und hatte Nanking besucht. Der „himmlische König" hatte chinesischer Tradition gemäß angenommen, die Engländer würden ihm die Ergebenheit ihrer Königin als tributpflichtige Untertanin anbieten. Trotz dieser heiklen Lage bestätigten die Besucher, daß die Taipingführer Christen seien. Der britische Gesandte vermutete zwar eine List zur Beschaffung westlicher Waffen. Andere waren beeindruckt, weil die Taipings die Götzen vernichteten und das Opium verboten, während sie die Herausgabe und Verbreitung der Gützlaffschen Bibeln förderten und die Zehn Gebote und das Vaterunser lehrten. Die Rebellen vertraten zwar die eigenartigsten Ideen, und das Gemetzel unter den Imperialisten war fürchterlich. Aber es war bekannt, daß der Rebellenkaiser vor sechs Jahren mit einem Missionar in Verbindung gestanden hatte. Dies geschah nach seiner fragwürdigen Bekehrung durch Visionen und durch Traktate, die ihm ein christlicher Chinese in Kanton gegeben hatte.

Die „Hermes" brachte Taiping-Literatur zurück, die den Bischof von Victoria in Hongkong davon überzeugte, daß die Mängel der Bewegung „natürliche Fehler von Menschen ohne Unterweisung und Führer seien, deren Sinne durch die ständige Mühsal ihrer Feldzüge zerrüttet waren". Der „himmlische König" redete den einzigen ihm bekannten Missionar, den selbständig arbeitenden amerikanischen Baptisten Isaschar Roberts (der sich seiner nicht erinnern konnte) mit den Worten an: „Ich ersuche dich, mein älterer Bruder, wenn du nicht vorhast, mich aufzugeben, zu kommen und viele andere Brüder mitzubringen . . ., damit die wahre Lehre erhalten bleibe."

In Europa löste der Gedanke an die Möglichkeit eines Sieges der Taipings und damit des Zugangs in das Innere des Landes ungeheure Begeisterung aus. Die Britische und Ausländische

Bibelgesellschaft entschloß sich zur Herausgabe einer Million chinesischer Neuer Testamente.

Der Chinesische Evangelisationsverein packte sie in seine Koffer und drängte den jungen Taylor als seinen Vertreter zur sofortigen Abreise nach China. Noch hatte er seine medizinische Ausbildung nicht abgeschlossen, doch sollte er die Taipings erreichen, sobald er die Sprache beherrschte oder noch vorher. Taylor erklärte sich damit einverstanden.

Mehr als drei Jahre hatte Hudson in der Hoffnung einer Ausreise nach China gelebt. Als die Zeit dazu aber nahte, schien es ihm, als gebe es keinen schöneren Ort als die Heimat. „Ich fürchtete beinahe", sagte ein Freund, „er würde darunter zusammenbrechen. Er war so voller Liebe zu uns allen."

Hudson Taylor verließ Liverpool am 19. September 1853 im Alter von einundzwanzig Jahren und vier Monaten als einziger Passagier des Seglers *„Dumfries"*.

An den Felsen von Nord-Wales erlitten sie beinahe Schiffbruch. Sie segelten um das Kap herum und durch die ostindischen Gewässer, kamen in eine Windstille hinein und wurden beinahe nach Neuguinea getrieben. „Dreiundzwanzig Wochen von Liverpool nach Shanghai! Eine ermüdende Fahrt", schrieb Taylor, „auf der die Besatzung jeden Sturm, jede Windstille, jeden Gegenwind mir zur Last legte. Sie sagten sogar, meistens seien die Prediger und Missionare schuld, wenn ein Schiff verlorengehe. Doch wir trafen wohlbehalten hier ein. Auf ihrer Heimfahrt erlitt die ,Dumfries' an den Pescadores Schiffbruch, doch konnte die ganze Besatzung gerettet werden."

SHANGHAI — EINE ÜBERRASCHUNG

Während das Flußboot sich von der nebelumwobenen „Dumfries" entfernte, betrachtete der bisher teilnahmslose Ruderer, dessen Haar als Zopf aufgesteckt war, unter dem braunen, fächerartigen Segel den jungen Mann im Heck. War nicht helles Haar das Kennzeichen der Barbaren? Und die Brille über seinen graublauen Augen? Er mußte ein Lehrer sein. Doch seine Beine steckten in den engen Beinkleidern eines chinesischen Lastträgers.

1. März 1854. Hudson Taylor verbrachte die letzten fünfzehn Meilen den Woosung hinauf bis Shanghai in aufgeregter und ungeduldiger Stimmung. Shanghai, jene winzige, befestigte Stellung des Westens in dem weiten, geheimnisvollen, für Ausländer verschlossenen Reich. Der kalte Nebel lichtete sich leicht, als das Schiff den „Bund" erreichte, und ließ die Häuser und prächtigen Gärten der internationalen Siedlung und dahinter die größeren Umrisse zweier Kirchen sichtbar werden. Ein Wald von Masten umgab das einlaufende Boot.

Hudson Taylor wischte sich Tränen tiefempfundener Dankbarkeit aus den Augen. Beinahe hätte er wie einst Wilhelm der Eroberer die Erde geküßt, auf die seine Füße traten. Wie betäubt begab er sich auf den kurzen Weg zum britischen Konsulat.

Er wurde von einem ärgerlichen Beamten empfangen. Nicht einmal die Überraschung der Ankunft eines unerwarteten, einsamen Engländers, dessen strahlende Augen fragend auf ihm ruhten, vermochte die Stumpfheit des Spätnachmittags zu verdrängen.

Taylor erkundigte sich freundlich nach eingegangenen Briefen. Der Beamte gähnte. „Das Postbüro ist bereits seit einer Stunde geschlossen", sagte er. „Kommen Sie morgen wieder!" Enttäuscht zog Taylor aus seiner Tasche drei Empfehlungsbriefe hervor.

„Tozer?" las der Beamte. „Er ist gestorben. Fever? Wir begruben ihn vor einem Monat. Shuck? Schon seit zwei Jahren daheim in Amerika!" Hudson fragte verzweifelt nach der Londoner Missionsgesellschaft. Der Beamte rief einen Chinesen herbei, erteilte ihm in Mandarin einige Befehle und entfernte sich.

Der chinesische Angestellte trug eine lose Jacke und weite Beinkleider. Ein prächtiger Zopf fiel von einem halbrasierten Kopf über seinen Rücken bis zu den Knien hinunter. Er verbeugte sich tief vor Taylor, geleitete ihn zum Hafendamm und besorgte dort einige Lastträger. Diese schwangen sich seine an langen Bambusstangen schaukelnden Gepäckstücke über ihre nackten Schultern. Taylors Niedergeschlagenheit schwand, als er

die Kulis so leicht dahintraben sah und ihrem eigenartigen Sing-
sang lauschte. Sie bewegten sich über die Nankingstraße nach
dem Norden der Siedlung, wo Chinesenhäuser und Marktbuden
sich eng aneinanderreihten und kleine Jungen mit nackten Füßen
ihm zuriefen: „Yang kuei-tzi!" (Fremder Teufel!).

Beim Einbiegen in die Shantungstraße am Eingang zur Siedlung wurde Taylor durch einen lauten Knall erschreckt. Er
duckte sich unter dem Flintengeknatter zu Boden und fühlte sich
schwach und elend, als er endlich das Tor des Missionshauses
erreichte.

Ein Diener kam in den Hof. Er lächelte. Andere chinesische
Gesichter tauchten in den Türöffnungen, an den Hausecken und
Fenstern auf. „Medhurst?" fragte Taylor und bemühte sich, das
Wort chinesisch zu betonen. Der Mann schüttelte seinen rasierten
Kopf und zeigte in die Ferne. Taylor fühlte sich unendlich ein-
sam. Wo befand sich Medhurst?

Der Diener begann im Shanghaidialekt zu sprechen, für Taylor ein Mißklang von bedeutungslosen Worten. Dann begannen
alle zusammen auf ihn einzureden und wurden immer lauter in
dem Bestreben, sich ihm verständlich zu machen. Doch „die Chinesen konnten kein englisches und ich kein chinesisches Wort
verstehen". Hudson war verzweifelt. Da kam ihm ein Europäer
entgegen.

Joseph Edkins, ein Missionar der Londoner Missionsgesellschaft, einunddreißig Jahre alt und bereits sieben Jahre in China,
war überrascht. Der Chinesische Evangelisationsverein hatte sich
nicht die Mühe gemacht, ihn zu benachrichtigen. Er bezahlte die
Lastträger, lud Taylor zu einer Tasse Tee ein und erklärte ihm,
daß sich Dr. Medhurst tatsächlich im Konsulatsgebäude befinde,
weil sein Haus zu nahe an der Feuerlinie liege. Außerhalb der
internationalen Siedlung wüte der Bürgerkrieg.

Dr. Walter Medhurst, Verfasser von neunundfünfzig Werken
in chinesischer, sechs in malaiischer und siebenundzwanzig in
englischer Sprache, fiel mit scharfen Worten über den unange-
meldeten Vertreter einer aufstrebenden Missionsgesellschaft her.
Der ältere Missionsarzt Dr. Lockhart wies Hudson einen Raum

zu, und ein Schotte der kirchlichen Missionsgesellschaft, der auf dem Anwesen der Londoner Mission wohnte, bat ihn zum Mittagessen: John Burdon, der spätere Bischof. Er war nur acht Jahre älter als Taylor, dessen freikirchliches Vorurteil gegen die Kirche von England durch die wachsende Freundschaft der beiden überwunden wurde.

Zwei Tage nach seiner Ankunft schrieb Taylor nach Hause: „Meine Gesundheit hat sich gebessert, und ich fühle mich viel wohler als früher. Alle Missionare begegnen mir freundlich, ja sogar sehr freundlich. Dr. Lockhart nahm mich vorläufig zu sich. Weder mit Liebe noch um Geld ist hier ein Haus zu bekommen. Niemand kann in der Stadt leben, denn es wird beinahe ständig gekämpft. Ich sehe die Stadtmauern in einer Entfernung von einer halben Meile von meinem Zimmerfenster aus. Auch jetzt wird gekämpft, und während ich schreibe, erzittert das Haus vom Lärm des Kampfes ... Ich friere und kann weder weiterschreiben noch klar denken."

Lockhart, Edkins und Burdon konnten sich nicht klarwerden über den Neuankömmling. Er war fröhlich, knabenhaft klein und erinnerte an eine Wachsfigur, auch zeigte er gute Manieren, doch machte er zuweilen impulsive Bemerkungen in seinem Yorkshiredialekt, die sie fast in Lachkrämpfe fallen ließen. Sein frisches Wesen, seine Begeisterung und seine Liebe „für die armen, verlorenen Chinesen" erinnerten an das Morgenrot ihrer eigenen Berufung in den Missionsdienst. Hudson war ein Träumer; darum meinten sie, es sei besser, ihm seine großen Hoffnungen nicht gleich zu zerschlagen.

Das gegenwärtige Erleben stand im Widerspruch zu Taylors Vorstellungen. Alles sah so leicht aus. Von morgens sieben Uhr an, wenn ein Diener ihn weckte „mit heißem Wasser zum Waschen, Rasieren usw. und einer Tasse köstlichen warmen Tees — kein kleiner Komfort hier, denn es ist sehr, sehr kalt —", bis zur Abendandacht nach einer letzten gemeinsamen Tasse Tee war sein Leben eingeteilt und beinahe üppig trotz der Säumigkeit seiner Missionsgesellschaft im Überweisen seines Gehalts. „Es gibt wohl keinen Ort in der Welt, wo man die Missionare in allen Dingen so gut versorgt wie hier in Shanghai", schrieb er im nächsten Jahr.

In seiner Vorstellung hatte er bezopften, schlitzäugigen, gelbhäutigen Menschen das Evangelium gepredigt. Statt dessen verbrachte er nun den größten Teil des Tages hinter seinen Büchern und lernte die Sprache. „Dein Bruder ärgert sich ungemein", schrieb er an seine vierzehnjährige Schwester Louisa. „Mein Lehrer scheint irgendwo in seinem Nacken ein Pendelsystem zu haben, denn dauernd schüttelt er seinen Kopf, während ich mich bemühe, seine Laute nachzusprechen."

Taylor war auch nicht vorbereitet gewesen auf die Schrecknisse eines Bürgerkrieges vor der Schwelle seines Hauses. Vor sechs Monaten hatte eine Horde Triaden, Glieder einer weitverbreiteten Geheimgesellschaft, die französische und die internationale Siedlung angegriffen. Noch konnten sie sich halten, weil sie gelegentlich von kaiserlichen Truppen besetzt waren. Der Taiping-Rebellenkaiser weigerte sich, die Shanghai-Triaden als Verbündete anzuerkennen, denn sie kannten weder Disziplin noch Christentum. Die Europäer waren sich dieser Sache nicht bewußt, und so schwand die aufkeimende Sympathie für die Taipings allmählich, während sich die planlosen Kämpfe über einen ganzen Winter hinzogen.

Taylor besuchte einmal mit Dr. Medhurst zusammen das Hauptquartier der Rebellen. „Ein malerischer Ort", wo prächtig gekleidete Triaden geeignete Waffen trugen und Europäer fragwürdiger Herkunft als Ratgeber umherstolzierten. Eines Sonntagabends beobachtete Taylor von der Veranda des Missionshauses aus „den hitzigsten Kampf, den ich je sah. Das Getöse, Rufen und Schreien, Gongschlagen, Hornblasen, das Knallen der Gewehre, Musketen und Raketen war lauter als je zuvor. Das Mündungsfeuer der Gewehre und die Blitze der Raketen ergaben im Dunkel ein prächtiges Bild. Wie lange dies alles dauerte, weiß ich nicht. Frierend legte ich mich endlich hin, und trotz des Lärms schlief ich bald wieder ein."

Der Schutt und die zerbrochenen Aushängeschilder mit ihren chinesischen Schriftzeichen, die Heimatlosen, die Verwundeten, die Gefangenen, die zur Enthauptung weggeführt wurden und die ehrbaren Ausländer um Hilfe anflehten, zeugten vom Bürgerkrieg. „Nur der Gedanke daran läßt mein Blut gefrieren." An geronnenes Blut und Krankheit war Hudson als Medizinstudent gewöhnt. Doch machte es ihn ganz elend, mitansehen zu müssen, wie wenig hier das Leben galt. „Vor einigen Tagen besuchte ich die Ruinen eines Tempels in der Nähe der Stadt. Da sah ich am Flußufer einen Männerstrumpf. Ich trat näher, und was entdeckte ich? Den Leichnam eines enthaupteten Mannes. Über ihm lagen zwei Steine als eine Art Grabplatte. Ein Bein war halb angefressen — ich nehme an von einem der Hunde, die buchstäblich unter den Gräbern leben."

Die Taipings enttäuschten Taylor gründlich. Natürlich übernahm er die allgemeine Ansicht. „Sollten die Rebellen das Christentum annehmen, würde die Bewegung von den Führern ausgehen, und zwar nur aus politischen Beweggründen ... Vom Geist des Christentums wissen sie wenig und zeigen in ihrem Benehmen nichts davon." Er konnte damals die Unrichtigkeit dieser Ansicht nicht kennen, doch vermochte ihn Rev. Isaschar Roberts, des „himmlischen Königs" früherer Lehrer, nicht zu beeindrucken. Dieser Roberts war ein überheblicher, hohler Mensch, der Nanking erreicht haben würde, hätte er nach seinem Gewissen gehandelt, anstatt sich die Reise vom amerikanischen Gesandten verbieten zu lassen. „Ich habe Mr. Roberts getroffen. Er scheint zu denken, er werde von den Rebellen als eine Art Apostel erwartet, der ihnen rate, was sie tun sollten, der sie aufs neue taufe und sie völlig bestimme. Ich fürchte aber, daß er sich darin gründlich täuscht. In der gegenwärtigen Situation heißt es sehr vorsichtig sein im Reden und Handeln und nicht jedes Wort als Evangelium annehmen, das die Chinesen sagen oder verbreiten."

Doch mehr als über all diese Dinge staunte Hudson über sich selbst. Er hatte angenommen, daß der Beginn seiner missionarischen Laufbahn ihn charakterlich und gefühlsmäßig vollständig verändern und er in dem Augenblick, wo er chinesischen Boden betrete, ein Paulus würde. Statt dessen kamen ihm bisher unbekannte Charakteranlagen an die Oberfläche. Er fühlte sich einsam, unglücklich und war heimwehkrank. Seine Augen entzündeten sich, er litt unter Kopfschmerzen und unter der Kälte. Sein Wissen um die Gegenwart Gottes empfand er schwächer als in Hull, wo er „die glücklichste Zeit seines Lebens als Christ" zugebracht hatte. Er suchte nach Gründen. Vielleicht sollte er nicht länger in Shanghai bleiben, sondern sich tiefer in das Innere des Landes begeben und an die Pfingstgabe des Heiligen Geistes glauben. Als alter Mann erzählte er D. E. Hoste, daß er damals in einem Zustand „der Angst, er könnte sich von Gottes Willen entfernen, gelebt habe".

In seiner Freizeit schrieb er lange Briefe an seine Angehörigen. „O ich wollte, ich könnte Euch sagen, wie sehr ich Euch liebe! Ich wußte nie, wie sehr ich Euch alle liebte." Briefe brauchten wenigstens dreieinhalb Monate nach England, auch wenn sie den Überlandweg durch das Mittelmeer und den Suezkanal nahmen und fünfzehn Gramm DM 2,50 kosteten. „Schreibe mir doch bitte!" bat er Amalia, „ich will Dir das Porto gern bezahlen. Nur laß mich etwas von Euch hören! Ich habe viel zu tun; doch wäre alles leichter, wenn ich Briefe von daheim erhielte. Ihr habt viele Freunde, die Euch schreiben — wie viele habe ich? Hier bin ich ein Fremdling und der Landessprache nicht mächtig, bin auch für Nahrung und Obdach auf Leute angewiesen, die von mir nie etwas gesehen noch gehört haben, ehe ich hierher kam. Sie sind freundlich, und ich empfinde diese Freundlichkeit dankbar, doch dies ändert weder meine Lage noch die Gefühle. Trotzdem ist *der Herr* mit mir."

Wenn dann endlich einmal Heimatpost von Barnsley ihn erreichte, stahl er sich in sein Zimmer, nahm seine Ziehharmonika und spielte und sang unter Tränen sehnsuchtsvolle Lieder wie: „Ich bin nur ein Fremdling hier; meine Heimat ist der Himmel."

1854/55 war ein Jahr der Ungewißheit und der Einschränkungen. Taylor fand sich nur langsam zurecht.

Von Anfang an wurde er durch ein inneres Drängen dazu geführt, dicht bei den Chinesen zu leben. Sobald die militärische Lage es erlaubte, erforschte er die nächste Umgebung und begab sich wie daheim auf die Insekten- und Pflanzensuche*. Seine Spaziergänge wurden ihm nur durch den gelegentlichen Anblick eines an der Stadtmauer hängenden bezopften Hauptes vergällt. Die Menschen begegneten ihm freundlich, weil sie sich an Ausländer gewöhnt hatten oder zu höflich waren, ihm als Fremden ihre Geringschätzung zu zeigen. Dabei versuchte er sich in seinen neu erworbenen Umgangsformen an dem üblichen Austausch von Fragen und Komplimenten. Er verglich die einfachen Chinesen gern mit den Bauernjungen von Yorkshire. „Die Leute sind viel höflicher als unsere eigenen Landsleute. Sie rennen nicht schreiend umher beim Anblick eines Fremdlings. Dafür tun es die Hunde um so mehr. Überall sind sie anzutreffen." Hudson hielt sie sich mit einem Stein vom Leibe. „Man braucht ihn gar nicht zu werfen, sondern nur in der Hand zu tragen, und keiner wagt sich in die Nähe."

Andere Missionare nahmen ihn auf ihre Predigtreisen mit. Einmal eröffnete die kaiserliche Flotte das Feuer auf ihre Boote in der Woosungbucht. Als Alarm geschlagen wurde, stimmten die drei Missionare ein englisches Kirchenlied an. „Die Leute auf dem kaiserlichen Boot begannen zu rufen, unser Bootführer rief zurück, und weil die ganze Sache so komisch war, konnte ich das Lachen nicht unterdrücken, auch wenn es mir fast das Leben gekostet hätte."

Im Spätsommer vernahm Taylor auf Umwegen, daß der Chinesische Evangelisationsverein einen schottischen Arzt mit seiner Familie nach Shanghai verabschiedet habe, ohne ihn selbst davon zu benachrichtigen. Daraufhin unternahm er den tapferen Versuch, in der belagerten Stadt ein Haus zu finden. Weil er sich keine Sänfte leisten konnte, lief er in der brennenden Augusthitze zu Fuß, nur mit Jacke und Hose bekleidet, durch die Straßen Shanghais. Endlich fand er ein schmutziges, von Ungeziefer wimmelndes, baufälliges Holzhaus in der Nähe des Nordtors, das die mächtige, zinnengekrönte Stadtmauer durchbricht. Dort

---

* Daneben hatte er noch eine andere, für jene Zeit ungewöhnliche Lieb=
haberei: das Photographieren. Er photographierte zwar keine Chinesen, doch
bewahrte er Bilder auf, die er von Siedlungshäusern aufgenommen hatte; sie
befanden sich unter den ersten Berichten aus Shanghai.

war es sehr laut, und vom nahegelegenen Gefängnis hörte man die dort eng zusammengepferchten Gefangenen nach Nahrung schreien.

Als einziger im Eingeborenenviertel wohnender Missionar stürzte er sich sofort in die Arbeit, soweit ihm sein Verständnis der üblichen Umgangssprache es erlaubte. Dabei unterstützte ihn ein edler Christ, „dessen Zopf beinahe den Boden berührte. Dieser war nie gekürzt worden. Sein Haar ist wie bei allen Chinesen glänzend schwarz." Als sich Taylors Eltern einmal über seine schlechte Grammatik beklagten, erwiderte er: „Gewöhnlich schreibe ich meine Briefe vor dem Einschlafen, weil mir vorher einfach die Zeit dazu fehlt. Ihr werdet zugeben, daß ein Schläfriger weder auf stilistische Eleganz noch auf meisterhaften Ausdruck achten kann. Die Schule und die Patienten, das Vorbereiten und Austeilen von Arzneien, die chinesischen Versammlungen und die häuslichen Pflichten lassen mir nur wenig Zeit zum Sprachstudium oder zum dringend notwendigen Lesen medizinischer Literatur über besondere Krankheiten oder schwierige chirurgische Fälle, die in meiner Praxis vorkommen. Die Statistiken, die meine Missionsgesellschaft von mir verlangt, beanspruchen ebenfalls viel Zeit. Dazu kommen die Abrechnungen, das Tagebuch, die Vorbereitung für Gottesdienste — wo in aller Welt sollte ich also noch Zeit finden für einen guten Briefstil? Jetzt habe ich natürlich auch keine Zeit mehr zu photographischen Versuchen."

Das Stadtleben schärfte Taylors Eifer. Bisher wußte er noch wenig über die Einzelheiten des Buddhismus, die Aussprüche des Konfuzius oder die Tao Te Ching, doch hatte er offene Augen und Ohren. Er sah „die Leichen ermordeter, neugeborener Mädchen im Straßengraben", beobachtete auch die Frauen, wie sie mit ihren kleinen Füßchen dahinhumpelten, oder hörte „die Schreie armer kleiner Mädchen, deren Füße eingebunden wurden, damit sie klein blieben". Oft floh er in eine Seitenstraße, um dem Anblick einer Enthauptung oder einer andern grausamen Szene zu entgehen. Er sah auch, wieviel Geld und Mühe man für die Ahnenverehrung verwandte. „Ach, könnte ich doch die Anliegen Chinas beredter vertreten und mit einem feurigen Stift die Verhältnisse dieses Volkes zeichnen!" An seine Schwester schrieb er: „Wäret Ihr doch alle hier! Es gibt so viel zu tun. Wenn Ihr auch nicht alle die Sprache sprechen könntet, würde das meine Wertschätzung für Euch nicht vermindern."

Taylors tapferem Versuch bereiteten ein körperlicher Zusammenbruch und die durch den Krieg verursachten mißlichen Verhältnisse ein frühes Ende. Er hatte sich ganz auf chinesisches Essen umgestellt und den mit Schweinefleisch oder Gemüse etwas verbesserten Reis mit Stäbchen aus den hier gebräuchlichen Schüsselchen gegessen. Doch schon nach kurzer Zeit schleppte er sich mit Magen- und Leibschmerzen umher und war mit sich selbst unzufrieden wegen seiner schlechten Laune, die sich hinter einem fröhlichen Äußeren zu verbergen suchte. Sein Haus geriet in jenen Tagen in die Feuerlinie der Belagerer. Die Rebellen mißtrauten ihm als Europäer, und die Lage wurde für ihn lebensgefährlich. „Ich bin seit einiger Zeit sehr beunruhigt und verwirrt. Wer es nicht miterlebte, kann die Wirkung einer solchen Spannung, die sich auf den Geist und den Körper überträgt, nicht verstehen. Es macht einen so nervös und reizbar. Wir alle bedürfen wirklich Eurer und unserer Gebete, die uns helfen, in den mancherlei Lagen, die normalerweise keine Prüfung bedeuten, den Kopf oben zu behalten." Amalia bekam einen richtigen Klagebrief. „Mein fröhlicher Humor, wie Du zu sagen pflegtest, macht sich jetzt selten bemerkbar." Wüßte sie nur, wie einsam einer sich fühlt, wenn Krankheit einen ans Haus fesselt und „man kein englisches Wort hört, noch ein englisches Gesicht zu sehen bekommt", stöhnte er, „Du würdest dich nicht mehr über mich wundern".

Nach einer schlimmen Nacht des Kampfes gegen „das Gefühl absoluter Einsamkeit und Hilflosigkeit, wie ich es nie in meinem Leben erlebte", floh er in die internationale Siedlung zurück. Kurz darauf ging sein an der Stadtmauer gelegenes Haus in Flammen auf und brannte bis auf den Grund nieder.

Hudson Taylor war erschreckt über den schroffen Gegensatz zwischen seinen früheren Vorstellungen von einer Missionsgesellschaft und der Wirklichkeit. „In Shanghai leben viele Missionare, doch von einigen von ihnen könnte ich nicht sagen, aus welch anderm Grunde sie nach China kamen, als um es möglichst bequem zu haben."

Er hatte in England davon geträumt, hier Männer und Frauen anzutreffen, die sich innig liebten und sich gegenseitig halfen, verborgene Schätze aus der Bibel zu sammeln und damit die sie umgebenden Chinesen reich zu machen. Darin erlebte er eine gründliche Enttäuschung. Er mag in seiner Kritik etwas zu weit gegangen sein, machte ihn doch seine strenge Erziehung sehr selbstsicher, zuweilen sogar selbstgefällig. Seine geheimen Anklagen in Briefen an die Heimat entsprechen jedoch trotz seiner jugendlichen Intoleranz der Wahrheit.

Er warf den meisten Sichgehenlassen und Bequemlichkeit vor. „Die Art und Weise, wie viele Missionare leben, ist kaum gutzuheißen, doch sind nicht alle gleich. Die Mitglieder der Kirchenmission sind, soweit ich sie kenne, am frömmsten und verträglichsten. Ich meine, die Missionare und Pfarrer der Kirche von England sind vortreffliche und hingegebene Männer."

Er war überrascht von der Bequemlichkeit gewisser Missionare und ihren „kritischen, verleumderischen und sarkastischen Bemerkungen". Der Sarkasmus wirkte sogar ansteckend. „Einmal begann ein Herr, mir gegenüber über einen Missionar einer anderen Gesellschaft herzuziehen. Ich konnte es nicht länger ertragen und sagte ihm, ich wüßte Bescheid über ihn selbst, er habe keine Bildung, benehme sich geziert, außerdem sei er ein armseliger Prediger. Seitdem habe ich nicht mehr so viel kritisieren hören. Ich möchte viel lieber aufs Land, um allem aus dem Wege zu gehen."

Als Taylor sich in England vor seiner Ausreise im „Leben aus dem Glauben" übte, hatte er mit der Möglichkeit gerechnet, daß hohe Berge, feindselige Einwohner oder unsichere Verkehrsverhältnisse seine Versorgung gefährden könnten. Nicht damit gerechnet hatte er aber, daß schreiende Armut im Schatten der großen britischen Bankhäuser Shanghais möglich sei, eine Armut, die durch nichts anderes als durch das Versagen des Chinesischen Evangelisationsvereins verursacht war. Es war ihm klar, daß sein Gehalt kleiner sein werde als die Zuteilung, die die Glieder älterer Missionsgesellschaften erhielten, doch hatte er es in regelmäßigen Abständen erwartet. Statt dessen „sind alle meine Kleider so schäbig, daß ich mich schäme, an Wochentagen, geschweige denn sonntags, auszugehen — vom Hut bis zu den Schuhen und dem Schirm — meinen dicken Mantel ausgenommen."

Die Ankunft von Parkers im November machte die Lage untragbar. Dr. Parker konnte es nicht verstehen, daß er den vom Verein versprochenen Geldbrief nicht unter der eingegangenen Post fand. Taylor seinerseits wunderte sich, wie man es daheim verantworten konnte, Parkers im Winter in Tropenkleidern nach China reisen zu lassen. Die Missionsgesellschaft in Shanghai zeigte sich erstaunt über die armseligen Vorbereitungen, die Taylor für die Neuankömmlinge getroffen hatte.

Als Taylor die letzte Nummer des „Gleamer" öffnete und die überhebliche, scharfe Kritik über die ungeistliche Haltung von Missionaren anderer Gesellschaften las, kochte seine Empörung über die Sekretäre über. „Trotz ihrer Fehler solltet Ihr jene nicht absichtlich reizen, die wahrhaftig mehr um Obdach und Unterhalt ihrer Missionare besorgt sind, als die Gesellschaft, die sie aussendet, es zu sein scheint ... Es ist nicht nur ungebührlich, höchst unehrerbietig und äußerst gedankenlos, so zu handeln, wie Euer Komitee es Dr. Parker und seiner Familie gegenüber getan hat. Männer, die in ihrem praktischen Beruf das Vierfache oder als Angestellte einer Firma das Doppelte verdienen könnten, werden kaum im Dienste einer Missionsgesellschaft bleiben, die sie so völlig unversorgt aussendet."

In seinen späteren Jahren bekannte Hudson Taylor einmal: „Ich bin immer wieder versucht, meine Fassung zu verlieren und enttäuscht zu sein über die Nachlässigkeit und Unfähigkeit derer, auf die ich angewiesen war. Es nützt nichts, wenn ich mich aufrege — ich sollte freundlicher sein — aber ach, es ist so schwer!" Als 22jähriger schrieb er an die Sekretäre Briefe voll spöttischer

Bemerkungen, wie sie unter den Missionaren in Shanghai gebräuchlich waren. „Ich kann mir nicht vorstellen, daß alle meine kürzlich an sie geschriebenen Briefe süß schmeckten", berichtete er seinen Eltern.

Mehr als alle anderen Schwierigkeiten in diesem ersten Jahr plagte ihn die Einsamkeit, die aus all seinen Briefen herausklang. Einmal hatte er ein Veilchen und zwei Vergißmeinnicht in seinem Zimmer. „Ich blicke sie zärtlich an und habe ihnen sogar Namen gegeben. Das eine heißt Amalia, das andere Louisa — wie das dritte heißt, ist für Dich unwichtig. Hast Du von mir schon einmal so etwas Einfältiges gehört oder mir solche Albernheiten zugetraut? Aber Du verstehst doch, daß wir irgend etwas lieben müssen." Als er einmal in der heißen Jahreszeit keine Briefe von daheim unter der eingegangenen Post fand, fiel er fast in Ohnmacht. Das Selbstmitleid machte ihm viel zu schaffen. „Ist das schön von Euch, mich so zu enttäuschen, wenn auch nur eine kurze Mitteilung über Euer Ergehen mich beruhigte? Aber ich erlebe immer wieder dasselbe. Was ich gern haben möchte, verliere ich. Ich meinte einmal, Miss V. sei eine Ausnahme, doch dem war nicht so."

Er sehnte sich nach einer Frau. „Was Miss Vaughan betrifft, interessiert mich immer. Sie mag einmal einen reicheren und hübscheren Mann bekommen, aber ich bezweifle, ob sie einen findet, der ihr mehr zugetan sein könnte, als ich es gewesen wäre. Ich sehe aber ein, daß sie sich nicht als Gattin eines Missionars geeignet hätte. Wahrscheinlich finde ich nie eine geeignete Frau."

Er kannte ein Mädchen aus Hull, Elisabeth Sissons, das vielleicht für ihn in Frage kam. „Sie sagte mir verschiedentlich, wenn ich mitunter auf Miss Vaughans Wunsch Mrs. Hodson besuchte, sie liebe mich. Damals hatte ich sie gern." Elisabeth hatte Hudson mit einigen ihrer Skizzen über den Verlust Miss Vaughans hinweggeholfen, und er hatte ihr vor seiner Abreise aus England eine Brosche geschenkt. Nachdem er einige Monate in China zugebracht hatte, bat er sie um eine ihrer Locken. Seine Mutter wäre mit dieser Heirat einverstanden gewesen. Im Januar 1855 erhielt er die erbetene Locke.

In den ersten Monaten des Jahres 1855 unternahm Taylor allein oder mit einem anderen Missionar zusammen Predigtreisen und war oft eine Woche oder länger in der fruchtbaren Ebene unter dem Schutz ausländischen Einflusses unterwegs. Dies vermittelte ihm einen Vorgeschmack dessen, was ihn im Innern des Landes erwarten würde, wenn er als rothaariger Barbar dorthin vordränge, sobald dies nach dem Ende des Bürgerkriegs möglich war.

Er sah auf diesen Reisen ummauerte Städte mit engen Gassen, die durch farbenfrohe Plakate und das Gedränge lauter Menschenmengen belebt waren, dazu Tempel, deren gebogene Dächer von furchterregenden Drachen getragen wurden. Er sah Bauernhöfe und kleine Dörfer, wo jedes Haus mit Papierwächtern versehen war, die böse Geister fernhalten, und über den Türrahmen befestigte Spiegel, die die schrecklichen Gesichter der Wächter verzerrten und die Geister in die Flucht jagen sollten.

Sein Weg führte ihn an Stoppelfeldern vorbei oder an Strekken brauner Erde, die auf die nächste Aussaat warteten. Die Landschaft sah aus wie ein Schachbrett. Dazwischen lagen vereinzelte Grabhügel. Oft wurde er in kleine Buchten hineingerudert, wo das Boot für die Nacht neben Dschunken festgemacht wurde, deren Besitzer ihr ganzes Leben darin zubrachten. In den frühen Morgenstunden konnte er die Kormoranfischer beobachten, wie sie die besonders abgerichteten Vögel zum Tauchen freiließen, und die Halsringe der Kormorane bestaunen, die ihnen ein Hinunterschlingen größerer Fische unmöglich machten und ihnen nur die kleinen als Anerkennung zukommen ließen. Andere Fischer tauchten selbst oder gingen am Ufer entlang; wieder andere standen im Wasser und griffen nach den auftauchenden Fischen.

In einer Stadt wurden Taylor und Edkins von Eingeborenen verfolgt und ausgeplündert. Ob das in früheren Zeiten nicht auch bei uns geschehen wäre, wenn da plötzlich zwei unbekannte Chinesen mit losen Jacken und Beinkleidern, halbrasierten Köpfen und langen, über die Rücken herabbaumelnden Zöpfen irgendwo aufgetaucht wären?

An einem andern Ort fanden sie sich einem imposanten Reiteraufzug gegenüber, nachdem Priester und Anbeter ihrer Predigt in einem Tempel mit größter Aufmerksamkeit gelauscht hatten. „Zuerst kamen zwei Männer mit Gongs, dann folgten einige Fahnenträger mit riesigen Stoffmützen, darauf ein einziger Mann mit einer Art großem Schirm, und die vier letzten trugen eine Sänfte." Dieser entstieg ein rundlicher, gut aussehender Herr in gestickten Seidenkleidern und mit langen, spitzen Fingernägeln, dessen Rang durch einen juwelenbesetzten Knopf in seinem randlosen Hut gekennzeichnet war. Mit ausgesuchter Höflichkeit befragte er die Missionare und versicherte in echt konfuzianischer Freundlichkeit, daß ihre Bücher sehr gut seien, die verehrungswürdigen Wanderer jedoch nicht tiefer in das Inland vordringen sollten. Er gab ihnen einen Mann seines Gefolges als Begleiter oder Spion mit und zog sich daraufhin unter gegenseitigen Komplimenten langsam zurück. Beide Teile waren sich glücklicherweise nicht bewußt, daß jeder den andern für einen unwissenden Barbaren hielt.

Im Februar 1855 stürmten und plünderten die kaiserlichen Truppen mit Hilfe der parteinehmenden Franzosen die ausgehungerte Eingeborenenstadt Shanghais und verübten unter ihren Bewohnern entsetzliche Greueltaten. Taylor empfand einen „unüberwindlichen Widerwillen gegen eine Regierung, die so etwas zuließ".

Als der Bürgerkrieg vorüber war, beabsichtigte Taylor, sich in einer Stadt im Landesinnern niederzulassen oder sich auf den siebenhundert Meilen langen Weg in die Taiping-Hauptstadt Nanking zu wagen. Keine der beiden Unternehmungen hätte unter konsularischem Schutz gestanden. Ehe er aber einen endgültigen Entschluß faßte, begab er sich in Begleitung John Burdons für drei Wochen nach Yangchow. Diese Reise kostete sie beinahe das Leben.

In der weiten Yangtsemündung, auf der langgestreckten, großen Insel Tsungming mit einer Million Einwohner, die nie zuvor von einem protestantischen Missionar besucht worden war, hieß der Mandarin sie und ihre Bücher mit landesüblicher Höflichkeit willkommen. Sie beabsichtigten eine Reise der Küste entlang. Doch während sie in jener Nacht schliefen, beschloß der opiumsüchtige Bootsführer, die „fremden Teufel" zum Nordufer des Yangtse zu rudern, wo sie bestimmt glücklicher wären.

Sich in das Unabänderliche fügend, unternahmen die beiden Tagereisen auf Schubkarren, ungefederten, ungeölten, von einem Kuli geschobenen Ungetümen. Sie predigten, verteilten Schriften und verabreichten Arzneien in einer Fülle, über die ihre Enkel nach hundertjähriger Erfahrung mit dem freien Austeilen von Medizinen sich bestimmt entsetzt hätten; ist doch dies, wo es nicht auf besondere Notfälle beschränkt bleibt, ein sicherer Weg zur Erziehung von „Reischristen".

Die beiden jungen Männer genossen ihre Ausflüge in die Umgebung, wo die Pfirsichbäume blühten. Sie entschlossen sich zu einem besonderen Ruhetag, um „unsere heiseren Stimmen" ausruhen zu lassen, und erstiegen einen der kleinen, heiliggehaltenen Hügel. „Als wir uns den Hügeln nahten, waren wir erfreut über die unbeschreiblich schöne Gegend. Von den fünf vor uns liegenden Hügeln war der mittlere als der höchste mit einer wunderschönen, offenbar erst vor kurzem ausgebesserten, neu bemalten Pagode gekrönt. Am Fuße des Hügels stand ein großer Buddhatempel und dabei ein weitläufiges Kloster, so daß wir meinten, ein Dorf vor uns zu haben."

Sie kletterten den von wilden Bergblumen umsäumten, von Bäumen beschatteten Pfad zwischen Felsen bergan. Taylor, der die Natur so sehr liebte, genoß all die Schönheiten in vollen Zügen. Sie traten durch die von Drachen beschützten Tempeltore in den Hof ein. Ein großes Fest hatte eine bunte Volksmenge zusammengeführt. In dem Glanz all der Zeremonien schien niemand die beiden schwarzgekleideten Ausländer zu gewahren. Vornehme Grundbesitzer in grünen, blauen und goldfarbenen Jacken und Roben, runden Hüten, Ohrringen aus Jade, die in

Europa ein Vermögen gekostet hätten, Kulis und Bauern in blauer Baumwolle, Kaufleute, Soldaten, sie alle blickten gebannt auf die reichgekleideten Priester, die sich zu den Schlägen eines tieftönenden Gongs vor einem mächtigen, teilnahmslosen Buddha niederwarfen. Direkt daneben gingen fleißige Handwerker ruhig ihrer Arbeit des Vergoldens und Lackierens nach.

Der ganze Tempelhof war ein einziges Farbenfest. „Nichts war unterlassen und keine Ausgabe gescheut worden, um den Besucher zu fesseln. Es war nicht zu leugnen, daß die Zeremonien den nach Tausenden zählenden Zuschauern imponieren mußten. Das Ganze war wirklich schön. Alles, was Natur und Kunst zu bieten vermag, war hier zusammengedrängt und ließ uns einen Augenblick beinahe vergessen, daß es der Tempel des Satans war. Aber die armen, irregeführten Leute, die sich vor ihren Götzen verneigten, ihnen Weihrauch opferten und ihre Geldstücke in Papiersäcke warfen, die vor jedem Götzen aufgestellt sind, ließen es nicht soweit kommen."

Taylor und Burdon kletterten unter den Tönen chinesischer Musik und dem Gemurmel der Anbeter über die weihraucherfüllten Terrassen höher hinauf, bis sie die Pagode erreichten, einen jener vielgeschossigen Pavillons, die man in allen Teilen Chinas auf Anhöhen oder Hügeln in den Städten und auf dem Lande findet. Ursprünglich dienten sie als Wachttürme. Der Aberglaube hatte ihnen eine Beschützerrolle vor bösen Geistern verliehen. Der Ausblick von der obersten Terrasse war überwältigend.

Unter ihnen lag ein unvergleichliches, in herrlichen Sonnenschein getauchtes Panorama. Dank Taylors Fernrohr konnten sie jede Kleinigkeit erkennen. Die mit Getreide, Gerste, Erbsen, Bohnen und anderen Feldfrüchten bepflanzte Gegend sah aus wie ein wunderschöner Garten, weil es erst vor kurzem geregnet hatte. Funkelnde Bächlein durchzogen die Felder und waren an ihren Ufern von zahlreichen, zierlichen Trauerweiden umrahmt; die Bauernhäuser waren von niedrigen Weidenhecken umgeben. Da und dort ließen sich zypressenbeschattete Friedhöfe erkennen, und im Vordergrund breiteten sich zahlreiche Dörfer und

Weiher aus. Hinter diesen lag der ungefähr fünfzehn Meilen breite, prächtige Yangtsekiang, auf dessen glatter Fläche viele weiße, rote und schwarze Segel schaukelten. Auf der gegenüberliegenden Seite des Flusses berührte das Sonnenlicht auf den heiligen Hügeln des Südufers das Gold der Tempel. Die Entfernung gab allem, was sonst hart, grausam und häßlich ist, einen lieblichen Anstrich.

Dies war das China, wie es seit Jahrtausenden existierte. Es erstreckte sich über viele tausend Meilen und bedeutete vierhundert Millionen Menschen Heimat. Das unberührte Inland Chinas winkte ihnen zu, und Taylor ging sofort auf die Einladung ein. Es war ein unvergeßlicher Augenblick.

Dann stiegen sie wieder hinunter. In einem der Tempelhöfe lud sie ein Priester zur Anbetung Buddhas ein. Taylor konnte sich nicht länger zurückhalten. Er erkletterte eine der Bänke und richtete in fehlerhaftem Mandarin eine zündende Botschaft an eine aufmerksame Menge. Burdon folgte mit einer andern im Shanghaidialekt. Dann schritten sie, wie sie gekommen waren, den Hügel hinunter.

Am nächsten Tag packten sie das übelberüchtigte Tungchow an. Die sie begleitenden Lehrer versuchten ihren Herren abzuraten, wurden aber angewiesen, unverzüglich nach Shanghai zurückzukehren, falls Taylor und Burdon bei Einbruch der Nacht nicht zurück seien. Furchterfüllt ließ sich der Diener mit seinen Bücherpaketen zwei bis drei Meilen auf dem Schubkarren über Pfützen und Schlaglöcher stoßen, dann bat er die Missionare, sie möchten ihm doch erlauben, dem sicheren Tod zu entfliehen. Diese beluden sich nun selbst mit den Büchern. „Ein ehrbarer Mann kam uns entgegen und warnte uns vor einem weiteren Vorrücken. Würden wir es trotzdem tun, so müßten wir zu unserem eigenen Schaden erfahren, was die Tungchow-Miliz sei." Die Missionare ermunterten sich gegenseitig durch Bibelworte und Lieder.

An einem unbedeutenden Ort ungefähr auf halbem Wege des sieben Meilen entfernten Tungchow predigte Taylor einer kleinen Menge. Freudestrahlend bemerkte er, wie ein Zuhörer den neu Hinzukommenden das Gehörte in den Lokaldialekt übersetzte, daß „Gott sie liebe, daß sie alle Sünder seien, daß Jesus für sie gestorben sei und die Strafe für sie bezahlt habe. Jener Augenblick entschädigte mich für alle erlebten Schwierigkeiten und Nöte."

In der westlichen Vorstadt hießen sie den Schubkarrenmann warten, hängten sich die Büchertaschen um und sprachen sich mit den Gebeten der ersten verfolgten Christen der Apostelgeschichte Mut zu: „Und nun, Herr, siehe an ihr Drohen und gib deinen Knechten, mit aller Freudigkeit zu reden dein Wort!"

Taylors kräftiger Begleiter, der zukünftige Bischof, mag mit einem größeren Maß natürlichen Mutes ausgerüstet gewesen sein, doch wußten beide, daß ihre Aussichten auf ein Überleben in einem chinesischen Gefängnis gering sein würden, sollte man sie gefangennehmen, es sei denn, sie würden vom Konsul befreit.

Außer gelegentlichen Zurufen von Kindern, wie „Schwarze Teufelskinder", und finsteren Blicken von Soldaten kamen die beiden ungestört vorwärts. Taylor wagte bereits eine optimistische Bemerkung. Er war einige Schritte vorausgegangen, und seine Augen hingen an dem Westtor, dem sie sich näherten. Plötzlich hörte er hinter sich eine Balgerei, und als er sich umblickte, sah er, wie Burdon sich von einem großen, kräftigen, betrunkenen Soldaten, der ihn umklammert hielt, zu befreien suchte. „Wir waren auf einmal von etwa einem Dutzend dieser brutalen Kerle umringt und wurden von ihnen in einem furchterregenden Tempo in die Stadt hineingetrieben. Die schwere Büchertasche hinderte mich im Laufen, und ich war bald in Schweiß gebadet und vermochte den andern kaum mehr zu folgen." Die beiden Missionare versuchten den Lärm zu übertönen und schrien, man solle sie vor den Mandarin führen. Die rauhen Gesellen antworteten darauf mit Beschimpfungen und Drohungen. Der betrunkene Soldat ließ endlich von Burdon ab, faßte Taylor und puffte ihn vorwärts wie eine Puppe, weil er zu schwach war, um sich erfolgreich gegen ihn wehren zu können.

„Dieser Mann versuchte mich verschiedentlich zu Boden zu schlagen; er ergriff mich beim Haar und beim Kragen, wobei er mich beinahe erwürgte, und packte mich an Armen und Schultern."

Taylor und Burdon wurden wie einst Stephanus gelästert und verhöhnt. Sie sprachen sich gegenseitig Trost zu, doch Taylor schrieb später über dieses Erlebnis: „Es war die größte Glaubensprüfung, der ich je ausgesetzt war, denn wir wußten um die Greueltaten der Eingeborenen an unglückseligen Rebellen, wenn diese in ihre Hände fielen." Der Mob erkannte sie nicht als Ausländer, weil die Taipings im Gegensatz zur Mandschu-Verordnung ihr Haar kurz trugen. Taylor fürchtete sich nicht vor dem Tode, doch hatte er gesehen, wie Enthauptete ohne Rücksicht auf Alter oder Geschlecht — Männer, Frauen und Kinder — vor der Enthauptung aller Kleidungsstücke beraubt wurden und wie die Opfer den neugierigen Blicken der Menge vor und nach dem Tode ausgesetzt waren. Für einen jungen Mann wie Taylor war der Gedanke an ein öffentliches Entkleidetwerden einfach schrecklich. Er erwartete mit Bestimmtheit, daß ihm das bevorstehe, ehe sein Haupt unter dem Schwert fallen würde. Er kannte die Art von Menschen, die ihre Opfer aus purer Grausamkeit erst verstümmelten, ehe sie sie töteten.

Es gelang ihm endlich, eine Hand frei zu bekommen und seiner Tasche seine chinesische Visitenkarte — ein rotes Papier, darauf sein Name gemalt war — zu entnehmen. Er verlangte, daß diese vor den Mandarin gebracht werde. Dieses Papier rettete ihr Leben. Wenn die rohen Menschen auch nie zuvor einen Ausländer zu Gesicht bekommen hatten, wurde ihnen doch zuletzt bewußt, daß ihre Gefangenen Männer von Ansehen seien, deren Ermordung Schwierigkeiten nach sich ziehen könnte. Darum begaben sie sich zum Bürgermeister.

„O die langen, ermüdenden Straßen, durch die wir geschleppt wurden! Ich meinte, sie würden nie enden, und selten war ich so dankbar wie in dem Augenblick, als wir an einem Ort anhielten und man uns bedeutete, dies sei die Residenz des Mandarins. Erschöpft, schweißgebadet und überaus durstig lehnte ich mich an eine Wand und bemerkte erst jetzt, daß Burdon sich in derselben Verfassung befand." Taylors Humor half ihnen über ihr Mißgeschick hinweg. Burdon berichtete später einem Freund: „Ich fühlte mich so wund und zerschlagen, doch er lächelte mir verstohlen zu und flüsterte: ‚Das gibt prächtigen Stoff für unsere Tagebücher.‘ "

Taylor bat einen der Männer um Stühle. Er wurde abgewiesen. Er bat um Tee; ebenso vergeblich. „Vor und hinter dem Tor hatte sich eine große Menge versammelt, und Burdon verkündigte ihr mit letzter Kraft Jesus Christus."

Dann kam der Soldat aus dem Büro des höchsten Beamten gelaufen und sagte, der Fall sei an den Tao-tai weitergeleitet worden. Die beiden Gefangenen weigerten sich, den Hof zu verlassen, es sei denn, es würden ihnen Sänften gebracht. Weil in einem Yamen der Anstand gewahrt werden mußte, gewährte man ihre Bitte. Einige Zuschauer bemerkten, sie sähen nicht wie schlechte Menschen aus, und „andere schienen uns zu bemitleiden".

Die Reise mit der Sänfte war lästig, wenn es auch mit weniger Lärm abging. Die beiden wurden endlich durch ein großes Tor getragen, sie sahen andere vor sich und meinten, sie würden ins Gefängnis geworfen. Doch endlich standen sie vor dem Tao-tai, der nur dem Gouverneur der Provinz unterstand. Die Begleitpersonen machten eine Verbeugung, und die beiden Untertanen der Königin Viktoria nahmen Haltung an.

Die vornehme Persönlichkeit hatte früher in Shanghai als Tao-tai amtiert. Er kannte Ausländer — und Kanonenboote. Darum begegnete er den Missionaren mit feierlichem Respekt, hörte sich den Bericht über ihre Tätigkeit an, nahm ihre Bücher entgegen und ließ ihnen Reiskuchen und grünen Tee in feinen, kleinen, henkellosen Täßchen anbieten, soviel sie mochten.

Er erlaubte ihnen einen kurzen Gang durch die Straßen der Stadt und das Verteilen von Büchern; auch gab er ihnen einen seiner Leute als Begleiter mit. Dieser bahnte ihnen einen Weg durch die dichte Menschenmenge, indem er sie mit ihren eigenen Zöpfen schlug. Taylor vergaß seine Schmerzen vor Lachen.

Zehn Tage nach seiner Rückkehr mit Burdon nach Shanghai unternahm Taylor mit Chinesen zusammen eine weitere Reise. Er wollte andere Taipings erreichen. Ihr Gebiet lag nur einige hundert Meilen entfernt, wo sie ihre Macht voll entfalteten. In Shanghai war man ihnen gegenüber immer noch skeptisch. Dafür gab es verschiedene Gründe. Die Taipings hielten an ihrer chinesischen Tradition fest, daß der Kaiser einen Harem halte. Sie vermischten den christlichen Glauben mit orientalischen politischen Methoden; sie hielten sich abgesondert und waren der Überzeugung, daß die Menschen des Westens, obgleich derselben Religion, unzivilisiert seien, weil sie nicht aus dem Reich der Mitte stammten. Diese Faktoren, zusammen mit ihren Versuchen, die westlichen Beamten gegen die Rebellen aufzuhetzen, dazu ihre Weigerung, Nanking zu besuchen, die sie damit begründeten, der Handel mit dem imperialistischen China könnte darunter leiden, alles dies trug dazu bei, das Ansehen der Taipings in der internationalen Siedlung herabzusetzen.

Es war fälschlicherweise das Gerücht verbreitet worden, die Taipings wollten keine ausländischen Missionare mehr haben. Hudson Taylor glaubte, „alle diese Befürchtungen seien berechtigt, und die Taipings seien viel schlimmer, als wir meinten". Dadurch ließ er sich aber nicht zurückhalten, kam es ihm doch schließlich nur auf seine missionarische Tätigkeit an. „Das Wort Gottes haben sie. Wenn es frei verteilt, gelesen und verstanden wird von den Leuten, muß es doch Frucht bringen." Was sie brauchten, war ein Lehrer und eine Verbindung mit westlichen Christen.

Taylor fuhr langsam weiter den Yangtse hinauf. Einerseits suchte er nach Möglichkeiten zu Niederlassungen, andererseits wollte er die Imperialisten von seiner Fährte abbringen. Von seinem Boot aus besuchte er achtundfünfzig Dörfer und ummauerte Städte, von denen nur sieben jemals einen protestantischen Missionar gesehen hatten. Er predigte, befreite viele von lästigen Geschwülsten und verteilte Bücher. Er nahm Wind, Sturm und Hitze willig auf sich. Die Verwunderung des Volkes über diese merkwürdig gekleideten Menschen ließ sein Herz oft schneller schlagen. „Nach der groben Behandlung in Tungchow befiel mich manchmal eine Angst, die ich vorher nicht kannte, und dieses Gefühl verringert sich nicht, wenn man allein ist."

Oft flohen die Menschen vor seinem Anblick, oder es sah so aus, als ob sie ihn im nächsten Moment mit Lehm oder Steinen bewerfen wollten. Sein Medizinkasten und sein ärztliches Können erwiesen sich jedoch meist stärker als ihre Furcht oder Feindseligkeit, aber neugierig waren sie immer. Es war für einen so leicht aufbrausenden Menschen wie Taylor nicht einfach; denn er wußte, daß jede Spur von Ärger all seine Mühe zunichte machen würde. Aber er hatte oft auch seinen Spaß daran. „Als ich meine Uhr hervorzog und nachsah, wie spät es sei, rief ein Erwachsener, er habe noch nie eine solche Brille gesehen. ‚Du weißt überhaupt nichts‘, schalt ihn ein anderer und klärte mit wichtiger Miene die Umstehenden auf: ‚Ein Fernrohr ist es, was der Fremde in seiner Tasche trägt, werden doch die Menschen des Westens besonders deshalb gepriesen, weil sie solche herzustellen vermögen.‘ "

In seinem Tagebuch, das für die Missionsgesellschaft in London geführt und ihr zugestellt werden mußte, betonte Taylor die Größe der Aufgabe. „Die Menschen nur zu besuchen, ihnen Schriftteile und Traktate zu geben und, nachdem man ihnen das Evangelium gesagt hat, weiterzuziehen, scheint, als habe man überhaupt nichts für sie getan. Und doch, wenn wir dies unterlassen, wie soll das Wort je in ihre Hände kommen? . . . Aber bis jetzt sehen wir keine Frucht, und es braucht einen starken Glauben, damit die Mutlosigkeit in uns nicht die Oberhand bekommt."

Immer näher rückte er an das Taipinggebiet heran, bis er einige Tage nach seinem 23. Geburtstag nur noch siebzig Meilen davon entfernt war.

Dann wurde alles still um Taylor. Nie hat er in späteren Jahren darüber geredet, was sich damals ereignete. In seiner Schrift „Ein Rückblick" berichtet er nur, er habe Nanking erreichen wollen; es habe sich aber als eine Unmöglichkeit erwiesen. In seinem hohen Alter bereiste er mit seinem Sohn und seiner

Schwiegertochter auf einem Dampfer diese Gegend. Er war merkwürdig bewegt. „Ich wollte, ich könnte euch etwas darüber berichten", sagte er und blickte sinnend auf das Südufer. „Es war dort drüben. Ich kann mich aber nicht mehr an die genaue Stelle erinnern."

Im Jahre 1855 verlangten der Rebellenkaiser und seine Prinzen mehr Aufklärung über die Wahrheit. Als Missionare nach fünf Jahren endlich Nanking erreichten, waren die Führer bereits zu sehr in Irrlehren verstrickt, um auf eine Änderung einzugehen. Der Widerstand des Westens und eigene Torheiten trieben sie immer weiter bergab, bis es zu Niederlage und Vernichtung führte. Zudem war der Westen in den Tagen des Unternehmens Hudson Taylors noch zu keinem Entschluß gekommen, ob sie es unterstützen oder hindern wollten. Eine genaue Aufklärung durch einen Vertrauten der Taipings aus dem Westen hätte vielleicht den traurigen Fehler der Briten beim Ausbruch des zweiten chinesischen Krieges im Jahre 1857 verhindern können, als die Regierung das Angebot der Rebellen zu einem Zusammenschluß der Kräfte zurückwies und damit die fremde Mandschudynastie nur so weit niederschlug, daß sie sich wieder aufrichten konnte. Wären die Briten nicht so irregeführt worden, wäre der Rebellenkaiser wohl auf den Thron gekommen.

Die chinesische Regierung wäre damit offiziell zum Christentum übergetreten, und die Religion des Thrones wäre in China zur Religion des ganzen Volkes geworden. Die Christianisierung eines ganzen Kaiserreichs hätte allerdings ebenso schwere Probleme geschaffen wie damals im Westen nach Kaiser Konstantins Bekehrung. Doch wären sie nicht unüberwindlich gewesen, und westliche wie einheimische Missionare hätten sich frei bewegen können.

Unter einer Taipingdynastie hätte China die Methoden des Westens angenommen und sie bewußt mit ihrer uralten Tradition verschmolzen. Eisenbahnen hätten das Land erschlossen, Bergwerke, Spinnereien und andere Fabriken wären viele Jahre früher entstanden, als es dann tatsächlich geschah. Statt dessen wurde China unsanft aus seinem jahrtausendelangen Schlaf aufgeschreckt und stand dann eigensinnig mit einem tiefwurzelnden Ausländerhaß einer modernen Welt gegenüber, die ihr fünfzig Jahre voraus war. Dieser Haß zeitigte in der Mitte der zwanziger Jahre bittere Früchte. Das konfuzianische System bestimmte die Geschichte Chinas. Es hätte zum Vorteil Asiens und der ganzen Welt gedient, wäre es vom Christentum abgelöst worden und nicht hundert Jahre später zum Schaden und der Gefahr einer ganzen Welt dem Kommunismus verfallen, hätte die Taipingbewegung vom Westen gebührende Anerkennung erfahren und damit gesiegt.

Hudson Taylors Wesensart hätte das Vertrauen der Taipings gewinnen können. Durch seine Herkunft aus der unteren Schicht des Mittelstandes und das Fehlen einer Universitätsbildung neigte er weniger dazu, die Chinesen als Menschen einer niedrigeren Kultur zu werten oder das Christentum mit seinen westlichen Formen in Einklang zu bringen. Diese Identifizierung war es, die eine Scheidewand aufrichtete zwischen achtbaren Missionaren und auf ihre uralte Zivilisation stolzen Chinesen, die das Gefühl westlicher Überlegenheit als weiteres Zeichen der Ungeschliffenheit außerhalb Chinas lebender Barbaren erachteten.

Taylors Ansicht darüber war nicht sentimental. „Die Chinesen sind solch glatte Menschen. Du kannst dich nicht auf ihre Worte verlassen . . . Sie belügen Dich, doch würden sie Dich nie berauben", schrieb er in jenem Sommer an einen Freund. Er hatte aber ein unerschütterliches Vertrauen zu Gott, daß er ihren Charakter umgestalten könne. Die meisten Missionare liebten die Chinesen, doch gab es wenig Protestanten, die bereit waren, sich ganz mit dem Volk zu identifizieren. Taylor tat es, bis zur chinesischen Reisdiät, auch wenn es seiner Gesundheit schadete.

Er war absolut frei von Bindungen der Familie oder der Mission gegenüber, die später andere Männer an einem erfolgreichen Dienst im rebellenbesetzten Nanking hinderten. Er war jung, aber nicht jünger als Georg Whitefield, als dieser der größte Evangelist Englands und Amerikas war. Er war zwar noch unerfahren, doch später zeigten seine Führergaben, daß Gelegenheiten weise machen.

VERWANDLUNG IN EINEN CHINESEN

Maria Dyer war eine Waise. Sie wurde 1837 in Penang, Malaya, geboren, wo ihr Vater, Rev. Samuel Dyer, ehemaliger Student des Trinity-Colleges in Cambridge und Mitglied der Londoner Missionsgesellschaft, als einer der ersten westlichen Evangelisten an den Chinesen arbeitete. Dieser, ein begabter Mann, der die Mühen eines Lebens als Missionar den Ehren und Bequemlichkeiten einer juristischen Laufbahn vorzog, besaß die Anerkennung der chinesischen gebildeten Gesellschaftsklasse. Er starb in Macao im Jahre 1843.

Seine Witwe war mit drei kleinen Kindern in Penang zurückgeblieben: Burella (Ellie), Samuel und Maria. Sie verheiratete sich bald wieder mit Missionar Bausum, starb aber schon 1847. So war Maria schon mit zehn Jahren Vollwaise. Zusammen mit ihren Geschwistern kam sie nach England zu einem verheirateten Onkel, William Tarn, einem wohlhabenden, treuen Missionsfreund.

Die Schwestern blieben nach ihrer Ausbildung im Norden Englands als Lehrerinnen in der Heimat, bis Burella einem Ruf an eine Schule in Ningpo, dem nächsten Vertragshafen südlich von Shanghai, folgte. Maria begleitete ihre Schwester nach China. Die Dyertöchter waren als künftige Missionarinnen erzogen worden. Sie hielten treu zusammen, und deshalb segelte Maria mit nach China.

Sie war groß von Gestalt, lebhaft und warmherzig. Sie hatte dunkles Haar und dunkle Augen. Sie schielte, doch machte sie das nicht weniger anziehend. Niemand vermutete hinter ihrem ernsten, der älteren Schwester treu ergebenen Wesen das starke innere Gefühlsleben.

Auf dem Dampfer hatte sie ein stilles, aber überwältigendes geistliches Erlebnis, das aus der Berufsmissionarin, die den letzten Wunsch ihrer Eltern zu erfüllen bereit war, eine Jüngerin machte, deren vornehmster Beweggrund eine echte, wachsende Liebe zu Christus war. Weil sie ihren Vater kaum gekannt hatte, übertrug sie ihre ganze hingebende Liebe, die sie sonst ihm erwiesen hätte, auf den Dienst für ihren Herrn. Sie betrachtete ihre Arbeit für Ihn als eine Antwort auf Seine Liebe zu Seinem Kind.

In Ningpo stellte sie sich unter die Führung der Begründerin und Direktorin der Schule, Miss Aldersey, schloß Freundschaft mit den chinesischen Kindern, die sie bald sehr liebten, und konzentrierte ihren bemerkenswert scharfen Verstand auf das Erlernen und Beherrschen der Sprache. Mit alldem war sie bald der Liebling aller jungen Herren der Europäergemeinschaft. Weder Burella noch Miss Aldersey wußten etwas von ihrer tiefen Einsamkeit.

Maria Dyer kam aus einem ganz andern Milieu als Hudson Taylor. Sie blieb streng bewahrt vor unerwünschten Freiern.

Doch in jenem Sommer 1855, am Ende einer Reise, die Taylor mit John Burdon und Dr. Parker von Shanghai aus unternommen hatte, kam er auch nach Ningpo. Ein Ehepaar der Kirchen-Missionsgesellschaft sah, wie sehr die Hitze ihm zugesetzt hatte, und entführte ihn in die Schönheit der Hügel und Teegärten. Er stellte Vergleiche an zwischen den unter den Freunden in Shanghai erlebten Zänkereien und dem „Frieden und der Einheit", die unter den vierzehn Männern und Frauen verschiedener Glaubensrichtungen in Ningpo herrschten. Wie konnte er ahnen, daß er eines Tages Ursache und Mittelpunkt der Stürme sein würde, die diesen Frieden und diese Einheit stören sollten!

Hudson bemerkte Maria überhaupt nicht. Sie hätte ihn auch nicht interessiert. Er hatte bereits einen formalen Heiratsantrag an Elisabeth Sisson abgehen lassen.

Elisabeth wußte von ihm viel über sein Leben in China, doch hatte er sich bemüht, alles in den lichtesten Farben zu malen. Wohl würde ihn eine Heirat mit ihr an Shanghai fesseln, obgleich er sich trotz Vertragsbeschränkungen, anstrengender Reisen und ständiger Gefahr zu einer kompromißlosen Hingabe an das Innere Chinas berufen wußte. Elisabeth und das Inland schlossen sich gegenseitig aus, dessen war er sich voll bewußt; doch seine Einsamkeit gaukelte ihm vor, daß diese Gegensätze sich später auf irgendeine Weise ausgleichen würden.

Er fragte sich allerdings, wie ihm eine Heirat möglich sein sollte, solange er von dem Chinesischen Evangelisationsverein abhängig war, dessen wohlmeinende Sekretäre „so geschäftsunkundig, so leicht irrezuführen, so rechthaberisch sind und uns so wenig Vertrauen entgegenbringen".

Wohl besaß er Versorgungsquellen, von denen ihm in unregelmäßigen Zeitabständen Mittel zukamen. Dazu gehörte der englische Pfarrer Hobson, der sich aus seiner Bewunderung für Taylors missionarische Hingabe heraus zu einer gelegentlichen Gabe verpflichtet hatte. Die Britische und Ausländische Bibelgesellschaft steuerte auch etwas zu den Auslagen für seine Inlandreisen und seinen Büchervorrat bei, weil er die meisten Bücher verteilte. Außerdem war da ein Mr. Berger, ein Fabrikant aus London, der sich vor kurzem aus dem Geschäftsleben auf ein Gut in Sussex zurückgezogen hatte, an den sich Taylor kaum erinnern konnte, der ihm eines Tages einen beträchtlichen Betrag sandte. „Ich weiß aber nicht, ob ich in meiner gegenwärtigen Lage eine Ehe eingehen darf."

Dr. Parker erkannte, daß seine Zukunft in Ningpo lag. Die Missionare mit ihren Familien brauchten einen Arzt. Er konnte sein Einkommen zum Bau eines Missionsspitals verwenden, und damit wäre er nicht länger auf den Evangelisationsverein angewiesen. Taylor sehnte sich zwar auch nach einer gesicherten Stellung, doch nicht in Ningpo. Wieder nach Shanghai zurückgekehrt, schrieb er an seine Eltern: „Ich bin noch so heimatlos wie am ersten Tag in China. Ich weiß nicht, wie es weitergehen soll."

Auf einer seiner Reisen kehrte Taylor nach einem mit Verkündigung und Krankenbehandlung reich ausgefüllten Tag hungrig zu seinem Boot zurück. Seine Kleidung war voll Staub, und seinen Schuhen, einer Quelle ständiger Überraschung für die Eingeborenen, sah man die ausgiebigen Fußmärsche an.

Während Taylor und seine Begleiter sich die Abendmahlzeit, Enteneier und in Öl gebackenen Reis, schmecken ließen, „wobei ich zum großen Vergnügen meiner chinesischen Helfer wie sie die Stäbchen benützte, mit denen ich jetzt schon ganz gut fertig werde, meinten sie, ich sollte mir morgen den Kopf rasieren lassen und mir andere Kleider besorgen. Aber einer bemerkte, Augen und Nase ließen sich eben nicht verwandeln."

Einige Tage später erreichte er eine Stadt, die noch nie von Missionaren besucht worden war. Er trug wie jeder andere ehrenhafte Europäer daheim und im Ausland einen langen Rock mit den üblichen Schlitzen, Falten und Knöpfen vorn und hinten. Nachdem er die neugierige Menge, die ihn immer wieder über Gebrauch, Form und Ursprung jedes Kleidungsstücks ausfragte, befriedigt hatte, begann er zu predigen.

Ein direkt neben ihm stehender Mann betrachtete ihn nachdenklich und scharf. Er war einer jener idealen Zuhörer, wie sie sich ein Redner für Freiversammlungen wünscht, an die man Fragen richten und von denen eine ganze Versammlung profitieren kann, wenn sie miterlebt, wie eine Seele Schritt für Schritt zur Erkenntnis und zum Bekenntnis der Wahrheit geführt wird. Schließlich redete Taylor diesen Mann persönlich an. „Ja, ja", erwiderte dieser, „was du sagst, ist bestimmt wahr. Doch, verehrungswürdiger ausländischer Lehrer, darf ich eine Frage an dich richten?"

Taylor fühlte sich geschmeichelt und wartete gespannt auf das, was nun folgen würde.

„Ich habe die ganze Zeit, während du gepredigt, über eine bestimmte Sache nachgedacht. Aber ich verstehe sie einfach nicht. Das ehrwürdige Gewand, das du, fremder Lehrer, trägst, hat auf der einen Seite eine Anzahl Knöpfe. Auf der andern Seite bemerke ich Schlitze im Stoff, die man Knopflöcher nennen könnte."

„Ja, das stimmt", antwortete Taylor enttäuscht.

„Der Zweck dieser eigenartigen Erfindung ist mir verständlich", fuhr der Mann unbeirrt fort, „sie dient dazu, das ehrwürdige Gewand bei Kälte und Wind zusammenzuhalten. Doch, fremder Lehrer, da ist etwas, das ich nicht verstehen kann. Was bedeuten die Knöpfe in der Mitte des Rückens?"

„Ja, das fragen wir uns auch", rief die Menge im Chor, „ausgerechnet in der Rückenmitte." Hudson konnte ihnen keine Antwort darauf geben. Er wußte es auch nicht.

„In der Mitte des Rückens!" Diese Worte beschäftigten Taylor im Weitergehen. Er zog seinen Rock aus und betrachtete die drei sinnlosen Knöpfe am Rückenteil. Sie zeigten ihm den ganzen Unsinn westlicher Kleidung in orientalischer Umgebung. Auch erinnerten sie ihn an das Gespräch bei den Enteneiern und dem Reis.

Eine andere Begebenheit festigte seine Erkenntnis, daß er nicht länger als ausländischer Lehrer an Orten auftreten durfte, die außerhalb der Vertragshäfen lagen, wo er aber evangelisieren wollte. Ende Juli wurde er von der chinesischen Behörde vor den britischen Konsul zitiert. Dieser sagte wenig, „nicht mehr, als unbedingt nötig war; doch meinte er, wenn ich weiter den Vertrag brechen sollte, sähe er sich gezwungen, mich so zu bestrafen, wie er einen Geschäftsmann bestrafen müßte".

Taylor wußte, daß er schwerer als Ausländer zu erkennen wäre, wenn er sich in einen Chinesen mit Zopf und allem Drum und Dran verwandelte. Darum bestellte er, nachdem er den Konsul verlassen hatte, Seidenkleider und Schuhe, wie sie jeder chinesische Lehrer damals trug.

Er redete sich ein, er habe das juristische Recht zu Inlandsreisen, weil die ausländischen katholischen Priester es in stillschweigendem Einverständnis mit dem französischen Konsul auch taten und sogar über ihren Stationen die französische Flagge hißten. Zudem hatten die Briten nach der Klausel „Bevorzugteste Nation" einen Rechtsanspruch auf jede Konzession, die einer anderen Regierung eingeräumt wurde. Es war aber nicht so, daß die konsularische Bewilligung das Los der Katholiken erleichtert hätte. Zehn Jahre später schrieb Taylor darüber: „Im heimlichen Vordringen, im Leben in der Verborgenheit, im Ausüben ihrer Tätigkeit unter ungünstigen Bedingungen, in Gefängnissen, unter Leiden, Folterung und Tod haben sie ihre Berufung in beispielhafter Treue erfüllt." Taylor sah nicht ein, warum Protestanten hinter ihnen zurückstehen sollten.

Die nationale Tracht erforderte einen schwarzen Zopf. Taylors helles Haar war alles andere als chinesisch, und darum braute er sich ein Färbungsmittel zusammen. Er nahm eine große, halbgefüllte Ammoniakflasche, und weil es ein heißer Tag war, versuchte er den Pfropfen vorsichtig zu entfernen. Doch schon war es geschehen. Mit großer Wucht flog dieser in die Luft, Taylor aber drückte seine schmerzende Hand auf den Flaschenmund und versuchte mit der andern, die Flasche wieder zu verschließen, um die kostspielige Flüssigkeit zu retten.

Der Ammoniak strömte mit einer solchen Gewalt aus der Flasche, daß „die Flüssigkeit in Augen, Nase, zwischen die Lippen, ins Haar und auf die Kleider spritzte. Ich konnte mich nicht dagegen wehren und lief davon."

Beinahe blind, unter heftigen Schmerzen, nach Atem ringend, taumelte er ohne seine Brille über den Hof und durch die Küche.

„Es war, als ob ich im Feuer stünde. Schwankend erreichte ich endlich das große Wasserfaß hinter der Küche und tauchte Kopf, Schultern und Arme in das Wasser hinein. Das rettete mich." Das Wasserfaß war, wie es wöchentlich einmal geschah, gerade mit frischem Wasser gefüllt worden; wäre das Unglück einen Tag früher passiert, hätte das Wasser nicht ausgereicht, das Laugensalz wegzuwaschen, und er wäre erstickt.

Mit äußerster Mühe rief er auf englisch: „Holt sofort Dr. Parker!" Er merkte, daß der Diener ihn nicht verstehen konnte, darum wiederholte er seine Worte auf chinesisch. Auf das Schreien kam Dr. Parker herbeigelaufen. Er goß Rizinusöl in Taylors Augen und über sein Gesicht, gab ihm Opium zur Stillung seiner Schmerzen, badete seine Füße in heißem Wasser, um die Hitze im Kopf zu lindern, und brachte ihn mit einem Eisbeutel auf dem Kopf und verbundenen Augen zu Bett.

Noch am gleichen Abend ließen die Schmerzen nach. Auf seinem Lager dachte er über fünf besondere Fügungen nach: Hätten seine dicken Brillengläser nicht seine Augen geschützt, wäre er erblindet. Es war ihm gelungen, sich zur Küche hinzutasten; er hätte ja sofort in Ohnmacht fallen können. Das Faß war bis obenan mit Wasser gefüllt. Dr. Parker, der oft auswärts zu tun hatte, war im Augenblick der größten Not gerade zu Hause; dazu besaßen sie an jenem Tag genügend Eis. Nach einer Woche war er außer einer Rötung der Haut rings um die Augen und einem lästigen Gefühl in der Nase wiederhergestellt.

Am 23. August 1855, abends 11 Uhr, am Vorabend einer Überlandreise nach Ningpo als Begleiter Dr. Parkers — seine Familie fuhr mit dem Boot —, „überließ ich meine Locken dem Friseur. Dieser färbte mein Haar und flocht am anderen Morgen nach chinesischer Sitte einen Teil falsches Haar mit einer Anzahl Seidenfäden in das mir verbliebene Haar." Sein Haupt war zur Hälfte kahlgeschoren, und von seinem Hinterkopf baumelte ein langer Zopf über seinen Rücken herunter. Da war nichts mehr zu sehen von einem blondgelockten jungen Mann; sogar seine Augenbrauen waren schwarz gefärbt.

Die Prozedur war schmerzvoll. „Es tut weh, wenn der Kopf zum erstenmal geschoren wird und die Haut so empfindlich ist. Und ich versichere Dir", schrieb er an Amalia, „daß das darauffolgende Haarfärben weniger schmerzvoll war. Doch das Auskämmen des Haares — er hatte es bis in den Nacken wachsen lassen —, um das Flechten zu ermöglichen, ist das Schlimmste. Ich werde meinen Zopf, wenn er endlich nachgewachsen sein wird, mit großem Stolz und nicht geringer Anhänglichkeit pflegen."

Hudson unterzog sich auch der üblichen Massage, „damit ich nicht etwa einmal in Schwierigkeiten gerate, weil ich nicht damit vertraut bin. Ich hielt das schreckliche Hautreizen aus, solange ich konnte, dann kam das Schlagen an die Reihe. Meine Rückenhaut war wund, als die Prozedur endlich zu Ende war." Er gewöhnte sich an diese täglichen Schläge, die die Chinesen als gesundheitsfördernd ansehen, doch „fand ich nie Spaß daran".

Dem Rasieren, der Haarbehandlung und dem Massieren folgte das Ankleiden. Zuerst kamen weiße, steife Strümpfe und flachsohlige Satinschuhe mit aufgebogenen Spitzen. Er hatte diese bereits drei Wochen im Hause getragen, doch fühlte er sich darin äußerst unbequem. Er wunderte sich nicht, daß die chinesischen

Diener in europäischen Häusern ausländische Schuhe und Strümpfe trugen. „Dann folgen Hosen — aber o weh, diese Hosen! Sie sind in der Taille viel zu weit, werden vorn in eine tiefe Falte gelegt und durch einen Gürtel festgehalten." Die Hosenbeine bauschten sich vorn und hinten und mußten in die Strümpfe gestopft werden. Parker meinte, man könnte darin Proviant für vierzehn Tage unterbringen. Eine kurze, weitärmlige, waschbare Jacke ersetzt das europäische Hemd. Über das Ganze wird ein mit langen, weiten Ärmeln versehenes Gewand gezogen.

Unglücklicherweise trug gewöhnlich im Sommer kein Chinese einen Hut, es sei denn, er war Mohammedaner, „was ein großer Unfug ist, denn die Sonne brennt schrecklich heiß".

Die beiden Missionare reisten in den Süden. Der Erfolg blieb nicht aus. Hudson erzählte seinem Vater: „Du würdest mich auf der Straße zwischen anderen Chinesen kaum erkennen, und im Chinesenviertel vermutet niemand in mir einen Ausländer, obgleich etwas in meiner Erscheinung einige dazu veranlaßt, mich im Vorbeigehen scharf zu mustern."

Die meisten Leute hielten ihn für einen Lehrer, der im Dienste des ausländischen Arztes stand, bis sie die zwei englisch zusammen reden hörten. Taylor trug eine chinesische Brille mit dicken Gläsern aus Bergkristall, die seine Augen verdeckten. Dies, zusammen mit der Vielfalt an Gesichtstypen und Dialekten, wie sie in China vorkommen, kam ihm zustatten.

Als Taylor sich von Parker trennte, wußte er ganz gewiß, daß eine große Schranke gefallen war. Vorher war er gewöhnlich als ein fremdländischer Barbar betrachtet worden, doch nun wurde er eher als verehrungswürdiger Gast und nicht als ungebildeter Störenfried anerkannt. Jetzt brauchte er keine neugierige Menschenmenge mehr zu fürchten.

Ein weiterer unverkennbarer Vorteil war seine Kleidung, nachdem er sich daran gewöhnt hatte. Sie war genau dem Klima angepaßt. Verglichen mit der westlichen Herrenmode des neunzehnten Jahrhunderts, war die chinesische Kleidung im Sommer kühler und im Winter wärmer. Taylor litt nicht mehr wie früher unter der Kälte und mußte im heißen Juli nicht mehr seufzen über „das Briefeschreiben im weißen Hemd, Hosen und Strümpfen, schwarzen Schuhen und schwarzer Krawatte, die nach einer halben Stunde naß ist, und mit einem Löschblatt unter der Hand. Doch ginge ich auch nur eine halbe Stunde spazieren (mit meinem weißen, dickgefütterten Hut und Sonnenschirm), müßte ich bestimmt mit einem Sonnenstich rechnen."

Er kehrte wieder nach Shanghai zurück. Das Gerücht seiner Verwandlung in chinesische Aufmachung war ihm vorausgeeilt. Waren unter dem Volk Schranken gefallen, so gingen sie in der internationalen Siedlung hoch. Die Kaufleute lachten ihn aus, es blühte der Klatsch, die Frauen entsetzten sich, gezierte junge Leute kräuselten spöttisch ihre Lippen, die Ungebildeten verspotteten seine plumpen Hosenbeine. Es hieß, der Bursche habe sich vor den Einheimischen lächerlich gemacht und dabei dem britischen Ansehen geschadet.

Die Missionarsgemeinschaft ärgerte sich über ihn. Das tat weh. Taylors beste Freunde waren verwirrt und beunruhigt über einen solchen Spaltpilz. Sie vermuteten, seine Landsleute würden ihn nun verachten, und nahmen ihm sein Handeln übel, weil sie meinten, die Verwandlung bedeute die Aufgabe aller hergebrachten Vorteile westlicher Herkunft. Sogar seine Eltern erschraken, als sie davon hörten.

Das Ausgelachtwerden, eigentlich eher die Abneigung der Missionskollegen, nagte an ihm, doch verblichen diese Nöte vor einer neuentdeckten inneren Freude. Der Morast der Verzagtheit lag hinter ihm, er bestieg (nach Bunyans „Pilgerreise") den Berg der Erquickung. Besaß er denn nicht außerdem Miss Sissons Jawort? Allerdings stellte Elisabeths Vater die Bedingung, sie sollten noch warten. Miss Sisson wußte nichts von seiner Verwandlung in einen Chinesen. Es war Taylor gelungen, im chinesischen Stadtteil ein überraschend sauberes Anwesen zu finden. Sein Diener Kuei Hua zeigte zudem ein aufrichtiges geistliches Interesse, sprach offen darüber, und sein Wesen veränderte sich so vorteilhaft, daß Taylor ihn als ersten Bekehrten taufte.

All diesen Ermutigungen stand die durch seinen schwerwiegenden Schritt verursachte Vereinsamung und die ständige Lebensgefahr gegenüber. Jedoch herrschte in seinem Herzen ein tiefer Friede. Taylor schrieb seinen Angehörigen in einem seiner langen Briefe voll geistlicher Erkenntnis, wenn auch in armseligem Stil: „Die Zukunft ist ein verwirrendes Labyrinth. Mein Weg wurde mir bisher nur Schritt für Schritt gezeigt. Ich muß einfach alles Gott überlassen, Ihm vertrauen, und alles wird recht werden. Ich liebe *Ihn* mehr denn je und will *Ihm* mehr als je dienen, wie Er es von mir erwartet. Ich erlebte kürzlich eine wunderbare Erquickungszeit. Wie unwürdig bin ich ihrer gewesen!"

DAS HAUS AUF DER INSEL

Am 18. Oktober 1855 verließ Taylor Shanghai mit dem Vorsatz, „mich in meiner chinesischen Aufmachung irgendwo niederzulassen". Außerhalb des Vertragshafens wollte er eine Apotheke einrichten, wo er wohnen, Patienten behandeln, predigen und Gespräche von Mann zu Mann führen konnte, wozu er sich besonders berufen fühlte. „Sprecht aber nicht darüber, bis wir sehen, was daraus wird!" bat er seine Eltern.

Er hatte im April mit Burdon die in der großen Yangtsemündung liegende Insel Tsungming besucht, und dorthin fühlte er sich plötzlich berufen. Er entfernte sich unbemerkt auf einem Boot, nahm nur wenig Geld und Arzneivorräte mit und erwartete eigentlich nicht mehr als einen Erkundungsausflug. Kuei Hua und ein älterer Katechist, Tsien, begleiteten ihn. Nach einer eineinhalbtägigen Reise legten sie in einem Fischerdorf an. Am nächsten Morgen begab er sich zu Fuß ungefähr drei Meilen ins Land hinein in eine Stadt Sin K'ai-ho mit beinahe 20 000 Einwohnern. Ehe er es richtig glauben konnte, besaßen er und seine Begleiter ein Heim.

„Ich wünschte, Ihr könntet sehen, wie behaglich ich inmitten dieser Leute sitze, genauso, wie wenn Ihr Dotsworth besucht, das

viel Ähnlichkeit mit dieser Stadt hat; nur ist jene viel größer."
Als die Teegesellschaft in Barnsley dies hörte, sagte Mrs. Taylor
leise vor sich hin: „Wann wird der liebe Junge endlich ein wirkliches Heim finden?"

Er meinte, er habe eins gefunden. Die Stadtbewohner, Reiche
und Arme, sahen in diesem Mann, der wie jeder andere gut-
erzogene Lehrer gekleidet war, nichts, wovor sie sich zu fürchten brauchten. Zudem besaß er eine ungewöhnliche Geschicklichkeit im Behandeln von Kranken und im Mischen von Arzneien.
Sie kamen mit ihren Schmerzen und Beschwerden zu ihm und
hörten auf das, was er ihnen riet. Taylor jedoch kämpfte daneben mit Hilfe von Katzen gegen Schmutz und Ungeziefer und
säuberte sein Anwesen davon. Liebe und Begeisterung erfüllten
ihn im helfenden Dienen. Wohl hatten die Leute hier eigenartige
Gewohnheiten und ihre eigenen, tiefverwurzelten Gedanken
über alles.

Er entdeckte bald, daß das Fallen der Schranken zwischen ihm
und dem Volk ihn der ganzen Macht des Heidentums aussetzte.
Weil er sich normal kleidete und nicht allzuviel Sprachschnitzer
machte, behandelten sie ihn wie jeden andern ihrer Nachbarn.
Wenn er sich einige Minuten Zeit zum Briefschreiben nahm und
sie in seinem Haus herumsaßen, konnte er sie über den Verkauf
eines Mädchens verhandeln hören, oder er vernahm etwas über
die Konkurrenz unter den Zauberern, auch von der Pracht eines
Begräbnisses, verbunden mit dem Verbrennen von Papierhäu-
sern, und von Geldgaben, die der Verstorbene in der anderen
Welt wiederfinden werde. Wenn er predigte, konnten ihm die
glasigen Augen der Männer nicht entgehen, die eben ihre Opium-
pfeife geraucht hatten oder es kaum erwarten konnten, bis sie
eine Gelegenheit dazu fanden.

„Es gibt nichts Romantisches an einem Chinesen", schrieb er
und betonte, daß die Liebe zu Christus und zu kostbaren Men-
schenseelen das einzige Motiv sein kann, um es hier überhaupt
auszuhalten. „Das ständige, anscheinend fruchtlose Ausrichten
der Christusbotschaft kann nur aus diesem Beweggrund heraus
getan werden."

Nur wenn er abends von den flackernden Lampen und Schatten weg das Freie aufsuchte und den Himmel betrachtete, fühlte er sich frei und wie gereinigt. Hier ließ er auch seinen Gefühlen freien Lauf. „Ich denke gern daran, daß der klare Mond, der mich jetzt bescheint, bald auch auf die Häuser meiner Lieben herableuchtet. Ich nehme ihn fast wie einen Botschafter und sage ihm: ‚Geh und leuchte auf die herab, die ich liebe!‘ " Ob Amalia oder Miss Sissions diesen Zärtlichkeitserguß erhielten, ist nicht ersichtlich.

Eine Woche ging dahin. Ein Wochenende als Malariakranker. Zwei Wochen. Die Vorräte schwanden, doch sah vieles hoffnungsvoll aus, denn einige der Stadtbewohner, darunter der Schmied, zeigten wirkliches Interesse. Taylor bereiste die Umgegend und träumte von entstehenden Gemeinden, wie John Wesley es einst erlebte.

Am Montag, dem 5. November, übertrug er Ts'ien und Kuei Hua die Verantwortung und kehrte guten Muts nach Shanghai zurück, um seinen Medizinkasten aufzufüllen, die eingelaufene Post zu holen und sich wattierte Winterkleider und ein langes, schaffellgefüttertes Gewand zu besorgen.

Zwei Ärzte und vier Drogisten von Sin K'ai-ho schlürften langsam ihren Tee in der „Halle der Ruhe", die dem Drogisten am Ende der engen Gasse gehörte, in der auch der ausländische Doktor wohnte. Abseits vom Klatsch der Käufer und Verkäufer hatten sie sich zu einem Gespräch über ein ernst zu nehmendes Geschäftshindernis zusammengefunden. Zur Hauptsache kamen sie erst nach einem zweistündigen Austausch einleitender Förmlichkeiten.

Einer der Ärzte berichtete über verschiedene Fälle von schlimmen Beinwunden, die eine sichere Einnahmequelle bedeutet hatten und die in der kurzen Zeit von ein paar Tagen geheilt worden seien. Ein Drogist beklagte sich über den Rückgang im Verkauf von Senfpflastern, und wie die Käufer ihm grob erklärt hätten, daß die Puder, mit denen der Ausländer sie kostenlos versorgt habe, sie geheilt hätten. Der andere Arzt bedauerte das plötzliche Ausbleiben von Fieberpatienten, die den Ausfall an Einkommen noch dadurch vergrößerten, daß sie die einheimische Arztgilde als untauglich verschrien.

Daraufhin versanken sie wieder in ein langes Schweigen, das nur durch ein gelegentliches Wort, ein Nicken, ein ärgerliches Brummen unterbrochen wurde. Endlich kamen sie zu der einstimmigen Schlußfolgerung, es müsse auf den Mandarin ein Druck ausgeübt werden, daß der Ausländer vertrieben werde. Zu diesem Zweck legten sie zwölf Dollars zusammen.

Die Yamenläufer nahmen die zwölf Dollars Bestechungsgeld an sich. Es wurde nicht direkt ausgesprochen, doch ließ die lange Sitzung im Hof des Yamens keinen Zweifel über die Erwartungen der Besucher. Die Läufer ihrerseits sahen nicht ein, warum sie dem Mandarin nicht die Ehrerbietung der Drogisten durch die Übergabe von *zehn* Dollars beweisen sollten. Konnten sie nicht durch jeden, der mit dieser Sache zu tun hatte, zu etwas Geld kommen? Der vertragsbrüchige ausländische Arzt würde sie bestimmt gut bezahlen, damit man ihn in Ruhe ließ. Sein Hausbesitzer würde bezahlen, um der Strafe zu entgehen, weil er einem Ausländer half, und die Drogisten als Kläger konnten zum mindesten weitere zwölf Dollars bezahlen.

Die Läufer besuchten während Taylors Abwesenheit sein Haus und bedrängten Ts'ien und Kuei Hua, doch bekamen sie von diesen kein Geld. Nach zwei oder drei Tagen kehrten sie mit einem Schreiben zurück, das das Siegel des Mandarins trug. Dieses hatten sie mit Hilfe eines Beamten bekommen. Ts'ien las, daß der ausländische Arzt verhaftet und dem Tao-tai in Shanghai ausgeliefert werden solle. Dieser werde ihn dem britischen Konsul zur Untersuchung der Angelegenheit und zur Bestrafung übergeben. Alle in diese Sache verwickelten Chinesen sollten vor den Bürgermeister von Tsungming gebracht werden.

Ts'ien begab sich auf einem Boot nach Shanghai. Er konnte jedoch Taylor nicht finden und mußte unverrichteter Sache zurückreisen, doch ließ er eine Kopie des Schreibens zurück. Darauf kehrte Taylor unverzüglich nach Sin K'ai-ho zurück. Hier hörte er von einem dritten Besuch der Yamenläufer. Ihr Schreiben ent-

hielt einen neuen Ton. Sie wußten nun um die Absicht des ausländischen Arztes, dem Volke wohlwollend zu begegnen. Darum
bauschten sie die Sache noch mehr auf und verlangten von Taylor diesmal dreizehn Dollars. „Ich war etwas besorgt, nicht
eigentlich meinetwegen, sondern um die, die um meinetwillen
in die Sache verwickelt wären, wenn Schwierigkeiten entstünden.
Als die Läufer erkannten, daß ich ihnen kein Bargeld geben
würde, nachdem sie zuerst zehn und später dreizehn Dollars
verlangt hatten, erpreßten sie von den Drogisten dreizehn Dollars und ließen sich nachher nicht mehr blicken. Es schien, als
wäre damit alles in Ordnung." Taylor führte die Apotheke und
die Versammlungen weiter und bereiste die Umgebung.

Vierzehn Tage später, am Montag, dem 26. November, während er mit seinen beiden Helfern frühstückte, vernahmen sie
plötzlich Trommelschläge. Sie kamen näher. Taylor hörte, wie
die Straßenhändler ihre Stände beiseitezogen, wie Mütter auf
ihren kleinen Füßchen über das holprige Pflaster humpelten und
ihre Kinder von der Straße wegzogen. Er vernahm das Peit-
schenknallen der Yamenläufer, die einen Weg für den Mandarin
bahnten. Dieser zog in seiner Sänfte vorbei, ohne die sich an die
Häusermauern drückenden gewöhnlichen Sterblichen auch nur
eines Blickes zu würdigen. Seine elfenbeinfarbenen Hände mit
ihren langen, spitzen Fingernägeln umschlossen einen parfümier-
ten Ball, den er nachlässig an seine Nase gepreßt hielt.

Zwei Läufer blieben zurück und hämmerten an Taylors Tür.
Sie sagten, der Mandarin sei gekommen, um im Hafen Seeräuber
gefangennehmen zu lassen. Auf dem Rückweg werde er sich mit
dem ausländischen Arzt befassen. Ts'ien, Kuei Hua und der
Hausbesitzer, ein graubärtiger Siebziger, sollten vor ihn gebracht
werden. Würden sie keine befriedigenden Antworten geben, hätten sie dreihundert bis tausend Schläge zu erwarten. Damals
konnte man die Männer, die die Strafe zu vollziehen hatten,
bestechen, und diese verstanden es daraufhin, die Schläge zwar
sehr geräuschvoll auszuteilen, doch ohne große Schmerzen zu

verursachen. In diesem Falle warteten sie umsonst auf Geld. Die zwei Helfer verbrachten den ganzen Morgen in der Furcht vor dem dicken Bambusstock.

„Wir lasen Gottes Wort, beteten um Bewahrung, predigten wie gewohnt und nahmen uns der Patienten an. Ich war entschlossen, mich selbst vor den Mandarin bringen zu lassen, wenn er seine Läufer schickte (obschon damit meinem Bleiben an diesem Ort ein Ende gesetzt wäre). Ich war bereit, ihn darauf aufmerksam zu machen, daß ein Verbot meiner Tätigkeit unvereinbar damit sei, daß den zwei katholischen Priestern nicht bloß die Niederlassung auf dieser Insel, sondern sogar der Bau einer katholischen Kirche erlaubt war."

Erst am Abend hörte die besorgte kleine Gruppe, daß sie am nächsten Morgen vorgeladen würde.

Taylor behielt seine Leute im Hause. Während er am nächsten Nachmittag einer Frau nach einer Augenoperation den Verband anlegte, hörte er die Prozession des Mandarins sich nähern. Die beiden Helfer erschraken. Taylor selbst zitterte vor Aufregung. „Wie gut, daß die Operation beendet war! Ich hätte sie nicht mehr ausführen können."

Der Lärm näherte sich. Taylors Stirn war mit dicken Schweißtropfen bedeckt. Seine lebhafte Phantasie spiegelte ihm vor, wie er sich unter den Schlägen wand oder wie die Stricke um Hände und Füße so stark angezogen wurden, daß die dadurch entstandenen Wunden zum Tode führten. (Dies war das Schicksal eines Korrespondenten der „Times" einige Jahre später.) Ein anderes Bild bereitete ihm Qual, das Bild des „Tausend-Stücke-Sterbens", wobei das Opfer an ein Kreuz gebunden und zerstückelt wurde.

Der Mandarin kam näher. Er blickte weder nach rechts noch nach links. Taylor zog sich etwas in den Hintergrund zurück. Er war wie gelähmt. Hatte sich nicht das eine Augenlid des Mandarins etwas gehoben? Schon war er vorbei. Der Lärm erstarb langsam. Nach zwei weiteren Stunden der Angst erreichte sie die Nachricht, der Mandarin sei ohne Aufenthalt in seine Residenz gezogen. Nun wandelten sich Gebete in Lobgesänge.

Taylor begann zu glauben, seine Anwesenheit sei dem Bürgermeister überhaupt nicht bekannt. Wahrscheinlich war der Bericht nur ein weiterer Versuch der Erpressung gewesen.

Taylor erkannte jedoch bald, daß die Handlungsweise des Bürgermeisters einfach der chinesischen Art entsprach: Kein direkter Angriff, die Unklarheit war weniger gefährlich. Kein Aufsehen, denn das könnte die Aufmerksamkeit höherer Stellen erregen. Immer freundlich sein gegen Ausländer. Die Tatsache der Erpressung so geschickt wie möglich verschleiern.

„Sir — es wurde mir vom Konsul Ihrer Majestät der Auftrag erteilt, Sie davon zu benachrichtigen, daß ein Bericht von Seiner Exellenz, dem Kreisvorsteher, einging ..."

Ein Befehl zum Erscheinen vor dem Konsul war an Taylors Adresse in Shanghai abgesandt worden. Er fand ihn am Freitag, dem 30. November, vor. Die Klage des Mandarins war wenigstens eine Woche vor der nervenaufreibenden Prozedur an den Konsul weitergeleitet worden.

Taylor begab sich am Samstagmorgen zum Konsulat. Der Konsul betrachtete den kleinen Mann in seinem chinesischen Gewand. Sein gefärbtes Haar trug bereits Spuren der eigentlichen Farbe. Der Konsul wünschte, der junge Enthusiast möge sich als ehrbarer Missionar benehmen, in ein richtiges Missionshaus in Shanghai ziehen und die britischen Beziehungen nicht erschweren. Seine Stimme war nicht unfreundlich, als er Taylor an sein früheres Vergehen erinnerte. Er forderte ihn auf, seine Siebensachen in Tsungming zusammenzupacken, seine Angelegenheiten in Ordnung zu bringen und die Insel zu verlassen. Im Falle der Unterlassung müßte er mit einer Geldstrafe von fünfhundert Dollars rechnen.

Taylor machte sein Recht geltend. Wenn es französischen Jesuiten in chinesischer Kleidung erlaubt sei, auf der Insel Tsungming sich niederzulassen, warum sollte nicht auch er mit Erlaubnis der „bevorzugtesten Nation" es tun dürfen? Der Konsul nahm den Einwand entgegen, doch wollte er die Sache einer höheren Stelle übergeben. Sein Vorgesetzter, Sir John Bowning, sollte Hongkong in den nächsten Tagen erreichen. Ihm könnte

Taylor, wenn er es wünsche, sein Anliegen vortragen; doch müsse er zunächst Tsungming verlassen.

Damit stürzte für Taylor eine Welt zusammen. „Meine liebe Mutter, mein Herz ist traurig, traurig, traurig! Ich weiß nicht, was ich tun soll."

Den größten Teil des Sonntags verbrachte er im Gebet. Er hatte kein Geld zum Bezahlen einer Buße; „außerdem bringe ich viele Chinesen in Schwierigkeiten, wenn ich nicht gehorche. Aber ich will nicht zu den Mietlingen gehören, die fliehen, wenn der Wolf kommt. Doch will ich mich auch nicht leichtfertig einer Gefahr aussetzen, wenn manches auf eine andere Weise erreicht werden kann. Ich möchte des Herrn Willen erkennen und Gnade zu seiner Ausführung haben, auch wenn es Verbannung bedeutet. ‚Jetzt ist meine Seele betrübt. Und was soll ich sagen? Vater, hilf mir aus dieser Stunde!‘ Betet für mich, daß ich mich als Christ erweise, nicht nur in Worten, sondern in der Tat und in der Wahrheit!" In den frühen Stunden des Montagmorgens bestieg er ein Boot. Die kleine Stadt auf der Insel erlebte dieselbe Szene wie einst in den Tagen des Apostels Paulus, als dieser Ephesus und die Ältesten dort verließ und alle weinten und bekümmert waren, weil sie ihn nie mehr sehen würden. Mit Ts'ien und Kuei Hua ließ er sich nach Shanghai rudern, wobei er sich überlegte, wie er Sir John Bowning überreden könne. Der Schreiber des Liedes „Ich freue mich des Kreuzes Christi" hatte scheinbar kein Verständnis für übereifrige Missionare, die Handel und Diplomatie beeinflussen wollten.

Die traurige Reisegesellschaft kam nach Shanghai. Hudson hörte, daß auf dem Konsulat Post für ihn liege. Glücklich nahm er einen Stoß Briefe in Empfang. Der erste Brief, den er öffnete, trug die Handschrift seines Mädchens. Sie fürchte, sie liebe ihn nicht, las er. Tsungming und Elisabeth. „Ich stand zwischen diesen beiden Enttäuschungen wie zerschlagen und wagte kaum, die übrigen Briefe zu öffnen."

INTERMEZZO MIT EINEM SCHOTTEN

William Burns war ein urwüchsiger Schotte mittleren Alters. Seine fahle Gesichtsfarbe, die gefurchte Stirn und das mit grauen Strähnen durchzogene Haar gaben ihm das Aussehen eines strengen Propheten alter Zeiten, doch wog das Lächeln in seinen Augen und in den Mundwinkeln das Düstere seines Aussehens auf.

Er hatte in Amoy, Südchina, gearbeitet. Nach einem erfolglosen Versuch, die Taipings zu erreichen, kehrte er nach Shanghai zurück und erkannte hier in Hudson Taylor eine verwandte Seele. Er fand ihn in seinem kleinen Stadthaus, wo Taylor über seine Angelegenheit mit Sir John Bowning nachdachte. Burns versuchte ihn zu trösten. Er meinte, der Herr der Heerscharen hätte seine Feinde bestimmt geschlagen, wenn Er Taylor in Tsungming hätte haben wollen. „Vergiß Sir John! Schließ dich mir an! Wir wollen zusammen predigen und unterrichten", sagte Burns.

Taylor willigte ein. Er achtete Burns, doch hegte er einige Bedenken. Er hatte vor Jahren von William Burns als einem feurigen Erweckungsprediger in Schottland gehört. Darum meinte er in ihm einen jener Menschen zu finden, die in der Öffentlichkeit als flammende Vulkane auftreten und im persönlichen Umgang wie Eisberge wirken. Doch Burns war mit den Jahren mild geworden. Wie Taylor besaß er einen köstlichen Humor und gewöhnlich einen Riesenhunger. Während ihrer gemeinsamen Reisen und Arbeit in den nächsten sieben Monaten schöpfte Burns aus seinem reichen Schatz an geistreichen und spannenden Geschichten. Aus seiner reichen Erfahrung und seiner Weisheit lernte Taylor mehr über Grundsätze der Missionsarbeit, als es ihm durch eigene Beobachtungen möglich gewesen wäre.

Burns befreite Taylor von sich selbst. Verschmäht von den anderen Missionaren, die das Christentum mit der westlichen Zivilisation gleichstellten, stand Hudson Taylor in der Gefahr, sich als selbstgefälliger Tugendheld abzusondern und als Individualist immer kleiner werdende Kreise zu pflegen. Dabei wäre ihm schließlich nichts geblieben als ein paar Bekehrte und eine peinliche Erinnerung. Burns machte ihn nachgiebiger, in Schwierigkeiten weniger geneigt, Trübsinn zu blasen oder sich innerlich aufzulehnen. Taylors leicht beeinflußbare Natur erhielt durch Burns eine Prägung, die sich nie mehr verlor. „Er ist einer jener seltenen Gottesmänner", sagte Taylor von ihm, „die nur die Verherrlichung Gottes suchen, und die Zusammenarbeit mit ihm ist kein geringes Vorrecht. Gott gebrauchte ihn in England, Schottland, Kanada und Amoy — möge Er ihn auch hier gebrauchen! Sein Geheimnis ist leicht gelernt und erzählt: Er ist ein Mann des Gebets. Dazu besitzt er einen kräftigen Körper und einen starken Willen, der sich nicht leicht von einem einmal gefaßten Plan abbringen läßt."

Der Nutzen war beiderseitig. Im Zusammenarbeiten erkannte der Ältere bald, daß Taylor die ruhigen Zuhörer anzog und in Herrenhäuser eingeladen wurde. Elf Tage nach dem Verlassen Shanghais entschloß sich Burns, Taylors Beispiel zu folgen und wie dieser chinesische Kleidung zu tragen.

Im Februar 1856 schien die vielversprechende Partnerschaft in die Brüche zu gehen. Als sie eines Tages mit ihren Booten von einer Reise zurückkehrten, nahmen sie an einer Gebetsversammlung teil. Sie hörten dabei durch einen Schiffskapitän von den erschreckenden Verhältnissen im entfernten Swatow. Diese Stadt lag tausend Meilen südlich, ungefähr auf dem gleichen Breitengrad wie Hongkong, war aber kein Vertragshafen. Auf der Doppelinsel war eine westliche Siedlung entstanden, wo mit dem stillschweigenden Einverständnis der Chinesen mit Zucker, Opium und Kulis gehandelt wurde. Letztere fielen auf den Schiffen auf die ihnen von einheimischen Händlern erzählten Geschichten von unerhörtem Glück in überseeischen Ländern herein, oder sie wurden einfach entführt und als Sklaven nach Kuba und Südamerika verschifft. Die in Swatow lebende Europäergemeinschaft bestand ausschließlich aus Männern, die in aller Offenheit illegalen Handel trieben. Kapitän Bowers berichtete weiter, daß in Swatow zwischen den Menschen aus dem Westen und den Chinesen kaum ein Unterschied festzustellen sei. Sie hätten die gleichen heidnischen Sitten, und „es gibt dort keinen Missionar, der das Evangelium predigt". Er sagte, gern gewähre er jedem freie Überfahrt, der nach Swatow zu gehen bereit wäre.

Taylor hörte einen Ruf, aber er verweigerte den Gehorsam. Burns zu verlassen konnte nicht das Rechte sein. „Nie hatte ich einen solchen geistlichen Vater." In großer Seelennot folgte er eines Abends einer Einladung amerikanischer Freunde. Als die Tassen weggeräumt waren, sang die junge Frau ein langes, seelenvolles Lied: „Der Missionsruf". Taylor schrieb später darüber in seinem „Rückblick": „Ich kannte es nicht, aber es machte mir großen Eindruck. Mein Herz wurde zutiefst bewegt, und ich sagte dem Herrn mit den Worten, die ich soeben gehört hatte: ‚Und ich werde gehen, auch wenn ich Freunde aufgeben muß.' "

Er bat Burns, ihn zu seinem am Südtor gelegenen Heim zu begleiten. Als er die Tür schloß, sprach er von seinem neuen Ruf, seiner anfänglichen Auflehnung, seiner Kapitulation und seinem Kummer im Blick auf die Trennung. Ehe er ausgesprochen hatte, bemerkte er einen Blick erstaunter Fröhlichkeit. Burns bekannte seinerseits, wie er an diesem Abend mit Bedauern seinen Entschluß habe aussprechen wollen, Taylor zu verlassen. Auch er hatte den Swatow-Ruf vernommen.

Taylors erste Erinnerung an Swatow war ein großes chinesisches Mahl.

Die beiden Missionare erreichten die Doppelinsel auf Kapitän Bowers' Schiff am 12. März. Dort lagen zahlreiche europäische Schiffe mit eingezogenen Segeln und schwitzenden Matrosen, denn Swatow liegt am Rande der Tropen. Weil sie nicht mit den verrufenen europäischen Händlern identifiziert werden wollten, fuhren sie mit ihrem Boot einige Meilen weiter flußaufwärts zum Hafen. Dort lagen etwa 500—600 Dschunken verankert. Es waren dies lange, mit Drachenköpfen versehene Kantonboote oder niedrigere, zierliche Fahrzeuge von Siam und Indochina. Sie bemerkten auch grobgezimmerte Schiffe, wie die Seeräuber sie benützen, die von Formosa kamen. Auf den

Hafenkais drängte sich eine bunte Menschenmenge, darunter Malaien aus dem fernen Süden, Brunei, Sarawak und Java. In der Stadt pulsierte ein reges Leben, das sich in einer Armee von Kulis ausdrückte, die mehr Land für weitere Kaufläden, Warenhäuser und Opiumhöhlen verlangten.

Kapitän Bowers' kantonesischer Ladungsaufseher lud die Missionare zu einem gemeinsamen Essen mit einheimischen Bekannten in sein beliebtes Speisehaus ein. Taylor schrieb darüber: „Vogelnester und Haifischflossen leiteten das Mahl ein, und darauf folgten etwa vierzig Gänge. Nie in meinem Leben habe ich ein Essen so genossen. Aber wie gut, daß ich mich bereits an den Gebrauch der Stäbchen gewöhnt hatte, sonst hätte ich nicht viel bekommen von all den Speisen! Jedes Gericht wurde in einer Art Suppenschüssel aus Zinn gereicht. Der Deckel wurde entfernt, und dann tauchte jeder seine Stäbchen in die Schüssel und nahm daraus, was ihm gefiel, legte es in eine Art Löffel, aß es und suchte sich einen andern Bissen oder auch nicht. In kleinen Täßchen, die niedriger sind als Eure Fingerhüte, aber breiter, und die etwa einen Teelöffel Flüssigkeit enthalten, wurde uns Wein angeboten."

Den Rest jenes Tages und den ganzen nächsten verbrachten sie damit, die Straßen nach einem Haus abzusuchen. Die Nacht brachten sie auf dem Schiff zu. Endlich führte ein Herr aus Kanton, der sich freute, als er von Burns in seinem Dialekt angeredet wurde, sie mit einem Verwandten zusammen, der in überschwenglichen Worten sein Entgegenkommen damit bezeugte, daß er ihnen einen Raum über einem Verkaufsladen, direkt unter dem Dach, anbot. Die Miete war, mit Shanghaipreisen verglichen, phantastisch hoch.

Taylor und Burns teilten den Raum mit Tüchern und einigen Brettern in drei Teile: zwei Abteile zum Schlafen und eine kleine Wohnecke. Als Tisch diente ein Kistendeckel, den sie auf zwei Bücherstöße legten. Sie kauften einige Hocker und einen bequemeren Bambusstuhl. Der nach allen Richtungen offenstehende Raum gewährte jedermann Einblick in alles Tun, Kommen und Gehen. Die Nächte waren oft schrecklich. „Erst vor zwei Nächten wurden meine Ohren zwei Stunden lang durch herzergreifende Schreie zweier Frauenstimmen gequält", schrieb Hudson Taylor seiner Schwester Amalia am 30. März. „Als ich mich nach dem Grund des Geschreis erkundigte, erklärte man mir, es seien wahrscheinlich zwei neugekaufte Frauen gewesen, die sich nicht zur Prostitution zwingen lassen wollten und deshalb geschlagen oder auf andere Weise gequält wurden, bis sie ihren Widerstand aufgaben."

„Die Menschen hier sind sehr jähzornig und eigensinnig." Taylor hatte auch nicht erwartet, daß diese Südländer gutmütig seien. Bald genug erkannte er, wie recht er hatte. Die Swatowleute „sind weniger anziehend als die übrigen Chinesen, die ich bisher kennengelernt habe. Sie scheinen ihrer Natur nach unfreundlich zu sein, streiten sich gern gegenseitig und wissen nicht, wie man sich bei anderen angenehm macht. Sie sind eifrige Götzenanbeter und äußerst abergläubisch, arm und verkommen." Größer, doch gröber gebaut, mit hohen Backenknochen und rauhen Stimmen, „besitzen sie einen starken Willen und sind regelrechte Antreiber". Die Swatowleute in Kwangtung waren ursprünglich Fukinesen. Ihr Dialekt wurde von niemandem verstanden.

Taylor erlernte nur schwer einen neuen Dialekt. Zwei Monate dauerte es, bis er verstehen konnte und verstanden wurde. Er haßte das Tasten nach Ausdrücken, wenn er die Botschaft seiner Traktate erklären oder Fragen verstehen und beantworten sollte. So sehr auch Ohr und Zunge ihm Beschränkungen auferlegten, das Herz war offen für die Chinesen: „Jetzt liebe ich die Chinesen. Es ist aber nicht Sentimentalität — weiß ich doch, wie niedrig das Niveau der Masse, wie verhärtet und voreingenommen sie ist — kein Wunder —; doch ich liebe und bedaure sie. O daß ich ihnen ein Segen sein könnte!"

In diesem Sündenpfuhl, „wo die Menschen so tief gesunken sind, daß ihnen jedes Gefühl der Scham verlorenging ... Ihre Herrscher und Mandarine sind so verdorben wie sie selbst, und anstatt zu herrschen, sind sie von Geld und Opium Beherrschte", war Taylor beunruhigt über den Einfluß der westlichen Han-

delsleute, alles „Christen" in den Augen der Chinesen. *„Könnte
jemand schlechter sein als diese Leute, Matrosen, Schiffsoffiziere
und Geschäftsleute, die auf der Doppelinsel leben?"* Eine Ausnahme bildete ein Arzt, Dr. De la Porte, der zu Taylor sagte:
„In Swatow ist es angenehmer, unter den Chinesen als unter
den Engländern zu leben."

Einen solch schlechten Eindruck machten die Europäer, die
von Chinesen als typisch für ihre Rasse angesehen wurden. Die
ganze Küste entlang redeten der Import von Opium und der
Export von Kulis, die Überheblichkeit, der Betrug und die
Hurerei eine lautere Sprache für den Charakter einer christlichen
Nation als die Hingabe einer Handvoll Missionare. Es gab aber
auch Goldkörner in dieser Schlacke. Wenn Taylor sonntags die
Handelsschiffe besuchte, wurde er nicht selten von Offizieren
und Matrosen mit Tränen empfangen. „Viele, die gern echte
Christen sein möchten, leiden unter der Berührung mit dem
Bösen und dem Fehlen von Gnadenspuren." Als Burns später
im Inland ins Gefängnis geworfen wurde, bewahrten ihn nur
die eindringlichen Bitten der verrufenen Kaufleute vor einem
schrecklichen Tod.

Die ersten Wochen in Swatow waren zu naß, als daß sie das
Auskundschaften des Hinterlandes erlaubt hätten. Später freuten sich die beiden Missionare über „die außerordentlich schöne
Gegend". Malerische, terrassenförmig mit Reis bepflanzte Hügel,
fruchtbare Täler, wo Zuckerrohr wächst, Feigenbäume mit weit
ausladenden Ästen, von denen Schlingpflanzen bis auf den
Boden herunterhängen, Aloe, Kakteen, Palmen, Bananenbäume,
die in Shanghai keine Früchte treiben, hier jedoch schwer be-
laden sind, sogar „Tannen finden wir, die uns an unsere Heimat
erinnern".

Hier, wo die Natur das Herz erfreute, war der Mensch
schlecht. „Hund! Fremder Teufel!" tönte es ständig in Taylors
Ohren, aber hier und da vernahm er auch freundliche oder
spaßige Worte wie: „Weiße Maus!" oder „Junger Ingwerschöß-
ling!", weil er blaß aussah und sich durch sein Haar breite, helle

Streifen zogen. Er wollte sein Haar nicht länger färben, weil der Betrug doch zu offensichtlich war.

Taylor versuchte, im Dorfe To-pu ein kleines Haus zu mieten. Als er am nächsten Tag nach einer Besprechung mit einem Eingeborenen, der ihm zugesagt hatte, ihm sein Haus zu überlassen, zurückkehrte und es einrichten wollte, sah er „als erstes die Leiche eines neugeborenen Kindleins im Kanal. Einige Meter davon entfernt badeten einige Leute und kümmerten sich überhaupt nicht darum. So wenig Gefühl wird hier einem Kindermord entgegengebracht." Als nächstes kam sein vermeintlicher Hausbesitzer ihm entgegengerannt und jagte ihn weg, indem er ihm zurief: „Mach, daß du wegkommst! Meine Nachbarn wollen nicht, daß du in meinem Hause wohnst!" Den ganzen Tag evangelisierte er im Dorf. Sein Diener zitterte vor Furcht, und die Dorfleute wunderten sich, daß der Fremde sich nichts daraus zu machen schien, ob er ein Obdach habe oder vielleicht gefangengenommen werde. Sie konnten nicht wissen, wie ihn der Gedanke an einen Eingeborenen verfolgte, der auf Befehl eines Mandarins aufgehängt werden mußte und dem mit einem Hammer alle Gelenkknochen gebrochen worden waren.

Nach dem Dunkelwerden bot ein Hakka-Friseur dem Ausländer und seinem Diener einen Platz zum Schlafen an. Taylor wurde in dieser Nacht von einem plötzlichen Unwohlsein gepackt.

Über Swatow brütete die Tropenhitze. Burns hatte sich bereits daran gewöhnt. Auch trotz der chinesischen Kleidung vermochte Taylor sich nicht vor Hitzepickeln und endlosen Schweißausbrüchen zu retten, während er unter den brennend heißen Dachziegeln saß. Schier unerträglich war der Gestank aus den Zimmereimern. Im Mai konnte er kaum mehr Nahrung zu sich nehmen. „Der Reis ist zu trocken und geschmacklos. Unser Frühstück besteht aus Tee, Eiern und Toast. Reis essen wir nur abends, wenn vom Meer her ein kühler Wind weht."

Der Juni brachte die nasseste Zeit, an die sich einheimische ältere Leute je erinnern konnten. Sie verwandelte die Dachkammer in der Dämmerung in eine Menagerie. Glücklicherweise hatte Taylor das Lachen noch nicht verlernt. Er würde, schrieb er seiner jüngeren Schwester Louisa, gern ihren letzten Brief beantworten, „wenn die Moskitos, Kakerlaken (sie sind drei Zentimeter lang und laufen überall herum), Tausendfüßler, Eidechsen, Grillen, Flöhe und der ganze Rest von Plagegeistern es mir erlaubten ... Oft unterbreche ich einen Satz und töte einige Fliegen und Kakerlaken, dann schreibe ich wieder weiter. Kürzlich fühlte ich plötzlich etwas unter meinem Gewand krabbeln, und beim Nachschauen fand ich einen großen Tausendfüßler." Dieser verbiß sich in seinen Leib. Hudson schrie und krümmte sich vor Schmerzen. Er nahm eine Flüssigkeit aus dem Medizinkasten seines Vaters und goß sie auf die geschwollene Stelle. Die Schmerzen ließen sofort nach, doch war auf das Geschrei hin die ganze Hausgemeinde herbeigeeilt, um ihrem Mitgefühl Ausdruck zu geben. Jemand brachte eine Henne; „was ich mit ihr sollte, blieb mir ein Rätsel. Ich schickte sie alle weg, nachdem ich ihnen von der Wirksamkeit meiner Medizin berichtet hatte, die sie voll Anerkennung betrachteten."

Dr. De la Porte, der später mit Burns zusammen als Missionar arbeitete, erzählte einmal in einer öffentlichen Versammlung in London von dem 24jährigen Taylor und den in Swatow verbrachten Monaten. „Ich habe diesen jungen Mann an einem Tage müde und mit wunden Füßen heimkehren sehen. Sein Gesicht war mit Blasen bedeckt, die sich durch die Sonnenglut gebildet hatten. In äußerster Erschöpfung warf er sich auf sein Lager, um schon nach wenigen Stunden die schwere Arbeit und die Härten eines neuen Tages auf sich zu nehmen. Es war offensichtlich, wie die Chinesen ihm den höchsten Respekt entgegenbrachten und wie er ihnen viel Gutes tat. Sein Einfluß glich einer wohlriechenden Blume, und er verbreitete um sich das Wesen echten Christentums."

Doch war Swatow für Taylor eine Sackgasse. Er hatte sich mit zwei inneren Konflikten auseinanderzusetzen, die gelöst werden mußten.

Als er Tsungming im Dezember hatte verlassen müssen, hatte

er an Elisabeth auf ihre Absage einen langen Brief geschrieben und „vor ihr meine und der Heiden Angelegenheit ausgebreitet". Die Sache zog sich in die Länge und erwies sich immer einseitiger. „Ich weiß nicht, was ich tun soll", schrieb er am 30. Mai seiner Mutter von Swatow aus, „wenn ich mit der nächsten Post eine ungünstige Antwort bekomme. Oft meine ich, es wäre *mehr*, als ich ertragen könnte, und ich müßte darunter zusammenbrechen. Doch ich weiß, wie falsch es ist, solchen Gefühlen Raum zu geben, die doch keine Erleichterung bringen."

In einem anderen Brief an seine Angehörigen legte er seinen Finger auf die eigentliche Schwierigkeit: „In meinem Wesen liegt etwas, das nach Liebe und Sympathie verlangt." Schon immer hatte er sich nach Verstehen gesehnt, und hätte er diesem Verlangen Raum gegeben, wäre die Flamme seines missionarischen Eifers wohl bald erloschen. Seine natürliche Ungeduld brachte ihn fast dazu, ein Verhältnis künstlich zuwege zu bringen, das doch nur als Geschenk erlebt werden konnte.

Der andere Konflikt hing mit dem Chinesischen Evangelisationsverein zusammen. Er war der Pfahl in seinem Fleisch. Kurz bevor Taylor in frommer, leichtgläubiger Unschuld, doch fälschlicherweise, südwärts zog „und damit in ein Netz geriet", rettete ihn nur die Freundlichkeit der Agenten in Shanghai, „die etwas von der Geschäftemacherei gesehen hatten". Bald nach seiner Ankunft in Swatow erfuhr er, daß der Evangelisationsverein ihm kein Geld schicken konnte. Es war dann Mr. Berger, der sich als großmütiger Helfer erwies.

Im Verlauf des Sommers 1856 spitzte sich die Lage zu. Er fragte sich verzweifelt, was er tun solle. Nichts als Wünsche, Befürchtungen, Verlegenheiten. Sollte er nach England zurückkehren, seine medizinischen Studien beenden und die Prüfungen machen? Er konnte aber doch die Chinesen nicht im Stich lassen. Sollte er sich von der Gesellschaft trennen? Sein Austritt würde sie ruinieren. Sollte er sich verheiraten? Dazu hatte er kein Geld, und Elisabeth wollte ihn nicht haben. Sollte er nach Hause zurückkehren und sich mit ihr besprechen? Er durfte seinen Posten nicht verlassen.

„Der Gute Hirte hat mich bis heute geleitet, Schritt für Schritt, mich nie einen zu früh machen lassen. Sein Weg aus Schwierigkeiten heraus war immer weit besser, als ich mir je hätte vorstellen können."

AUSGEPLÜNDERT

Burns und Taylor konnten in Swatow kein Gebäude finden, das sich für eine Predigthalle geeignet hätte; doch hofften sie, durch ärztliche Tätigkeit bekannt zu werden und auf diese Weise der Predigt des Evangeliums den Weg zu bahnen. Ein Mandarin, der sich durch die Missionare hatte behandeln lassen, hatte sie darauf aufmerksam gemacht. Taylor setzte die Hitze des Südens sehr zu, und weil zwei christliche chinesische Helfer von Amoy zur Mitarbeit bereit waren und ein Kapitän freie Überfahrt nach dem Norden anbot, begab sich Taylor auf die Reise, um seine Arzneien zu holen.

Die Reise war für ihn in jeder Hinsicht eine Erholung — bis er vor den Trümmern der Londoner Missionsgesellschaft stand. Die meisten seiner kostbaren Instrumente und alle Arzneien waren verbrannt, dazu 30 000 Neue Testamente, die der Mission gehörten. Der Verlust seines persönlichen Eigentums erschreckte ihn. Sein Vertrauen in einen allmächtigen Gott war erschüttert. „Meine Enttäuschung und mein Kummer waren sehr groß."

Dr. Parker gab ihm von seinen Instrumenten, was er entbehren konnte, zu einem geringen Preise ab. An einem der letzten Julitage begab sich Taylor auf die Flußreise nach Ningpo. Es war eine angenehme Fahrt, halb Ferien, halb Evangelisationsreise. Was ihn vor allem erquickte, war die freundliche Aufnahme an Orten, die früher seinen Dienst abgelehnt hatten. „Es geht mir sehr gut, besser als je in meinem Leben. In meinem Boot ist es kühl und luftig. Es könnte nirgends angenehmer sein bei dem heißen Wetter. Abends nehme ich gewöhnlich ein Bad, schwimme mit meinem Schwimmgürtel umher und bin so froh."

Bereits nach vierzehn Tagen hatte er in der Stadt Shihmen-wan, wo der niedrige Wasserstand des Großen Kanals eine Weiterfahrt unmöglich machte und die Bauern das Wasser auf ihre Felder hinaufpumpen mußten, alle seine Traktate verteilt. Eine Landreise von sechzehn Meilen sollte ihn nach dem in der Hangchow-Bucht liegenden Haining bringen. Von dort aus wollte er sich in einer Dschunke nach Ningpo fahren lassen.

Die Überlandreise ging von Anfang an schief. Schon ehe die Sonne aufging, humpelte er in seinen engen chinesischen Schuhen, die seine Füße wundrieben, auf der Straße dahin. Seinen Diener Yoh-hsi ließ er zurück; dieser sollte ihm später mit den Trägern folgen.

In Shihmen, wo er in einem Teeladen lange warten mußte, sah er sie endlich mühsam sich nähern. Ihre Erschöpfung rührte vom Genuß von Opium her. Yoh-hsi erklärte, er möchte gern den ganzen Tag an diesem Ort zubringen und seine Freunde besuchen. Taylor ging nicht darauf ein und wanderte weiter. Noch ehe die Träger das Südtor erreichten, von wo aus der Weg in das offene Land hinausführte, entledigten sie sich ihrer Lasten und suchten das Weite. Yoh-hsi versprach, für Ersatz zu sorgen.

Unvorsichtigerweise marschierte Taylor weiter. In Changwan, der nächsten Haltestelle, wartete er auf seine Begleiter. Stunde um Stunde verging, während er unzählige Täßchen Tee trank. Vor dem Teehaus riefen Händler ihre Waren aus, Bauern schleppten ihre Marktlasten vorbei, Maultiere schlugen um sich, und Kulis beschimpften sich gegenseitig. „Ich war etwas in Sorge. Hätten mich meine Füße nicht so geschmerzt und die große Hitze mir nicht so zugesetzt, wäre ich den Weg zurückgegangen und hätte die Männer zum Weitergehen ermutigt. Endlich schloß ich aus der Verzögerung, mein Diener habe sich bei seinen Freunden verspätet und werde wohl nicht vor Abend ankommen. Es dämmerte jedoch schon, und noch immer konnte ich kein Zeichen ihrer Ankunft bemerken."

Er erkundigte sich nach seinen Leuten, beruhigte sich aber schließlich in der Annahme, sie hätten sich direkt ans Meer begeben, und er hätte sie einfach verpaßt. Die hereinbrechende

Nacht und seine große Müdigkeit schlossen ein Weiterwandern aus. Er mußte irgendwo einen Schlafplatz finden, doch niemand wollte einen Ausländer aufnehmen. Er versuchte, am äußersten Stadtrand unterzukommen, wo die Nachricht von seiner Ankunft noch nicht hingelangt sein konnte und die Dunkelheit sein Aussehen verbarg, wodurch die Gefahr des Verrats und einer Gefangennahme geringer wurde.

In einem armseligen Gasthaus erkundigte er sich, was sie an Eßbarem zu verkaufen hätten; daraufhin wurden ihm kalter Reis und in Öl gebackene Schlangen angeboten. Weil er nicht auffallen wollte, bestellte er sich dieses Essen. Nachdem er etwas von dem angebrannten Reis zu sich genommen hatte, begann sein Magen zu streiken.

„Ich nehme an, daß ich hier die Nacht zubringen kann?"

Der Hausherr bejahte, murmelte aber mit vielen Worten etwas von unsicheren Zeiten und Regierungsvorschriften. „Kann ich den verehrungswürdigen Namen erfahren?"

„Mein unwerter Familienname ist Tai."

„Und dein verehrungswürdiger zweiter Name?"

„Mein bescheidener Name lautet Ja-koh." (James konnte nicht anders und Hudson überhaupt nicht übersetzt werden.)

„Ja-koh? Welch ein außergewöhnlicher Name! Ich habe ihn noch nie gehört. Wie schreibst du ihn?"

Taylor erklärte die Schriftzeichen und fügte mit verlegenem Gesicht hinzu: „In der Gegend, aus der ich komme, ist dies ein ganz gewöhnlicher Name."

Der Hauswirt fragte ihn darauf über seinen Weg aus und: „Was ist wohl dein verehrungswürdiges Geschäft?"

„Ich bin kein Geschäftsmann. Ich ermahne die Menschen, Buße zu tun, und behandle Kranke unentgeltlich."

„O dann trage dich als Doktor in mein Buch ein!" Damit schloß der Hauswirt zur großen Erleichterung Taylors sein Buch. Doch jetzt schaltete sich die Frau des Wirtes ein. Sie habe eine Tochter, die an Aussatz leide. „Wenn du sie heilen kannst, bekommst du dein Nachtessen und Lager umsonst." Dies machte allerdings nur einen ganz kleinen Betrag aus.

Hudson lehnte den Versuch einer sofortigen Heilung der Tochter vom Aussatz ab und ließ dabei durchblicken, daß er ein Ausländer sei. Der Wirt erschrak und sagte: „Wenn du hierbleiben willst, dann sage nicht, daß du ein Ausländer bist, damit ich nicht in Schwierigkeiten komme. In mein Buch werde ich eintragen: Kommt von Shanghai und reist nach Ningpo."

Die Nacht verbrachte Taylor in einem übelriechenden Zimmer im Erdgeschoß, in dem sich elf aus Brettern bestehende „Betten" befanden, die über Hocker gelegt waren. Die Hälfte war bereits belegt, und die übrigen wurden noch vor Mitternacht von schnarchenden Chinesen besetzt. Es war eine Gesellschaft heimatloser Kulis und Landstreicher, von denen ein durchdringender Opiumgeruch ausging. Hudson konnte sich nicht ausziehen, mußte er doch damit rechnen, daß er bestohlen würde. Sein Papierschirm diente ihm als Kissen. Er fror trotz des geschlossenen Raumes. „Die harten Bretter drückten, und die Moskitos belästigten mich. Mein Papierkissen war zu niedrig. Ich nahm einen meiner Schuhe und legte ihn auf den Schirm, um etwas besser liegen zu können."

Am nächsten Morgen fühlte sich Taylor krank. Das lange Warten auf ein warmes Frühstück verschlimmerte seine Übelkeit. Nachher gab es eine schwierige Verhandlung, denn sein einziges Geldstück, ein verhältnismäßig hochwertiger Dollar, hatte einen kleinen Fehler. Deshalb wurde ihm nicht der ganze Wechselbetrag ausgezahlt. Er verlor dabei etwa vierundzwanzig Prozent und behielt, in seinem Taschentuch eingebunden, gerade noch neunhundert kleine Kupfermünzen übrig. Nach weiteren ergebnislosen Erkundigungen nach seinen Leuten setzte Taylor seinen Weg nach Haining fort. Noch immer lag die Stadt acht Meilen entfernt. Erbarmungslos brannte die Sonne vom Himmel und erschwerte das Gehen. Er fühlte sich nach der schlaflos verbrachten Nacht und dem unzulänglichen Frühstück müde und abgespannt.

„Endlich erreichte ich, nach vielen Unterbrechungen, erschöpft und mit wunden Füßen den Ort. Ich hatte beinahe einen vollen Tag gebraucht." Er war entmutigt. Als er wegen eines heftigen

Regenschauers in einem offenen Teeladen Schutz suchte, konnte er nur mit äußerster Anstrengung „den Leuten ein wenig über die Wahrheiten des Evangeliums sagen".

Er schleppte sich in die nördliche Vorstadt Hainings, wurde dort von Yamenläufern ausgefragt und hörte ein Gerücht, daß sein Bambuskoffer und sein Feldbett gesehen worden seien. Lange nach Einbruch der Dunkelheit und völlig erschöpft erteilte er einem Mann den Auftrag, Nachforschungen nach seinem verlorenen Gut anzustellen. Er selbst bestellte sich in einem Gasthaus ein Essen. „Den Reis vertrug ich nicht. Ich ließ mir etwas Reisbrühe auftragen. Diese konnte ich zu mir nehmen." Doch schon hatte sich eine Menge neugieriger Menschen angesammelt, die sich den ungewohnten Anblick eines Ausländers, der aber wie ein zivilisierter Mensch bekleidet war, nicht entgehen lassen wollten. Obgleich todmüde, verkündigte er ihnen die Frohe Botschaft.

Als der Mann ohne Ergebnis zurückkehrte, suchten die beiden die Straßen nach einer Schlafgelegenheit ab. Zwei Gasthausbesitzer wollten sie nicht aufnehmen, weil ein Yamenläufer sie belauschte. Ein dritter gewährte Taylors Bitte. Dieser bezahlte seinen Führer. Da kam die Polizei, und wieder stand Taylor auf der Straße.

Ein junger Mann entrüstete sich über das herzlose Benehmen des Gastwirts und sagte: „Wenn wir keine bessere Unterkunft für dich finden, dann kannst du in meinem Haus übernachten." Taylor achtete nicht auf seinen unsteten Blick. Zusammen begaben sie sich in ein anderes Gasthaus, wo ihnen Tee gereicht wurde. Dankbar für das Obdach legte Taylor sein Gewand ab.

Noch ehe er seinen Tee getrunken hatte, blickte im armseligen Schein einer Kerze ein Gesicht durch die offene Tür. Ein Schrei, Geklapper von Holzschuhen und Laufen auf bloßen Füßen! Ehe Taylor es sich versah, hatte sich bereits wieder eine neugierige Menge versammelt, die sich über ihn unterhielt. Der Wirt kam gelaufen und bat ihn, weiterzuziehen. „Geh und setz dich in einen Teeladen, bis alles wieder ruhig ist!" Der junge Mann führte ihn in ein Teehaus, wo sie bis Mitternacht warteten, dann folgte er dem Burschen auf die Straße. Das schwache Kerzenlicht ließ ihn immer wieder über Steine und Schlaglöcher stolpern. Der Bursche erklärte Taylor, er könne das Gasthaus nicht mehr finden. „Er führte mich immer im Kreise herum. Ich meinte vor Erschöpfung umzusinken." In einem entlegenen Stadtteil — es war vielleicht eine Stunde nach Mitternacht — erklärte er in groben Worten, der fremde Doktor könne nun allein sehen, wie er zurechtkomme, und verschwand in der Dunkelheit.

Vom gebogenen Dach eines Tempels auf der anderen Straßenseite blickte ein Drache drohend auf Taylor herunter. Er schleppte sich hinüber und sank auf die Treppenstufen. „Es war empfindlich kalt und feucht. Aber ich konnte nicht mehr weitergehen. Ich schob mein Geld als Kissen unter mein Haupt. Vor Erschöpfung fand ich lange keinen Schlaf. Endlich mußte ich doch einen Augenblick eingeschlummert sein. Ich spürte plötzlich, wie jemand mich ringsum betastete und offensichtlich nach meiner kleinen Barschaft suchte. Als ich den Fremden anredete, wich er zurück. Ich bemerkte, daß ich mein Geld besser verstecken mußte, darum schob ich es in meinen Ärmel und meine Tasche. Diese konnte aber nur etwa ein Drittel der Münzen aufnehmen. Als Kissen diente mir ein loser Stein. Bald wäre ich wieder eingeschlafen, doch da bemerkte ich, wie der Spitzbube wieder auftauchte."

Hudson lag bewegungslos mit gespannten Nerven und pochendem Herzen. Langsam kam der Mann näher. Hudson bat Gott um „Bewahrung, war Er doch mein einziger Schutz".

„Was willst du?" fragte Hudson im Flüsterton.

Der Mann wich zurück und setzte sich zu seinen Füßen. „Ich suche wie du einen Schlafplatz", erwiderte er.

„Bitte, lege dich auf die andere Straßenseite! Dort ist doch genug Platz, und es ist für dich angenehmer, als wenn du so nahe bei mir sitzt."

Jetzt kam ein zweiter Bettler heran. Hudson setzte sich auf und lehnte sich mit seinem Rücken an die Tempelwand.

„Du solltest dich hinlegen und schlafen", redeten ihn die beiden Bettler zu, „sonst kannst du morgen nicht weiterziehen.

Fürchte dich nicht; wir verlassen dich nicht! Wir passen auf, daß dir niemand etwas zuleide tut."

„Hört mal! Ich will euren Schutz nicht! Ich bin kein Chinese. Ich verlasse mich nicht auf Götzen. Ich bete Gott an. Er ist mein Vater. Ich vertraue Ihm allein. Ich weiß genau, was ihr seid und wollt. Ich werde euch im Auge behalten und nicht schlafen."

Einer der beiden entfernte sich. Gleich darauf kehrte er mit einem Dritten zurück. Hudson konnte ihren schweren Atem hören und sie in der Dunkelheit erkennen. Er pflegte später über dieses Erlebnis zu sagen: „Ich habe damals nichts anderes erwartet, als daß ich von ihnen umgebracht würde." Tatsächlich befand er sich in großer Gefahr. Ein Sprung, ein Dolchstich, und niemand würde etwas erfahren. Lange währte dieses Katze- und Mausspiel. Es war bitter kalt. Sobald Hudson seinen Kopf etwas sinken ließ, erhob sich einer der drei Männer. Wenn Taylor ihn daraufhin anredete, setzte er sich wieder. Hudson war von Natur nicht sehr mutig. Hier mußte er sich ständig die Gefahr vor Augen halten, um nicht die Nerven zu verlieren. „Langsam schlich die Nacht dahin. Ich war sehr müde. Um mich selbst wach zu halten und um mich aufzumuntern, sang ich einige Lieder, sagte mit lauter Stimme Bibelverse her und betete zum großen Ärger meiner Genossen in englischer Sprache. Sie hätten gern alles getan, um mich daran zu hindern."

Diese poetische Art der Verteidigung errang denn auch den Sieg. Die drei verließen ihn kurz vor Tagesanbruch. Darauf schlief er ein.

Doch als die Sonne aufging, wurde er von dem jungen Burschen wachgerüttelt. „Er war sehr grob und beharrte darauf, daß ich aufstehen und ihn für seine Bemühungen entschädigen müsse. Er ging sogar so weit, daß er seinen Willen mit Gewalt durchsetzen wollte." Doch dies war Hudson zu viel. Er konnte sich nicht mehr beherrschen. „Ich ergriff seinen Arm mit einer Kraft, die er wohl nicht von mir erwartet hatte, und verbot ihm, noch einmal seine Hand an mich zu legen oder mich weiter zu belästigen." Er tat es nicht mehr. Hudson legte sich beruhigt hin, bis er den gewohnten Gewehrschuß hörte, der das Öffnen der Stadttore ankündigte. Als er sich erhob, bat der Bursche ihn um Geld zum Kauf von etwas Opium. Nach einem kurzen Hin und Her gab ihm Hudson „den Betrag für die zwei Kerzen, die er für mich verbrannt haben will".

Nach zwei weiteren Stunden vergeblichen Wartens auf den Diener zweifelte Hudson nicht mehr daran, daß dieser sein Gepäck gestohlen und sich aus dem Staube gemacht habe. Wohl war nun sein Feldbett weg, doch das konnte ersetzt werden. Weg waren alle seine Kleider, seine zwei Uhren, die vom Feuer verschonten Instrumente, seine Handorgel, Amalias Photographie, zwei Liederbücher und eine Bibel, die seine Mutter ihm vor zehn Jahren geschenkt hatte. Wahrscheinlich enthielt der Koffer auch Geld.

Betrogen, verarmt, verletzt, mußte Taylor die Hoffnung auf Ningpo und seinen Rückweg nach Shanghai aufgeben. Er war am Ende seiner Kraft.

„Die Sonne brannte. Meine Füße waren wund und voller Blasen. Ich war vollkommen erschöpft. Die acht Meilen nach Changwan schienen kein Ende zu nehmen. Ich brauchte dafür viel Zeit, und als ich die Stadt endlich erreichte, war ich einer Ohnmacht nahe. Ich kaufte einige Reisküchlein und zwei Eier und ging damit in einen kleinen, am Rand der langgezogenen Stadt gelegenen Teeladen, ließ mir heißes Wasser geben, badete meine entzündeten Füße, ließ die Eier kochen und aß dann die erste richtige Mahlzeit nach mehr als achtundvierzig Stunden."

Hudson schlief bis tief in den Nachmittag hinein. Dann wanderte er erfrischt weiter. Langsam löste sich seine innere Spannung. Ehe er eine Meile zurückgelegt hatte, waren Zorn und Schmerz verflogen in der Erkenntnis, daß er seinen Herrn verleugnet und vor der schrecklichen Nacht auf den Tempelstufen im Freien weder um Bewahrung noch um Versorgung gebetet hatte. Daß er dann die Fassung verloren und dem jungen Lügner gezürnt hatte, war alles andere als Christusähnlichkeit. „Ich fühlte mich schuldig, weil Sorge um die paar verlorenen Dinge mich erfüllt hatte, während ich den kostbaren Seelen, denen ich begegnete, kein Mitgefühl entgegengebracht hatte. Ich kam zu

Jesus als ein Sünder und berief mich auf Sein Blut. Er nahm mich an, vergab mir, reinigte und heiligte mich, und dann erfuhr ich wieder die große Liebe Jesu zu mir."

Er gedachte des Menschensohnes, der keinen Ort hatte, wo Er Sein Haupt hinlegen konnte. Hudson hatte nun erfahren, was das bedeutete. Er dachte daran, wie Jesus müde, hungrig und durstig zum Jakobsbrunnen kam. Er sann über Golgatha nach, wo Er den Willen des Vaters erfüllte. „Tiefer als je empfand ich die Größe Seiner Liebe, die Ihn Seine Heimat in der Herrlichkeit verlassen und um meinetwillen das alles erleiden ließ. Ich verglich all dies mit meinem bißchen Liebe. Da konnte ich die Tränen nicht mehr zurückhalten."

Sein Herz war tiefbewegt. Er tauchte sich tief in die Liebe Jesu hinein. Vier Meilen flogen nur so vorbei, während er Vergebung suchte und Gott bekannte, wie er dem Mißgeschick hatte ausweichen wollen und von Gott erwartet hatte, Er werde seine Angelegenheiten nach seinen Wünschen ordnen. Er streckte sich aus nach der Gnade, die es ihm ermöglichte, seine Lage anzunehmen „als das Allerfreundlichste, Allerweiseste und Beste, weil Gott sie so ordnete und zuließ". Hudson betete flehentlich für sich selbst, seine Freunde, seine Kollegen, seinen bösen Diener, und „ehe ich es merkte, hatte ich mein Ziel leichten Herzens erreicht ... Ich trank eine Tasse Tee, erkundigte mich nach meinem verlorenen Gepäck und redete zu den Leuten von der Liebe Gottes."

„Ihr, die Ihr daheim seid, könnt nicht wissen, was es bedeutet, allein, ganz allein sein unter Tausenden in einer Chinesenstadt, ohne Freund, ohne Begleiter, von jedermann neugierig, abschätzig, mißtrauisch oder haßerfüllt betrachtet zu werden", schrieb er einige Wochen später, „und damit zu lernen, was es heißt, verachtet und abgelehnt zu werden von denen, derentwegen man kam. Sie verstehen die Beweggründe nicht, trauen ihnen auch nicht. Keiner, der es nicht an sich erfahren hat, kann verstehen, was es bedeutet, wenn man nicht weiß, wo man sein Haupt hinlegen soll. Wer es erlebt hat, weiß um die Liebe, die Jesus durch den Heiligen Geist in unsere Herzen ausgoß, Seine heilige, selbstlose Liebe, die Ihn in jene Leiden trieb. Mehr noch — und dies für *mich! Das ist kostbar!* Dafür lohnt es sich, hierher gekommen zu sein."

Er befand sich nun wieder an der Stelle, wo er zuletzt mit seinem Diener gesprochen und die Opiumsüchtigen ausgezahlt hatte. Er saß wieder im gleichen Teeladen, wo er die Küchlein gekauft hatte. Da trat einer der Männer ein, und Taylor ersuchte ihn, den Freund seines Dieners ausfindig zu machen. Seine verschwommenen Antworten bewiesen, daß er um den Diebstahl wußte.

Doch nichts vermochte die heitere Ruhe in seinem Herzen zu stören. Ein Mann in einem gestrandeten Boot, das außerhalb der Stadtmauer lag, bot ihm einen Schlafplatz an, „ein weiteres Zeichen Seiner unendlichen Liebe und Fürsorge ... Die Nacht war wieder sehr kalt, und die Moskitos ließen mich kaum zur Ruhe kommen. Aber als die Sonne aufging, stand ich erfrischt auf und wanderte weiter." Zuerst fühlte ich mich elend; ich hatte Halsschmerzen, doch gedachte ich der wunderbaren Güte Gottes, die mir nun schon so lange über die Hitze der Tage und die Kälte der Nächte hinweghalf. Ich merkte, wie mir eine Last vom Herzen genommen war. Ich hatte mich und meine Sorgen dem Herrn übergeben und wußte, daß es so recht sei und zu Seiner Verherrlichung dienen müßte, wenn ich mein Eigentum wieder bekäme, und wenn es nicht geschah, dann müßte es mir auch zum Besten dienen."

Am Großen Kanal fand er kein Schiff nach Shanghai. „Ich wußte nicht, was ich tun sollte. Meine Barschaft reichte wohl für die Fahrt, doch nicht für einen Aufenthalt hier."

Er sah, wie ein Postboot in einer Biegung des Kanals auftauchte. Er eilte ihm eine Meile weit entgegen, so schnell ihn seine wunden Füße trugen. Doch die Bootsleute nahmen ihn nicht auf. Da sank er ohnmächtig zusammen.

Durch ein Stimmengewirr kam er wieder zu sich. Von einem Handelsschiff aus wurde ihm ein kleines Beiboot entgegengesandt, das ihn hinüberbringen sollte. Dort reichte man ihm Tee, badete seine Füße, ließ ihn ruhen, und, was er bisher noch nie erlebt hatte, der Kapitän verbürgte sich sogar für ihn. Es stellte sich nämlich heraus, daß die Fahrt auf dem einzigen verfügbaren Schiff für Taylor zu teuer war und er erst nach seiner Ankunft in Shanghai den Betrag zurückerstatten konnte. Es war dies ein schnelles, schmales Expreßpostboot, das mit Hand- und Fußrudern vorangetrieben wurde. Um die Geschwindigkeit bei Tag und Nacht beizubehalten, lösten sich die Ruderer in gewissen Abständen ab, während Hudson erschöpft, beruhigt und froh im Boot ruhte.

Taylor hatte fast sein ganzes Vermögen von vierzig Pfund verloren. Doch lehnte er das freundliche Anerbieten der Missionare in Shanghai ab, die ihm Geld vorstrecken wollten, obwohl sie selbst wenig genug besaßen. Durch den Verkauf seiner bescheidenen Möbel, die er in seinem am Südtor gelegenen Hause zurückgelassen hatte, kam er zu etwas Geld. Auf dem Konsulat lag Heimatpost für ihn. Taylor begab sich sofort dorthin. Außer den Briefen, die die sorgfältige Handschrift seiner Mutter und die Amalias trugen, fand er auch einen von Berger. Er riß den Umschlag auf, und war nach dem tiefen Erlebnis auf seinem Wege nicht eigentlich erstaunt, als er in dem vor Monaten abgesandten Brief einen auf vierzig Pfund lautenden Scheck fand. Es sei „eine Gabe der Liebe und der Anerkennung". Dieser Post lag auch eine von der Schiffsgesellschaft abgesandte Rückerstattungssumme für einen auf der Reise verlorenen Koffer bei.

Taylor entschloß sich, den Diener nicht zur Verantwortung zu ziehen, der vielleicht nie vor ein Gericht gestellt, sondern in einem Gefängnis verschwinden und dort von den Wärtern erpreßt werden würde oder gar dort sterben müßte. Er hatte um die Seele dieses Mannes gerungen. „Ihn ins Gefängnis zu werfen, wäre von einem Christen nicht recht gehandelt."

Er schrieb ihm aber und sagte ihm, er wolle „nach Christi Gebot Böses mit Gutem vergelten ... und ihm kein Haar auf seinem Haupte krümmen lassen. Ich sagte ihm, daß er der größere Verlierer sei, daß ich ihm gern vergebe, und ermahnte ihn, dem zukünftigen Gericht zu entfliehen." Taylor bat um die Rückgabe der für einen Chinesen unbrauchbaren englischen Bücher. Der Diener zog aus diesem christlichen Verhalten keine Lehre; für Taylor jedoch hatte der Brief, den er nach England schrieb, entscheidende Folgen.

Er reiste ohne Zwischenfall nach Ningpo hinunter, erlaubte sich eine Ruhepause, doch widerstand er der Versuchung, auf unbestimmte Zeit bei den liebenswerten Missionaren und freundlichen Chinesen zu bleiben. „Meine gegenwärtige Lage ruft mich an einen schwereren Posten, in eine Pionierarbeit. In meinem lieben, hingebungsvollen Bruder, Mr. Burns, habe ich einen unschätzbaren Kameraden. Ich freue mich sehr auf das Wiedersehen mit ihm."

Er sollte ihn nie wiedersehen. Eine Verzögerung nach der anderen verhinderte seine Abreise von Shanghai bis zum 9. Oktober. Da erreichte ihn eine Nachricht von Burns. Dieser war festgenommen und nach Kanton gebracht worden. Er legte ihm nahe, seine Reise aufzugeben; denn als einzelner wäre seine Arbeit in Swatow fruchtlos und gefahrvoll. Sie beide wußten noch nicht, daß einen Tag zuvor ein Angriff auf die „Arrow" gemacht worden war und dieser den Kriegsausbruch zwischen China und England ausgelöst hatte. Burns errichtete später in Swatow ein festes Missionszentrum, arbeitete dann in Peking und starb 1868 in der Mandschurei.

Taylor hatte von Ningpo einen neuen Kollegen des Chinesischen Evangelisationsvereins, John Jones, mitgebracht, dessen krankes Söhnchen er in Shanghai behandelt hatte. Jones war auf der Reise erkrankt; darum begleitete ihn Taylor zurück, ohne zu ahnen, was ihn in Shanghai erwartete.

Der Verlust seiner Güter wurde zum Anlaß seiner Umsiedlung nach Ningpo. Diese hatte noch etwas anderes zur Folge.

Der Grundsatz, der über allen andern mit dem Namen Hudson Taylor verbunden ist, heißt „Leben aus Glauben". Es ist die Einstellung, die einem berühmten Ausspruch zugrunde liegt: „Verlaß dich darauf, daß Gottes Werk, nach Gottes Willen getan, nie Mangel leiden wird!" und: „Schau nicht auf die Mission, sondern auf Gott!" Es wird oft angenommen, Taylor habe von Anfang an nach diesem Grundsatz gelebt, weil er sich bereits als Jüngling in England darin geübt hatte. Dies ist aber nicht der Fall. Wohl hatte er, als der Sturm an der Küste von Wales die „Dumfries" beinahe zerstörte, sich darüber Gedanken gemacht, ob es recht sei, eine Schwimmweste anzulegen, und ob dies nicht einen Mangel an Vertrauen auf Gottes bewahrende Macht bedeute. Doch bald hatte er über solche Extravaganzen gelacht. „Ich glaube, gelernt zu haben, Gott in mancher Hinsicht mehr als je zu vertrauen, doch haben sich einige meiner Ansichten geändert, und ich glaube nicht, daß es richtig ist, vernünftige Vorsichtsmaßregeln zu vernachlässigen."

Er kam nach China wie jeder andere Missionar. „In England versprach man mir ein bestimmtes Gehalt, dabei wurde ein Betrag für meinen privaten Gebrauch festgelegt. Sollte dieser sich als ungenügend erweisen, würde eine Aufbesserung erfolgen. Man gab mir das Recht, Geld von der Bank abzuheben, doch ließen sie zwei Jahre lang meine beinahe monatlichen Fragen nach meinem Privatgehalt unbeantwortet. Nur einmal schrieben sie, ich scheine mir zu viel Gedanken über das Geld zu machen. Seit September 1854 habe ich nichts erhalten außer dem heutigen Betrag von fünfundzwanzig Pfund." Dies wurde im Dezember 1856 von Ningpo aus geschrieben. (Weitere fünfundzwanzig Pfund sollen nach Swatow gesandt und dort verlorengegangen sein. Die vereinbarte Summe lautete auf siebzig Pfund im Vierteljahr.) Er wäre in Not geraten, hätte er sich nicht ganz auf chinesische Kleidung umgestellt und ganz einfach gelebt, und hätte ihm nicht Berger regelmäßig freiwillige Gaben überwiesen.

Der Evangelisationsverein hatte Schulden. Taylor aber glaubte, kein Christ, vor allem keine Mission sollte mit geborgtem Gelde leben oder arbeiten. „Mir schien das Wort aus der Bibel unmißverständlich klar zu sein: ‚Seid niemand etwas schuldig!' Für mich bedeutete das Geldborgen, das unvereinbar mit der Schrift ist, ein Bekenntnis, daß Gott etwas zurückbehalte, und einen Entschluß, sich anzueignen, was Er nicht schenkte." Obgleich der Evangelisationsverein tief in Schulden steckte, sandte er Mr. und Mrs. Jones mit ihren vier Kindern nach China. Man ließ sie so schlecht versorgt ziehen, daß sie, um nach Ningpo zu gelangen, sich auf Missionare in Shanghai verlassen mußten, was beinahe einen Skandal auslöste.

Während des Winters 1856/57 erkannte Taylor, daß er sich von der Mission trennen müsse. Er machte sich über seine Zukunft Sorgen. „Ich wünschte jetzt oft, ich wäre einer älteren Missionsgesellschaft angeschlossen; denn ich zweifle, ob diese noch lange bestehen wird ... Ist es richtig, meine besten Jahre verstreichen zu lassen, ohne etwas zur Verbesserung meiner Lage zu unternehmen? Sie kann sich von einem Augenblick zum andern so wenden, daß ich ohne Mittel und ohne Aussicht auf eine Rückkehr in die Heimat, ohne Geschäft oder Beruf, in einem fremden Lande dastehe ... Ich bin weder Prediger noch Arzt. An welche Gesellschaft müßte ich mich wenden, wenn die, zu der ich gehöre, mich im Stich läßt? ... Ich vermute fast, ich müsse heimkehren und die Prüfungen machen." Bis spät in den März 1857 hinein erwog er die Möglichkeit einer Bewerbung bei einer anderen Gesellschaft.

Doch Bergers Gabe von vierzig Pfund nach dem Verlust seines Eigentums senkte in sein Herz einen Samen, der langsam aufzugehen begann. Im Verlauf des März oder April 1857 erlebte Taylor ein weiteres Eingreifen Gottes. Es kam durch Georg Müller, den Begründer der Waisenhäuser in Bristol, der auch „aus Glauben lebte". Müller hatte eine Kopie des Briefes gelesen, den Taylor über sein Erleben mit seinem Diener und seinen Entschluß, keine Anzeige machen zu wollen, nach Hause geschrieben hatte. Immer auf der Suche nach geeigneten Empfängern für Geldspenden, die ihm als Antwort auf seine Gebete zugesandt wurden, schickte er Taylor vierzig Pfund zur Deckung des Verlustes und schrieb ihm, er werde ihn in Zukunft in seine Fürbitte einschließen.

Durch Müllers Gabe, seine Ansichten und Erfahrungen nahmen Taylors Gedanken festere Form an. Müller spendete spontan, weil er erkannt hatte, daß ein Mann des Glaubens handeln mußte. Taylor glaubte, daß Bergers und Müllers Bereitschaft zur Hilfe nicht aus menschlichen Überlegungen kam, sondern von Gott eingegeben war. Er begann zu verstehen, was Gott damit meint, wenn er verspricht, ein himmlischer Vater zu sein, der „weiß, wessen wir bedürfen", und er sah, daß dem himmlischen Vater so einfach und sicher vertraut werden kann wie einem irdischen Vater.

Taylor löste sich von dem Evangelisationsverein. Er tat es mit Furcht und Zittern. „Ich war gar nicht sicher", schrieb er viele Jahre später in seinem Fragment einer Autobiographie „Ein Rückblick", „was Gott mit mir vorhatte, ob Er mir auf eine Art und Weise helfen werde, die es mir ermöglichte, wie bisher zu arbeiten." Er konnte sich nicht unbedingt auf Berger verlassen, denn er wollte seine finanzielle Lage keinem Menschen anvertrauen. „All meine Zeit will ich der Ausbreitung des Evangeliums widmen", und er konnte auch mit wenigem auskommen. Sollte Gott ihm aber die Mittel dazu nicht geben, war er bereit, „jede Arbeit zu übernehmen, um mich selbst durchzubringen" und alle Freizeit „zur ausschließlichen Missionsarbeit" auszunützen.

Im Jahre 1857 — mit fünfundzwanzig Jahren — hatte Hudson Taylor noch keine Ahnung, daß er selbst einmal eine Mission leiten würde. Er meinte auch nicht, daß andere Missionare ein festes Gehalt ausschlagen sollten. Es war dies sein rein persönlicher und individueller Entschluß, obgleich Dr. Parker und Jones seinem Beispiel folgten. Die Trennung vom Evangelisationsverein geschah ohne alle Bitterkeit. Die drei Missionare sandten weiter ihre Berichte für die Missionszeitschrift „The Gleaner" nach England und lehnten auch kein Geld von der Missionsgesellschaft ab, die doch eigentlich durch ihr Versagen Schuldner der drei Männer geworden war, doch verlangten sie keine Bezahlung. Die Gesellschaft löste sich ein Jahr später auf, doch machte Pearse, der Sekretär, ihr Vergehen damit gut, daß er nach einiger Zeit selbst als Missionar nach China auszog.

„Meine Seele wurde tief gesegnet", schrieb Taylor am 3. Juli 1857, „und ich bin sehr dankbar für diese Führung. Meine Lage war nicht normal. Wurde ich gefragt, ob ich ein festes Gehalt habe oder nicht, konnte ich weder mit Ja noch mit Nein antworten und die Verhältnisse auch nicht in einem günstigeren Licht darstellen oder erklären."

Es war ein Wagnis, und das um so mehr, als er sich Hals über Kopf verliebte — aber nicht in Elisabeth Sissons.

DAS SCHIELENDE MÄDCHEN

Ningpo, die große, mit elfenbeinfarbenen Mauern umgebene Stadt, die von einer uralten Pagode überragt wurde, lag, wie alle Küstenstädte, zwölf Meilen vom Meer entfernt, um vor Seeräubern und Feinden geschützt zu sein. Das Straßennetz war in dieser Stadt besser ausgebaut als in anderen Städten. Ningpo hatte auch eine internationale Siedlung und ein Hinterland von tiefgrünen Wäldern, lieblichen Seen, Kanälen, versteckten Dörfern, die sich bis zu den Teegärten der westlichen Hügel hinaufzogen. Diese leuchteten im Frühling im Schmuck der Azaleen und Glyzinien, des Weißdorns und Flieders. Die Bevölkerung war groß und kräftig gebaut und sprach einen Dialekt, der sich nur wenig vom Mandarin unterschied; sie waren berühmt durch ihre literarischen und kaufmännischen Fähigkeiten.

Die Gemeinschaft der Missionare war nicht träge in ihrer Tätigkeit. Sie setzte sich mit glühendem Eifer ein und war sich, oberflächlich gesehen, in brüderlicher Liebe zugetan. Die Kirchliche Missionsgesellschaft, die Presbyterianer und die Baptisten besaßen weitläufige Anwesen, und an verschiedenen Orten standen ihre Schulen und Kapellen. Dr. Parker hatte für sein geplantes Krankenhaus einen günstigen, zwischen Stadt und Siedlung gelegenen Platz am Flußufer gekauft. Damals aber wohnte er noch in einem Haus, das nach drei Seiten hin von Reisfeldern eingeschlossen war und vor dem sich ein düsterer Friedhof ausbreitete. Die Jones-Familie mietete für sich ein halb chinesisches Haus.

In diesen Brennpunkt des Glaubens und guter Werke mit

seinen wohlgeordneten Graden von Dienstjahren, Erfahrung und Erziehung kam zu jener Zeit der kleine Hudson Taylor mit seiner chinesischen Kleidung und seinem scheckigen Zopf. Er half Mr. und Mrs. Jones bei ihrer Arbeit. Man sprach aber bereits von ihm als einem in China umherirrenden Menschen, der sich weder zu einer Mission zähle, noch ein eigentliches Ziel verfolge. „Ein Mystiker, ein in religiöse Träume Versunkener, der auf eine Offenbarung über seine zukünftige Arbeit zu warten scheint", so schilderte ihn W. A. P. Martin, später einer der größten amerikanischen Missionspädagogen. „Nicht faul, aber ziellos. Besaß er etwas Geld, dann schenkte er es als Ausdruck christlicher Nächstenliebe bedürftigen Chinesen, wenn er auch selbst dadurch in große finanzielle Schwierigkeiten geriet. Nachdem er seine Berufung erkannt hatte, entwickelte er sich zu einem neuen Menschen mit eisernem Willen und unermüdlicher Energie."

Parker benützte eine alte Halle für Gottesdienste und Schule. Es war dies ein breiter Raum, über den sich schwere Balken spannten, die in der Mitte durch eine Reihe altersschwarzer, faseriger Holzpfeiler gestützt waren. Taylor bekam die Dachkammer als Heim zugewiesen. Wie in Swatow, besaß auch diese keine Decke, und die Ziegel schützten wohl vor Regen, doch nicht vor Schneegestöber. Ein von Buschwerk umsäumter Kanal auf der einen Seite mit seinen kleinen Brücken und niedrige Dächer auf der andern ergaben „einen anheimelnden Ausblick ... Schlechte Gerüche und ständiger Lärm von der auf der Vorderseite gelegenen Straße, dem Kanal hinter und der Knabenschule unter mir. Im übrigen ist es bei mir ganz gemütlich. Nachdem ich mir Mühe und Ausgaben zum Tapezieren meines Raumes gemacht habe, sieht es hier traulich und sauber aus. Und um mein Behagen noch zu vergrößern, wird mir Mrs. Cobbold ihre Ziehharmonika leihen." Für die seltenen Ruhepausen wie für die Arbeit wurde Taylor zu einem tüchtigen, fröhlichen und wohlerzogenen Glied im Haushalt der Familie Jones: „Seitdem ich die Heimat verließ, habe ich außer Burns keine besseren Kameraden getroffen als sie."

Einmal in der Woche aßen sie alle in der Schule, die von Miss Mary Ann Aldersey, einer zarten, kleinen, etwa sechzigjährigen Engländerin, geleitet wurde. Sie hatte sich erst in ihren späteren Jahren mit unvergleichlichem Eifer und mit eigenen Mitteln in Java eingesetzt. Nach Eröffnung der Vertragshäfen kam sie als erste Missionarin nach China. „Sie war eine auffallende Frau mit einem etwas überspannten Wesen", so schilderte Hudson Taylor Miss Aldersey in seinen letzten Lebensjahren. „Sie war eine ernste Missionarin, aber so eigenartig, daß die Chinesen sie fürchteten." Ob Regen oder Sonnenschein, Sommer oder Winter, Tag für Tag um fünf Uhr morgens machte sie auf der Stadtmauer ihren Spaziergang, oder sie erkletterte bei heißem Wetter die Pagode, um etwas von dem frischen Meereswind mitzubekommen. Die Chinesen hielten sie für eine Zauberin. Sie übte einen gewaltigen Einfluß auf sie aus.

Miss Aldersey besaß einen feinen Sinn für Anstand. Sie bestimmte auch über ihre beiden jungen Helferinnen. Burella und Maria Dyer waren ihrem Schutze anvertraut worden, doch war ihr Onkel, William Tarn, in England ihr rechtsgültiger Vormund. Samuel Dyers Witwe, eine geborene Maria Tarn, hatte Mr. Bausum geheiratet, doch war sie früh gestorben. Daraufhin vermählte sich Mr. Bausum mit Miss Poppy, einer jungen Missionarin in Borneo. Er starb bald darauf, und Mrs. Bausum, seine zweite Frau, kam im Herbst 1856, einige Wochen nach Hudson Taylor, nach Ningpo, um nach Miss Alderseys bevorstehendem Rücktritt die Schule zu übernehmen.

So bestand dieser Haushalt, in den Hudson mit der Jones-Familie zum Essen eingeladen war, aus Miss Aldersey, den jungen Damen und Mrs. Bausum.

In jenen Tagen gab es im Kreis der Missionare allerlei Überraschungen, und es wurden nicht selten Hochzeiten gefeiert. Den Höhepunkt bildete die Verlobung John Burdons mit Burella. Maria, die Hudson einmal in einem Brief als „hübsches Mädchen trotz seiner schielenden Augen" schilderte, war in der Missionsgemeinschaft bekannt als eine, die am zweitbesten Chinesisch sprach. Sie hatte bereits den jungen Konsulatsbeamten Robert

Hart, den späteren berühmten Sir Robert, als Freier abgewiesen. Auch hatte sie sich über einen Missionar aus Shanghai lustig gemacht, doch ging das Gerücht um, er werde seine Werbung erneuern.

Hudson beklagte sich bei Amalia, die vor ihrer Verheiratung mit Benjamin Broomhall stand: „Jedermann scheint in diesen Dingen Erfolg zu haben, Du auch, während ich als einziger warten muß. Ich hoffe, mit der nächsten Postsendung einen Brief von der lieben Elisabeth zu erhalten, ... doch denke ich, wenn es keine Elisabeth gäbe, wäre ein Junggesellenleben nicht das Schlimmste. Über Elisabeth allerdings kann es nur eine Ansicht geben: Sie ist und bleibt ein Schatz." Elisabeth Sissons hatte ihn schon zweimal abgewiesen.

Maria Dyer schrieb an ihren Bruder Samuel, der in London studierte, über jene Herbsttage: „Ich begegnete einem Herrn; ich kann zwar nicht sagen, daß ich ihn sofort liebte, doch interessierte er mich. Ich konnte ihn nicht vergessen. Wir begegneten uns ab und zu, und das Interesse hielt an. Ich hatte keinen eigentlichen Grund zu der Annahme, es beruhe auf Gegenseitigkeit. Er zeigte sich sehr zurückhaltend und machte mir nie einen Antrag." Sie schrieb auch, daß sie die Angelegenheit ganz in Gottes Hände gelegt habe.

Am Weihnachtstag 1856 luden Rev. Frederick Gough und seine Frau von der Kirchlichen Missionsgesellschaft alle fünfzehn englischen Missionare zu einem Essen ein. „Wir bekamen ein wundervolles Essen — Kalbfleisch und Plumpudding — vorgesetzt", schrieb Taylor, „und am Nachmittag erfreuten uns die beiden Miss Dyer mit einigen auf Mr. Goughs prächtigem Klavier vorgetragenen Duetten. So verbrachte ich in diesem Kreise und nachher mit meiner Briefpost zusammen einen schönen Weihnachtsabend." Gough beurteilte er als „einen jener Menschen, die man liebt und von denen man sich geliebt weiß". Mrs. Gough mochte er gern, weil sie ihn an Elisabeth erinnerte.

Am zweiten Weihnachtstag bekannte er in einem Brief an seine Angehörigen, daß er trotz Elisabeths bestimmter Absage weiter hoffe. „Zuweilen war ich sehr entmutigt darüber und auch über andere Dinge, so daß ich sogar erwog, ob ich nicht besser die Missionsarbeit aufgeben sollte, weil ihr Vater nichts gegen eine Heirat hätte, wenn ich in England lebte." Als Entschuldigung für seine Rückkehr in die Heimat könnte er doch die Beendigung seiner medizinischen Studien angeben. Er bedauerte das Fehlen eines Diploms: „Ich hätte ein solches unbedingt haben sollen." Doch wenn er jetzt über eine Heimkehr nachsann und darüber beten wollte, schlich sich etwas wie ein Nebel dazwischen.

Hudson befragte Mrs. Jones darüber. Sie wußte nichts von der Existenz einer Elisabeth Sissons und lachte über seine Verlassenheit. Sie sagte, was er brauche, sei eine Frau, und erbat sich, „ihren Einfluß bei Maria Dyer geltend machen zu wollen, von der ich eigentlich nichts weiter weiß", schrieb Taylor, „als daß sie schielt, fließend Chinesisch spricht und großen Eifer zeigt. Dies ist alles recht, aber ich frage mich doch: Wie könnte ich mir je eine Frau aus ihren Kreisen leisten, der ich mir schon als Junggeselle nur ein Leben nach chinesischem Stil erlauben darf?" Mrs. Jones antwortete ihm darauf mit Worten seiner eigenen Anschauung: „Der Herr sorgt heute für dich, und wenn deine Bedürfnisse sich mehren, so werden auch die Gaben in gleichem Maße zunehmen." Taylor erklärte sich damit einverstanden, doch nützte ihm diese Erkenntnis jetzt nichts. Er sagte darüber: „Diese äußeren Dinge rauben mir meine Ruhe und machen mich untüchtig zur Arbeit."

Eigentlich vertraute er Mrs. Jones nicht alles an. Er sagte ihr nichts über eigenartige Gefühle, die weder Miss Vaughan noch Miss Sissons in ihm geweckt hatten. „Ehe ich es mir bewußt war", schrieb er einige Monate später, „ging meine Bekanntschaft mit Miss Dyer in eine Neigung über, die ich aber, sobald ich sie erkannte, bewußt in meinem Herzen verbarg, wenn ich sie auch nicht unterdrücken konnte." Miss Aldersey durchschaute ihn sofort.

Maria indessen vertraute sich in den ersten Januartagen Mrs. Bausum an. „Ich sagte ihr, sie halte mich wahrscheinlich für recht töricht. Doch erklärte ich ihr meine Gefühle Mr. Taylor gegenüber. Sie antwortete darauf, sie habe nichts bemerkt, was sie zu der Annahme hätte führen können, er interessiere sich für mich, und fügte hinzu, es sei etwas Schreckliches, jemand zu lieben ohne Gegenliebe."

Der englisch-chinesische Krieg kam dazwischen. Drohungen, Verschwörungen, Gerüchte veranlaßten den Konsul, den Befehl zur Evakuierung aller Frauen und Kinder von Ningpo nach Shanghai zu erteilen. Miss Aldersey kümmerte sich jedoch nicht darum und beruhigte sich damit, zwei Kulis und einen Sarg, in dem sie sich in die Berge schmuggeln lassen wollte, wenn Gefahr drohte, in ihrer Nähe zu wissen. Die beiden Miss Dyer entschlossen sich ebenfalls zum Bleiben, während die Jones-Familie dem Befehl folgte und Hudson Taylor als nicht unbedingt Unentbehrlicher gegen seinen Willen zum Reisebegleiter bestimmt wurde. Am 26. Januar winkte Maria dem Dampfer „Japan" Lebewohl zu.

Maria: „Ehe er abreiste, hatte ich vielleicht Grund zu der Annahme, er interessiere sich für mich. Doch dachte ich, ich sollte mir lieber nicht allzuviel Hoffnungen machen. Ich fuhr aber fort, die Angelegenheit zu einem Gebetsanliegen zu machen."

Hudson: „Mein Gemütszustand war alles andere als angenehm. Ein Hangen und Bangen und Schmerz erfüllten mich, doch unternahm ich nichts in der Sache. Ende Januar reiste ich nach Shanghai und betete wie zuvor darüber."

Hudson war in einer Zwickmühle. Den ganzen Januar und Februar hindurch fühlte er sich noch an Elisabeth gebunden. Doch sie schrieb nicht. Anfang März berichtete er seiner Mutter: „Je schneller diese Sache in Ordnung kommt, desto besser ... Der Anstand verbietet mir einen weiteren Briefwechsel mit ihr, den ich vielleicht schon zu lange geführt habe." Das war ein anderer Ton als vor sieben Monaten, als er schrieb: „Wir sind beide jung. Ich kann es mir leisten, ein weiteres Jahr zu warten, aber ich kann sie nicht *verlieren*."

Er hatte regelmäßig über sein Verhältnis zu Elisabeth berichtet. Über Maria schrieb er kein Wort. Es war ihm nicht möglich, darüber zu sprechen. Er dachte von ihr „als von einem lieben

Wesen, das alle guten Eigenschaften einer Miss Sissons besitzt und viele andere dazu. Sie ist ein kostbares Kleinod, ein wertvoller Mensch und beseelt von einem nie ermüdenden Eifer für das Wohl dieser armen Menschen. Dazu ist sie eine Dame." Weiter sagt er über sie: „Ihr Schielen fällt sehr auf", doch das war in seinen Augen kein Fehler mehr, sondern machte sie ihm doppelt lieb. „Ich bildete mir ein, dies mache es mir leichter, sie zu gewinnen." Er sah in diesem Mädchen alle Eigenschaften, die man sich nur von einer Missionarsfrau wünschen kann, was ihn dankbar stimmte, aber auch das qualvolle Warten und die Furcht vor einer Ablehnung fast ins Unerträgliche steigerte.

Erst Mitte April erhielt Hudson von Elisabeth eine Antwort, die es ihm ermöglichte, den Briefwechsel mit ihr auf ehrenhafte Weise abzubrechen. „Die Sache ist für mich jetzt abgeschlossen, und ich bin dankbar für die Art und Weise, wie sie geordnet wurde."

Es war in der Tat gut so. Am 23. März hatte er einer Notiz an Frederick Gough einen Brief an Maria beigelegt. Goughs Antwort, die das Datum des 10. April trug und ihn von Ningpo aus erreichte, enthielt nach einer Bemerkung, daß „der Brief zwei Wochen unterwegs gewesen" sei, die Worte: „Niemand außer mir und meiner Frau, die Deinen Auftrag am nächsten Morgen ausrichtete, wird etwas von dieser Angelegenheit erfahren. Du hast unser ganzes Einverständnis, und wir beten für Dich. Ich kann mir denken, lieber Bruder, wie Dir zumute ist, wenn Du schreibst: Der Herr Jesus machte mir mein Erleben zu einer tiefen Offenbarung Seiner selbst."

In Ningpo unterrichtete Maria am Morgen des 8. April nach einem „erfrischenden Ausflug in die Umgebung" im baumreichen Garten der amerikanischen Missionsschule. Hierher war Mrs. Bausum umgesiedelt. Miss Aldersey wohnte seit ihrem Rücktritt mit Mr. und Mrs. Russell, dem Leiter der Kirchlichen Missionsgesellschaft, zusammen. Sie war allerdings kein Glied der Kirche von England, doch Mrs. Russell war ihr Vormund.

Eine Dienerin stahl sich leise ins Klassenzimmer hinein. Maria verließ es, um zu erfahren, was Mrs. Gough von ihr wünsche.

„Sie legte zwei Briefe in meine Hand, die gestern angekommen waren. Einer war an mich adressiert, den anderen habe Mr. Gough in seinem Umschlag gefunden. Sie sagte, diese Briefe seien alles, was sie über die Sache wüßten, und sie hätten uns beide in ihre Fürbitte eingeschlossen. Sie bat mich auch, keine Absage zu schreiben, ehe ich über die Sache gebetet hätte. Aus ihren Worten erriet ich den Inhalt des Briefes."

Maria steckte die Briefe in ihre Tasche und kehrte in das Schulzimmer zurück. Sie kannte Hudsons Handschrift nicht und fürchtete, die Briefe seien von dem Bewerber geschrieben, über den sie sich lustig machte. Die Schulstunde mußte zu Ende geführt werden, als ob nichts geschehen sei. „Nach Schulschluß zog ich mich in mein Zimmer zurück. Ehe ich die Briefe öffnete, betete ich. Ich hoffte im stillen, sie möchten von Mr. Taylor sein, doch konnte ich es nicht annehmen; es war kaum möglich."

Das Wort „Swatow" auf Mr. Goughs Briefumschlag gab ihr einen Fingerzeig. Sie suchte die Unterschrift. Ihr Herz begann heftig zu schlagen. „Ich öffnete den an mich adressierten Brief, las von seiner Zuneigung zu mir, und daß er glaube, Gott habe die Liebe, die er für mich empfinde, in sein Herz gelegt. Ich konnte kaum fassen, daß es wirklich so sei. Es schien mir, als sei es die Antwort auf meine Gebete (wer könnte sagen, daß es nicht so war?). Er fragte mich, ob ich in eine Verlobung mit ihm einwilligen könnte. Weiter bat er mich, ihm keine übereilte Absage zu schicken, die ihn in den tiefsten Kummer stürzen würde, und schloß mit der Hoffnung, daß seine Zweifel und Befürchtungen bald von ihm genommen würden und seine liebsten Hoffnungen sich erfüllen möchten. Seine Unterschrift lautete: In tiefster Aufrichtigkeit und Liebe James Hudson Taylor."

Maria verlebte den Rest des Tages wie im Traum. Am nächsten Morgen vertraute sie sich Burella und Miss Aldersey an.

„Ich habe einen Brief von Mr. Taylor erhalten."

„Ich nehme an, du hast nicht die Absicht, darauf einzugehen."

Maria war geschlagen. Sie bat höflich, man möge entschuldigen, wenn sie den Rat nicht sofort befolge, „weil die Angelegenheit, wir mir scheint, von Gott geleitet ist".

„Mr. Taylor? Dieser junge, arme, unbekannte Niemand? Wie darf er es wagen, an so etwas zu denken?"

„Aber ..."

„Er ist kein Gentleman. Er ist ohne Bildung, ohne Amt."

„Aber ..."

„Er ist ein Schwätzer, dazu ein scheinheiliger Plymouth-Bruder. Er hält den Sabbat nicht." (Eine eigenartige Idee, denn er hielt den Sabbat genauso gut ein wie jedes andere Glied der Kirchlichen Mission oder wie Miss Aldersey, doch nannte er den Tag „Sonntag" oder „des Herrn Tag".) „Außerdem ist er mit einem eigenartigen Missionar (Burns) befreundet. Er ist klein, du bist groß. Und — und er trägt chinesische Kleidung. Setz dich an deinen Schreibtisch! Man wagt es also, um deine Hand zu bitten, wo du noch nicht einmal volljährig bist."

„Dürfte ich an meinen Onkel schreiben?"

„Ganz unnötig, meine Liebe, er würde das gleiche sagen wi ich. Wir wollen jetzt an Mr. Taylor schreiben."

Maria mußte Briefpapier nehmen und Worte schreiben, die nicht bloß falsch, sondern lästerlich waren:

„Mein lieber Herr!

Ich habe Ihren Brief zu einem ernsten Gebetsanliegen vor Gott gemacht und wollte nichts anderes als Seinen Willen erkennen und danach handeln. Obgleich ich Ihnen keinen Schmerz zufügen möchte, muß ich Ihren Brief so beantworten, wie es mir nach Gottes Leitung das Richtige zu sein scheint. Es ist bestimmt meine Pflicht, Ihren Antrag abzulehnen. Doch glauben Sie nicht, lieber Herr, ich tue es leichtsinnig und ohne Würdigung Ihrer Gefühle, von denen Sie mir schreiben. Ich schätze jene Gefühle zu sehr (obschon die Pflicht mir gebietet, sie zu mißbilligen), als daß ich Sie bloßstellen oder mich über den Inhalt Ihres Briefes lustig machen würde ... Ich schätze Sie, lieber Herr, als einen Bruder in Christus und hoffe, stets für Sie die Gefühle zu hegen, die Seine Jünger sich gegenseitig entgegenzubringen geheißen sind. Doch verlangen Sie nicht mehr von mir! Ich ersuche Sie, nicht mehr auf diesen Gegenstand zurückzukommen, weil ich gezwungen wäre, Ihnen die gleiche Antwort zu geben."

Miss Aldersey, die sich über sie neigte, sagte, während sie das Geschriebene mit Sand bestreute: „Er wird nach *diesem* Brief nie mehr nach Ningpo zurückkehren."

„O mein lieber Samuel", schrieb Maria Monate später an ihren Bruder in England, „jene Tage waren eine Prüfung. Es schien mir, als habe Gott meine Gebete so klar beantwortet, und als wäre es Sein Wille, daß Mr. Taylor und ich uns lieben sollten. Doch war Miss Aldersey so sehr dagegen — es war, als stünden Gottes und Miss Alderseys Absichten gegeneinander."

Sie träumte von ihrem Geliebten — seiner Liebe zu den Chinesen, seiner Hingabe an Christus, seinem fröhlichen Wesen, den blauen Augen, seiner Liebe zur Musik. Über seine chinesische Aufmachung war sie sich allerdings nicht klar; doch was er erwählt hatte, mußte bestimmt richtig sein. Sicher, er war linkisch, aber in seinem Charakter lauter. „Was seine Bildung betrifft, so sind seine intellektuellen Fähigkeiten niemals minderwertig ... Es scheint mir, Mr. Taylor sei genau die Art Mensch, die mein Vater, wenn er noch lebte, gutheißen würde."

Sie versuchte sich einzureden, Miss Aldersey wolle bestimmt nur das Beste für sie. „Ich will ihre Freundlichkeit anerkennen, obgleich es mir sehr, *sehr* schwerfällt." —

Frederick Goughs zarter, kurzer Brief vermochte Hudsons wundem Herzen keine Linderung zu bringen. „Ich werde fast über meine Kraft hinaus geprüft", schrieb er am 15. Mai an Amalia, der er jedoch nichts von Maria sagen konnte. Weil er nach Mr. und Mrs. Jones' Wunsch in Shanghai zurückbleiben und dort eine Missionarsfamilie aus England erwarten sollte, stürzte er sich mit all seiner Kraft in eine Hilfsaktion für Hungernde und in das Predigen und Reisen hinein. Noch war ihm ein Hoffnungsstrahl geblieben: Maria hatte ihn aus dem einfachen Grund der *Pflicht* abgelehnt. Er vermutete, das Hindernis liege bei Miss Aldersey.

Ende Juni kehrten alle Missionare nach Ningpo zurück. Ihre Rückkehr fiel unglücklicherweise mit einem brutalen, wenn auch verdienten Angriff auf die portugiesischen Seeräuber zusammen, die die kantonesische Kolonie erzürnt hatten. Weil der britische

Konsul ihnen keinen Schutz gewähren konnte, stürzten die Portugiesen auf den Friedhof, wo sie aber von ihren Verfolgern herausgeholt und in Stücke gehauen wurden. Das Aufkreuzen eines Kriegsschiffes verhütete ein allgemeines Blutbad unter den Ausländern.

Hudson kehrte nicht in seine Dachkammer zurück, sondern wohnte mit der Jones-Familie zusammen. In einem Brief, der seiner Mutter die ganze Geschichte enthüllte, schrieb er: „Miss Aldersey regte sich nicht wenig auf, als ich wieder hierher kam. Sie suchte Mrs. Gough auf und verlangte von ihr, sie dürfe kein Zusammentreffen herbeiführen oder die Sache auf irgendeine Weise begünstigen. Dann kam sie auch zu Mrs. Jones ... Sie sprach zu ihr äußerst entrüstet über die Angelegenheit; unter anderem sagte sie: ‚Wie durfte er sich nur so etwas einbilden?‘ Mrs. Jones antwortete darauf: ‚Warum denn nicht? Er konnte ja nicht anders.‘ Darauf Miss Aldersey: ‚Er hat keine Missionsgesellschaft hinter sich; seine Freunde können sterben.‘ Mrs. Jones erwiderte in größter Empörung, Ehen würden im Himmel geschlossen, und es sei sehr gefährlich, sich da einzumischen." Doch versprach Mrs. Jones, die Sache auch nicht zu fördern. Aber von einer Geheimhaltung wollte sie nichts wissen und berichtete auch Hudson sofort von dem Gespräch.

Er besprach sich mit Mr. und Mrs. Gough und entschloß sich zu einer Unterredung mit Miss Aldersey. Maria erzählt: „Ich vermied ein Zusammensein mit Mrs. Jones, und er war zu feinfühlend, um sich mir aufzudrängen. So wurde kein Wort und kein Blick zwischen uns gewechselt, obgleich wir uns oft sahen."

Die Unterredung fand am 13. Juli statt. Beide Teile begegneten sich sehr höflich, doch war die Spannung groß. Miss Aldersey blieb dabei, Hudson als höchst unerwünschten und unverschämten Freier anzusehen. Dieser verstand nun Miss Alderseys tiefe Abneigung, die im Lichte der viktorianischen Anschauungen verständlich war. Er hätte sich, ehe er Maria schrieb, erst an sie wenden und ihre Einwilligung einholen sollen. Sie sagte ihm, sie habe eigentlich die Antwort diktiert, da Maria ja noch nicht volljährig sei. Das hatte Taylor aber nicht gewußt. Sie war am

16. Januar 1837 geboren. Hudson entdeckte aber dabei die äußerst wichtige Tatsache, daß Miss Aldersey gar nicht Marias gesetzlicher Vormund war. Sie habe Mr. Tarn nach Hudsons Rückkehr nach Ningpo geschrieben. Miss Maria Dyer hatte es natürlich nicht getan. Ihre Einwände könnten nur zerstreut werden, wenn Mr. Tarn seine Einwilligung gäbe, was aber höchst unwahrscheinlich sei.

Hudson Taylor dachte eine Woche lang über diese Worte nach. Maria jedoch nahm ihre Sache selbst in die Hand und ließ Miss Alderseys Brief einen eigenen an ihren Onkel und ihre Tante folgen. „Ich denke nicht daran, mich wegzuwerfen, wie Miss Aldersey sagt, wenn ich Mr. Taylor heirate. Auch möchte ich mich nie mit einem Manne vereinigen, für den sie Mr. Taylor hält. Aber ich bitte darum, daß man seinen Charakter und seine Grundsätze prüft." Ein abschließender Satz atmete echte Frömmigkeit: „Ich denke oft, daß die Erlaubnis, diesen einen, den ich in meinem Brief deutlich beschrieb, lieben zu dürfen und mit ihm die innigste und köstlichste, geistliche und auch leibliche Gemeinschaft haben zu dürfen, die zwei Menschen erleben können, das höchste irdische Glück ist, das ich mir wünschen kann. Doch darf er in meinem Herzen nie den ersten Platz einnehmen. Jesus soll für mich der Liebste und Beste bleiben." Beide, Maria und Hudson, suchten im Hohenlied Trost.

Hudson wußte, daß er Marias Erlaubnis haben mußte, ehe er sich an ihren Onkel wenden durfte. „Am Montag, dem 20. Juli, frühmorgens", berichtet Maria, „wollten Burella und ich mit einigen Kindern an einem Schulfest zu Mrs. Gough gehen. Wir waren gerade an der Tür, als mir ein an mich gerichtetes Briefchen überreicht wurde. Der Überbringer sagte, draußen stehe ein fremder Herr. Ich öffnete den Umschlag und sah, daß der Brief von Mr. Taylor kam, der einige Worte mit mir zu sprechen wünschte." Maria hatte ernsthafte Bedenken; „denn wer war ich, daß ich mich gegen den Willen Miss Alderseys und anderer alter, bewährter Christen auflehnen durfte"? Der Brief versetzte sie in die größte Aufregung. „Ich erlaubte Mrs. Bausum und Burella, ihn zu lesen, und bat Mrs. Bausum, sie möge als Dame des Hauses entscheiden, ob ich mit Mr. Taylor sprechen dürfte oder nicht. Burella war entschieden dagegen, weil sie fürchtete, Miss Aldersey wäre nicht damit einverstanden. Mrs. Bausum wollte ihre Erlaubnis auch nicht geben, als sie sah, wie Burella sich dagegen wehrte. Schließlich sollte Mrs. Gough Mr. Taylor sagen, er möge sich an Mrs. Bausum wenden." Maria hörte seine Stimme. Mrs. Bausum bat ihn heraufzukommen. Sie war sehr freundlich, entschuldigte sich, machte gewisse Andeutungen, so daß „ich denke, er hat das Haus an jenem Morgen mit einem leichteren Herzen verlassen als je vorher".

Maria betete im geheimen, „sollte es Gottes Wille und nicht ein falscher Weg sein, möge Er doch eine Unterredung schenken". Sie hätte gern ein Zusammentreffen gehabt, „doch wollte ich lieber, es käme durch Gottes Führung und nicht durch mein Zutun zustande".

Zwei Nachmittage später fand im Hause von Mr. und Mrs. Jones die Gebetsstunde der Missionarinnen statt. Hudson und John Jones widmeten viel von ihrer Zeit den Opiumsüchtigen. Des schwülen Wetters wegen, das einen nahenden Sturm anzeigte, mußten einige Damen fernbleiben, andere blieben aus Trägheit weg. Während die Missionarinnen nach der Gebetsstunde zusammen Tee tranken und plauderten, näherte sich flußaufwärts vom Meer her eine Wasserhose, ergoß sich über die Stadt und überschwemmte die Straßen. Die Kulis konnten keine Sänften bringen. Es herrschte ein allgemeines Chaos, und niemand konnte das Haus verlassen. Die beiden Männer kehrten später als gewöhnlich zurück und hörten von dem Dienstmädchen der Mädchenschule, daß Mrs. Bausum und Maria sich noch immer im Hause befänden und auf ihre Sänften warteten. Nur Burella hatte sich bereits auf den Heimweg begeben.

Maria plauderte mit Mrs. Jones. „Da betrat Mr. Jones das Zimmer und zog mich beiseite. Er sagte, er möchte mich gern einen Augenblick sprechen. Ich verließ mit ihm das Zimmer. ,Mr. Taylor bittet Sie um eine Unterredung', sagte er. Ich antwortete: ,Das wünsche ich mehr als irgend etwas. Ich betete lange Zeit, der Herr möge eine Unterredung schenken, wenn es

Sein Wille sei. Soll sie privat geführt werden, oder darf jemand dabei sein?' Mr. Jones erwiderte: ‚Ganz, wie Sie es wünschen.' ‚Dann hätte ich gern, wenn Mrs. Bausum im Zimmer bliebe.' Mrs. Bausum wurde gerufen, und dann führte Mr. Jones uns in sein Arbeitszimmer. Nach einigen Minuten kam Mr. Taylor herein."

Ein Augenblick — und sie wußten beide durch Blick, Gefühl, Händedruck, daß die Liebe gegenseitig sei. „Wir waren uns klar", berichtet Maria darüber, „wenn es Gottes Wille sei, so werde unsere Angelegenheit ein gutes Ende nehmen; sollte es aber nicht Sein Wille sein, so wollten wir auch das annehmen und nichts anderes wünschen, als daß Sein Wille geschehe. Einer schlug vor, wir sollten doch darüber zusammen beten. So knieten wir alle drei nieder, und Mr. Taylor betete mit uns."

Hudson sandte dann an Mr. Tarn einen Brief auf dem teureren Weg über Triest. Er wollte dem Bericht Miss Alderseys zuvorkommen, der vor zwei Wochen abgeschickt worden war. Vor Ende November konnte keine Antwort erwartet werden. Vielleicht kam sie erst im Dezember. Vier lange Monate! Die Antwort konnte eine Ablehnung sein.

Mrs. Gough riet Maria, Burella und Miss Aldersey von diesem unerwarteten Zusammentreffen und von ihrem Brief an den Onkel zu sagen. „Du weißt ja, Liebes, wir verlieren nie, wenn wir aufrichtig sind." Maria tat nach ihrem Rat. Da brach der Sturm los.

Am Montagmorgen — es war der 27. Juli — besuchte Rev. W. A. Russell, der spätere erste Bischof in Nordchina, einer der Gründer und damaliger Leiter der Kirchlichen Missionsgesellschaft, Hudson Taylor auf. Russell war ein Ire und erwartete Gehorsam. Er brachte Hudson einen Brief von Miss Aldersey. Dieser war sehr förmlich gehalten und in der dritten Person abgefaßt: „Im Bestreben, Maria zu sehen, hat er absichtlich ihre Jugend ausgenützt, um sie dazu zu überreden, das Verbot von jemandem mit Füßen zu treten, der nur zu gut weiß, wie Marias Eltern die Sache beurteilt hätten." Dann ließ sie die dritte Person fallen und fuhr fort: „Nachdem diese Unterredung verhütet worden war, griffen Sie in der Folge zu einem Mittel, das ich als ehrlos bezeichnen muß. In meiner und Burellas, der älteren Schwester, Abwesenheit haben Sie ein Beisammensein der Damen des Missionskreises benützt, um Miss Maria Dyer die verbotene Sache aufzudrängen. So sehr ich mich über die beleidigende Unziemlichkeit Ihres letzten Schrittes wundere (neben allem andern), um so klarer sehe ich, was ich zu tun habe ... Sollten Sie beharrlich weitere Bittschriften übergeben lassen, ohne die Erlaubnis von Miss Dyers Tante zu haben, werde ich mich zu einem ernsteren Schritt gezwungen sehen ..."

Es standen noch viele andere unfreundliche Ausdrücke in dem Brief. Für Mrs. Jones, die ihn las, war das zu viel; sie wurde krank. Russell verlangte in Miss Alderseys Auftrag eine Erklärung von Taylor und sagte, „man sollte ihn eigentlich übers Knie legen". (Miss Aldersey schrieb Maria in einem Brief ohne Datum in grausamen Worten: „Nicht bloß Mr. Russell, sondern alle Missionsbrüder, mit denen er über diese betrübliche Angelegenheit sprach, sind entrüstet über das Benehmen Mr. Taylors. Sie sind ganz einverstanden mit der Ansicht des milden und maßvollen Mr. Russell, daß ein Mann, der so handelt wie er, übers Knie gelegt werden sollte.")

Als Hudson den Brief gelesen hatte, rechtfertigte er sich und legte seine Beweggründe dar. „Ich sagte ihm nicht, daß ich um Maria Dyers Kummer wisse, seitdem Miss Aldersey sie gezwungen hatte, meinen Antrag abzulehnen. Nein, es gibt Dinge, über die man sich schon aufregt, wenn man nur daran denkt, geschweige denn, daß man darüber redet." Russell äußerte sich nachher, er könne „ihn in keiner Weise als Christ anerkennen. Er ist kein Gentleman." Mrs. Russell bekam Befehl, Hudson kaltzustellen. Dieser beklagte sich bei seiner Mutter. „Warum? Alles nur deshalb, weil ich einem Mädchen ein eigenes Urteil in Liebesangelegenheiten zutraue."

Eine Aussage Russells erklärt den Widerstand, obgleich er die Grausamkeit des Vorgehens nicht entschuldigt. „Wenn Sie nach England zurückkehrten und die medizinischen Prüfungen bestünden oder sich ordinieren ließen, könnten wir Ihnen die Hand wieder reichen." John Burdon, Marias späterer Schwager und Taylors Freund, teilte Maria mit, wie Hudson vor einigen Monaten in Shanghai „den Gedanken ernstlich erwogen habe, ob es nicht seine Pflicht wäre, nach Hause zurückzukehren und den Doktor zu machen oder sich ordinieren zu lassen, um dadurch seine Lage zu verbessern ... Er fühlte es damals sehr, daß er ein *Nichts* sei. Ich riet jhm dringend — und andere, die ihn als Missionarsbruder sehr schätzen, taten es ebenfalls —, für eine kurze Zeit nach England zurückzukehren. Ich nehme an, seine Liebe zu Dir wird ihm helfen, diesen Rat zu befolgen. Sollte er es nicht tun, müßte ich ihn Deiner Hand und Deines Herzens für unwürdig halten. Ihr beide seid noch jung, und Ihr würdet nichts verlieren, im Gegenteil, Ihr würdet nur gewinnen, wenn Ihr die Angelegenheit zwei oder drei Jahre hinausschieben würdet ... Ich sage nicht, Du sollst ihn aufgeben. Ich stoße mich nicht an den kleinen Fehlern, die ich bei ihm entdeckt habe."

Marias Antwort wirft ein Licht auf ihre Wesensart: „Ich würde warten, wenn er nach Hause zurückkehren wollte, um sich dort mehr Kenntnisse zur späteren Verwendung in diesem Lande anzueignen. Soll er jedoch sein Werk verlassen, um sich einen Namen zu machen und mich heiraten zu können? Liebt er mich mehr als Jesus, dann ist er meiner nicht wert. Sollte er des Herrn Werk verlassen um irdischer Ehre willen, wollte ich nichts mehr mit ihm zu tun haben." „Sie ist ein edles Mädchen", bemerkte Hudson Taylor, als er später davon hörte.

Das Bestreben Miss Alderseys und ihrer Verbündeten ging dahin, Marias Liebe auszulöschen, ehe Mr. Tarns Antwort Ningpo erreichte. „Noch einmal komme ich zu Dir, liebe Maria, als Deine treue Warnerin", heißt es in einer Reihe von Briefen von Miss Aldersey, „die Dich warnt vor einem verrückten Schritt, zu dem eine eigenartige Verblendung und das Verlangen nach einer frommen Romanze Dich zu treiben scheint." Auf Marias Einwand, sie habe darüber gebetet und glaube, eine Ehe mit Hudson wäre nach dem Willen des Heiligen Geistes und der Überzeugung ihres eigenen Herzens, erwiderte Miss Aldersey kurz: „Warum erkennst Du nicht die Antwort auf Deine Gebete in den Wünschen Deiner Freunde? Erwartest Du etwa eine Stimme vom Himmel?" Sie drohte, ihre Schutzbefohlene nicht mehr aus den Augen zu lassen, und stellte in Aussicht, Russell werde sie nicht mehr am Abendmahl teilnehmen lassen, „bis Du Beweise Deiner Reue zeigst". Hudson erzählte seiner Mutter am 8. August: „Die liebe Maria wird als verrückt, fanatisch, unanständig, willensschwach, leicht beeinflußbar, eigensinnig hingestellt und überhaupt alles Bösen beschuldigt." Man quälte sie so lange, bis ihr Glaube fast erschüttert war und sie krank wurde.

Hätte Maria Miss Aldersey nicht geliebt, wäre alles leichter gewesen. Sie hatte sie aber stets geliebt und respektiert; darum versuchte sie alles, um die Kluft zu überbrücken. Miss Aldersey blieb unversöhnlich. Als Maria an einem Herbstsonntag beim Verlassen der Kirche ihre Beschützerin in ihrer impulsiven Art küssen wollte, demütigte diese sie nicht nur öffentlich, sondern verlangte von ihr eine schriftliche Entschuldigung. „O lieber Samuel", klagte Maria ihrem fernen Bruder, „ich leide um Gerechtigkeit willen Verfolgung. Diese Verfolgung (wenn ich so sagen darf) stürzt mich in Zweifel; denn wie sollte Miss Aldersey unrecht, ich dagegen recht haben?"

Hudson wollte gerecht sein in seinem Urteil. „Man kann manches anführen als Entschuldigung für eine Frau, die beinahe sechzig Jahre alt ist und deren Gedächtnis nachläßt, die immer an der Spitze eines großen Werkes stand und durch die ihr erwiesenen Auszeichnungen und Schmeicheleien verwöhnt wurde. Sie kann keinen Widerspruch ertragen — sie war beleidigt, weil ich sie nicht zuerst um ihre Einwilligung gebeten hatte — sie glaubt nicht an das Gebet oder an ein Gottvertrauen in der Weise, wie wir es kennen. Und weil es allein Gnade ist, die uns anders führte, vielleicht in mancher Hinsicht besser, bleibt kein Grund, sich dessen zu rühmen."

Der liebenswürdige Frederick Gough erkannte die werdende Größe dieses Mannes, der von den meisten Europäern in Ningpo als „fanatisch, unzuverlässig, körperlich und geistig krank und untüchtig" abgetan wurde. Indessen riet er seinen jungen Freunden, sich jetzt nicht gegenseitig zu besuchen oder die Sache zu besprechen, „wie schmerzlich es ihnen auch sein möge", bis Tarns Antwort da sei. Sollte Miss Aldersey Taylor vor Gericht bringen, würde das „ein Ärgernis und Hindernis für das Werk unseres Herrn hier bedeuten". Taylor stimmte ihm darin bei. „Es ist sehr schwer, so ganz von dem geliebten Mädchen getrennt zu sein, doch muß es vorläufig so bleiben." Er stürzte sich in seine Arbeit, missionierte, unterrichtete, verteilte Traktate, behandelte Kranke und nahm sich der Hungernden an. Er unterbrach diese Tätigkeit auch nicht während der heißesten Sommermonate, bis er Anfang September ernstlich erkrankte.

Er lag vier Wochen zu Bett und dachte in dieser Zeit viel über die Sache nach. In jenen Tagen übernahm er als Motto für sein Leben zwei hebräische Ortsnamen, die er in chinesischen Schriftzeichen auf Papierstreifen malte. Das Alte Testament erwähnt sie nicht bloß, sondern gibt dafür auch eine Erklärung. Sie lauten „Ebenezer" und „Jehova Ire". Diese alten, eigenartig lautenden Namen machten einen tiefen Eindruck auf Taylor. Er las im 7. Kapitel des 1. Buches Samuel, daß dieser nach einem großen Sieg als sofortige Antwort auf sein Gebet einen Denkstein errichtete „und hieß ihn Ebenezer (Stein der Hilfe) und sagte: Bis hierher hat uns der Herr geholfen." Taylor las auch im 22. Kapitel des ersten Buches Mose, wie der Herr Abraham davon zurückhielt, seinen Sohn Isaak zu opfern, und einen Widder dafür zubereitet hatte: „Abraham nannte den Ort Jehova Ire (Der Herr sieht)."

Immer wenn er entmutigt oder bekümmert war, blickte Taylor auf die beiden Papierstreifen. „Oft, sehr oft fehlte mir der Glaube, und ich war dann immer so traurig und beschämt über mein Versagen einem solchen Vater gegenüber, dem ich kein Vertrauen entgegenzubringen vermocht hatte. Aber langsam lernte ich Ihn doch kennen ... Er wurde mir so wirklich und vertraut."

RUSSELL GEHT AUF DIE JAGD

Im Oktober 1857 erkrankte ein amerikanischer Missionar an Pocken in ihrer bösartigsten, schmerzhaftesten und gefährlichsten Form. Er war Junggeselle. Keiner von seinen Freunden, auch seine Schwester nicht, wagte ihn zu pflegen, denn sie alle hatten Kinder. Er war todkrank. Hudson Taylor, der sich selbst kaum von seiner Krankheit erholt hatte, bot seine Hilfe freiwillig an. Er tat' es nicht nur aus Mitleid, sondern aus Glauben. Hudson war wohl geimpft, doch hielt er selbst diese Art Pocken für äußerst ansteckend, so daß die Schutzimpfung für seinen durch die Krankheit geschwächten Körper kaum genügen würde. Und er wollte doch Maria heiraten.

Als dann der gequälte Leib des Missionars begraben war, mußte Hudson sich immer noch abgesondert halten. Alle seine infizierten Kleider mußten verbrannt werden, und er hatte kein Geld, um sich neue beschaffen zu können. Dr. Martin sagte mit Recht von ihm, er gebe alles aus, was er erhalte. Vor nicht langer Zeit hatte er einem Missionar mit siebenunddreißig Pfund aus einer Not geholfen. Aber gerade in diesen Tagen traf von Swatow her eine mit Kleidern gefüllte Kiste ein, die er schon verlorengegeben hatte.

Er hatte sich aber doch auch infiziert und bekam hohes Fieber, doch blieben keine Pockennarben zurück. Durch seine schwere Krankheit hatte er einen unruhigen Schlaf. „In den frühen Morgenstunden des 20. Oktober hörte ich ein Geräusch im Zimmer. Ich erschrak nicht wenig. Ihr könnt Euch meinen Zustand ungefähr vorstellen, wenn ich Euch sage, daß ich nicht einmal das Ticken meiner Uhr ertragen konnte, so daß ich sie in ein Tuch einwickeln mußte. Ich fand keinen Schlaf mehr und las in meiner Bibel. Dann legte ich mich wieder nieder. Mein Herz flatterte. Ich war zu aufgeregt, um schlafen zu können. Plötzlich wurde ich mir der Anwesenheit Marias bewußt. Sie mußte leise wie ein Windhauch gekommen sein. Über mich kam tiefe Ruhe. Ich fühlte ihre Gegenwart. Einen Augenblick lang war ich unfähig, mich zu bewegen oder meine Augen zu öffnen. Endlich streckte ich meine Hand aus. Maria umschloß sie zart und mit warmem Druck. Ich dankte ihr mit meinen Augen. Sie bedeutete mir, nicht zu reden, und legte ihre andere Hand auf meine Stirn. Sofort schienen die Kopfschmerzen und das Fieber nachzulassen. Ich hatte das Gefühl, in einen Abgrund zu versinken. Sie flüsterte mir zu, ich solle mich nicht weiter fürchten und mir keine Gedanken mehr machen, sie sei doch meine Maria und ich ihr lieber Hudson ...“ Aus dem Halbtraum versank er in einen tiefen Schlaf und erwachte erst wieder beruhigt und fieberfrei, als es heller Tag war. „Während des Fiebers hatte mich ständig die Furcht gequält, unsere Liebe sei aussichtslos.“

Eine neue Nachricht erschreckte ihn. Sie lautete, Maria werde Ningpo verlassen und nach Burellas Flitterwochen einen Monat mit ihr in Shanghai verbringen. Dieser Plan sah nach einer bösen Verschwörung aus. „Ich weiß“, jammerte Hudson, „sie wollen sie absichtlich dort zurückhalten, damit unsere Sache unentschieden bleibt oder abgebrochen wird. Könnte ich doch bloß eine Unterredung mit ihr haben! Aber ich weiß nicht, wie sie zustande gebracht werden könnte. Maria ist so unglücklich wie ich. Gott aber kann uns eine Unterredung schenken, wenn Er es will.“

Er wollte es. Noch immer schwach, begab sich Hudson eines Tages in Mrs. Bausums behagliches Heim auf dem Grundstück der Presbyterianer, um ihrem mitfühlenden Herzen seinen Kummer anzuvertrauen. Dort hörte er, Maria sei unerwartet zu Besuch gekommen. „Ich darf sie aber nicht sehen. Mrs. Bausum hatte Angst vor neuen Schwierigkeiten und verließ das Zimmer, um Maria zu sagen, sie solle jetzt nicht kommen. Doch kaum hatte sich die Tür hinter ihr geschlossen, trat Maria durch die gegenüberliegende herein. So wurde mir die Unterredung geschenkt. Seither geht es mir bedeutend besser.“ Sie konnten nicht länger als eine Minute beisammen sein. Aber es genügte Maria, ihm zu sagen, sie werde Ningpo nicht ohne ihn verlassen.

Während des zermürbenden Wartens auf Tarns Bescheid galten die Liebenden nicht als Verlobte. Ihre Kollegen taten, als ob sie nichts davon wüßten. Offiziell war Maria demnach Freiwild.

Ein neu angekommener holländischer Missionar, den Hudson in seiner impulsiven Großmütigkeit in sein Haus aufnahm, vertraute ihm in überschwenglichen Worten an, er habe vor kurzem zwei Heiratsanträge abgehen lassen, einen an ein holländisches, den anderen an ein deutsches Mädchen. Auch Miss Dyer sei hübsch, und er würde sie gern für sich gewinnen. Hudson Taylor erzählte seinem Sohn Howard später: „Ich war innerlich wütend, machte ihn aber darauf aufmerksam, wie peinlich es doch für ihn sein müßte, wenn alle drei den Antrag annehmen würden." Bald darauf vernahm Hudson zu seiner großen Freude, daß sie ihm alle drei einen Korb gegeben hatten.

Als nächstes hörte er, „ein anderer Herr interessiere sich brennend für meine liebe Maria und schreibe ihr. Ich weiß, daß er von meinen Gegnern begünstigt wird." Dieser Freier war ein Missionar aus Shanghai. Er hieß Aitchison. Hudson schätzte und liebte ihn. Daß es Aitchison erlaubt sein sollte, in ehrlicher Unkenntnis der Verhältnisse Hoffnungen zu hegen, die sich doch nie erfüllen würden, empfand Hudson als unehrlich. „Er suchte mich auf und fragte mich, ob wir fest verlobt seien. Das konnte ich zwar nicht bejahen; ich nähme aber an, wir seien bedingt verlobt. Aitchison gab darauf seiner Verwunderung Ausdruck, daß andere ihn irregeführt hätten. Er fragte mich auch, ob Maria frei wäre, wenn ihr Vormund die Einwilligung zu unserer Verlobung nicht gäbe." Hudson konnte ihm darauf keine Antwort geben. Aitchison gab später zu, daß er die Wahrheit immer gewußt habe. Er sagte ihnen auch seine Hilfe zu.

In Hudson reifte nach dieser Unterredung der Entschluß, der Unsicherheit und Verstellung ein Ende zu machen.

„Meine liebe Miss Maria, ich weiß, daß Sie nach Shanghai reisen müssen. Wir selbst werden uns am kommenden Montag dorthin begeben. Darf ich Sie um die Freundlichkeit bitten, einen Augenblick zu uns herüberzukommen, weil ich gern über etwas mit Ihnen sprechen möchte? Könnten Sie nicht gleich kommen? Ihr ergebener L. H. Knowlton. N. S. Sollten Sie verhindert sein, dann sagen Sie uns doch bitte, wann Sie mich besuchen könnten, weil ich tagsüber auswärts bin."

Maria spürte aus diesen wenigen harmlosen Zeilen, die sie am Samstag, dem 14. November, erreichten, den tieferen Sinn heraus. Sie waren von einem verheirateten amerikanischen Missionar geschrieben, der außerhalb der Stadt, weit entfernt von jedem neugierigen Auge, wohnte, einem lieben Freund, der in keiner Weise in die Angelegenheit verwickelt war.

Maria rief nach ihrer Sänfte und entfernte sich unauffällig. Sie weihte auch Mrs. Bausum nicht in ihr Vorhaben ein, und Burella brauchte auch nichts davon zu wissen.

Mrs. Knowlton flüsterte ihr zu, Hudson warte in einem andern Raum. Maria war voll Furcht, „denn Miss Aldersey konnte sehr böse werden". Sie beruhigte sich aber in dem Gedanken, daß noch jeden Tag die Antwort ihres Onkels eintreffen könne, vielleicht sogar ehe ihre ‚Beschützerin' das Komplott entdecke. Wie immer der Brief lauten würde, in zwei Monaten und zwei Tagen hatte sie Geburtstag und war dann volljährig. Und Hudson hatte jetzt genug gelitten. In der vergangenen Woche war er hinter eine schlimme Sache gekommen. Monatelang hatte er sich geduldig des Kochs und des erst kürzlich getauften Kindermädchens der Jones-Familie angenommen und sie unterrichtet. Diese aber hatten ihn schmählich hintergegangen. Krank, verleumdet und mißverstanden, er war doch ihr Hudson.

Seine Augen waren auf die Tür gerichtet. Diese öffnete sich — Maria lag in seinen Armen. „Wir waren verlobt ohne die zustimmende oder ablehnende Antwort des Vormunds. Maria ist ein liebes, edles, selbstloses, hingegebenes Mädchen. Seitdem ich jetzt weiß, was sie alles durchgemacht hat, liebe und achte ich sie noch mehr als zuvor." Sie erzählten sich die Geschichte ihrer Unterdrückung und Verfolgung. Sie küßten sich, sie beteten und planten, sie küßten sich wieder und lachten, beteten ... „Ich war eben erst verlobt, als ich schon reich entschädigt war für die vielen Küsse, die ich in all den vergangenen Monaten hätte haben sollen." Sechs Stunden waren sie zusammengewesen, entdeckte Hudson, als sie sich endlich trennten.

Nach damaliger Sitte war ihr Vorgehen sehr ungebührlich. Doch war es sehr, sehr menschlich. Sie entschieden sich, ihr Geheimnis so lange zu wahren, bis Burella und John Burdon Ningpo verlassen und sich auf die Reise nach Shanghai begeben würden, außer es käme ein Brief von Mr. Tarn. Er kam nicht. Mr. und Mrs. Burdon reisten nach dem Norden. „Am Abend des 30. November gab ich im Einverständnis mit Maria Miss Aldersey unsere Verlobung bekannt. Sie sagte wenig, wohl aus Furcht vor sich selbst." Am nächsten Morgen erhielt Maria eine diktatorische Vorladung ihrer „Beschützerin", worauf Maria in einer in freundlichem Ton gehaltenen Ablehnung die Rechtmäßigkeit einer solchen Stellung bestritt. „Ich denke, Miss Aldersey wollte sie zu sich kommen lassen, um sie einzusperren oder irgend etwas in dieser Richtung zu unternehmen. Als Freundin wird Maria sie zwar aufsuchen, doch nicht ohne Begleitung."

Als Russell von der Jagd zurückkehrte und von den Vorfällen hörte, suchte er Taylor sofort auf. In kalter Entrüstung verlangte er eine Entschuldigung und eine Genugtuung für diesen „unerhörten, unverschämten Schritt und sein unverantwortliches Verhalten", eine Unterredung mit Miss Dyer zu erzwingen und Miss Aldersey einfach mitzuteilen, daß er und Miss Dyer sich als Verlobte betrachten. „Damit hatte er einer Dame wie Miss Aldersey nicht nur größte Mißachtung und Respektlosigkeit entgegengebracht, sondern auch bewiesen, daß er nicht über die gewöhnlichsten Anstandsformen verfüge."

Nachdem sich Hudson geweigert hatte, sich bei Russell zu entschuldigen, wandte sich dieser von ihm ab, schnitt ihn und machte Stimmung gegen ihn. Die Missionarsgemeinschaft spaltete sich in zwei Teile, nur weil zwei junge Menschen sich heiraten wollten. Keiner von beiden beteiligte sich an der Auseinandersetzung. Sie wünschten nur in Ruhe gelassen zu werden. Jede Partei vertrat ihre Ansicht aufs heftigste, so daß die Chinesen sich darüber wunderten, und endlich schlugen die Flammen des Streits in Angriff und Verteidigung so hoch, daß Gough, der Friedensstifter, Hudson am 9. Dezember vorschlug, um der Einigkeit willen ein Zugeständnis zu machen. Nachdem Hudson mit Maria darüber gesprochen hatte, setzte er am nächsten Tag einen Brief an Gough auf, den dieser nach Gutdünken verbreiten sollte. Er schrieb: „Unsere Verlobung und all unsere früheren Schritte waren echt, und wir rechnen mit Ihrem Verständnis dafür, daß dieser Brief in keiner Weise eine Entschuldigung oder ein Zugeständnis bedeutet. Er ist geschrieben aus dem einfachen Wunsch heraus, die Einheit des Leibes Christi zu fördern, und zwar auf Kosten unserer persönlichen Gefühle." Er willigte ein, Maria nicht mehr zu sehen, bis sie im Besitz einer Antwort von Tarn seien, außer im Falle ernster Krankheit oder politischer Unruhen.

Hudson unterzeichnete den Brief, aber sandte ihn nie ab. Am Morgen des 11. Dezember wurde ihm eine Notiz in die Hand geschoben: „Mein Geliebter, ich habe einen Brief von meiner Tante erhalten. Sie sagt darin, daß sie und mein Onkel ‚wahrhaftig nie etwas vernommen hätten, das sie veranlassen könnte, sich meinen Wünschen zu widersetzen'. Komm doch schnell! Deine Dir gehörende, Dich liebende Maria."

Mrs. Tarn riet Maria, sie solle warten, bis sie volljährig sei. „Du verstehst, wir sind nicht dagegen ... obgleich wir einige Einwände haben." Nach Weihnachten erreichte Hudson ein Brief von Tarn, der als körperlich Behinderter, der kaum fünf Minuten aufrecht in seinem Bett zu sitzen vermochte, Hilfssekretär der Traktatgesellschaft war. Dieser schrieb ihm, daß die Auskünfte, die er über ihn eingeholt habe, „so günstig lauteten, wie sie sich nur wünschen konnten, und ganz dazu angetan seien, die vorgeschlagene Vereinigung gutzuheißen". Jedoch war er mit seinem Austritt aus dem Chinesischen Evangelisationsverein nicht einverstanden. „In einzelnen Fällen mag ein Handeln im Glauben erlaubt sein, wie Mr. Müller in Bristol es für seine Waisenhäuser tat, doch im Blick auf den Unterhalt von Frau und Kindern ist es nicht gerechtfertigt." Er hatte aber die Zusage der Sekretäre dieser Gesellschaft, daß sie ihm wie bisher ihre Zuwendungen zu überweisen gedächten. Hudson wird dabei gelächelt haben. Der größte Teil des Briefinhalts befaßte sich mit der Bestimmung von Bevollmächtigten für

Marias kleinen jährlichen Erbschaftsanteil von vierzig bis fünfzig Pfund, „ein sehr kleiner, ungenügender Familienbeitrag … Es liegt nun bei Ihnen, zu vereinbaren, wie der halbjährliche Anteil Ihnen überwiesen werden soll."

An Mrs. Bausum schrieb Tarn unverblümt: „… und von verschiedenen Seiten haben wir sehr günstige Auskünfte über ihn erhalten. Wir fanden auch nichts in Miss Alderseys Brief, das uns davon abgehalten hätte, die Wünsche unserer lieben Maria gutzuheißen. So wie ich ihren Brief verstehe, wird darin einfach die ganze Art ihres Vorgehens verurteilt. In diesem Sinne habe ich Miss Aldersey geantwortet und ihren Mangel an Einsicht beanstandet. Ihr eigener Brief hat mich in meiner Auffassung bestärkt. Wir hoffen nun, daß Sie in allem, was Maria betrifft, sich ihrer in mütterlicher Weise annehmen werden …"

Hudson schrieb nach Hause: „Wir begrüßten die günstige Antwort mit unaussprechlicher Freude. Wir litten unter unserer Lage, wollten wir doch unter Gotteskindern keine Spaltungen haben." Jetzt durfte er ungehindert jeden Abend mit Maria zusammen sein. Wieder setzte er sich fröhlich über die alten viktorianischen Bräuche hinweg. „Immer saßen sie Hand in Hand, ohne sich darum zu kümmern, wer sich im Zimmer befand", schrieb Mrs. Bausums Tochter.

Ein Amerikaner namens John L. Nevius, der später durch seine Schriften über die chinesische Dämonenlehre bekannt wurde, erinnerte sich lebhaft des jungen Paares. Seine Frau berichtet darüber: „Als Taylor sich verliebte, verliebte er sich bis über die Ohren, doch war es keine oberflächliche oder flüchtige Leidenschaft. Und seine willensstarke, warmherzige Braut glich ihm darin. Mein Gatte war mit beiden befreundet, und oft gab er seinem Hang zu Neckereien auf ihre Kosten nach. Eines Abends beteiligten sich alle Missionare an einem Gesellschaftsspiel, wobei die Hände unter dem Tisch verborgen bleiben mußten. Jemand drückte unerwartet die Hand meines Gatten. Er erriet, daß jemand sich geirrt habe, und erwiderte darum den Händedruck kräftig, bis Marias Erröten und ihre tränennassen Augen ihm zeigten, daß der Spaß nicht weiter getrieben werden dürfe. Diese klugen, fröhlichen jungen Menschen ... wie oft wurde doch in jenen Tagen gelacht!"

Die wachsende Flut von Chinesen, die sich infolge des Vormarsches der Taipings nach Ningpo ergoß, fand bei Taylor und Jones ein sicheres Asyl. Andere Missionare verteilten in sorgfältiger Zuteilung Nahrungsmittel an die Armen. Taylor und Jones in ihrer ungehemmten Großzügigkeit lebten, wie einer sie kritisierte, von der Hand in den Mund. „Ja", ergänzte Taylor, „aus Gottes Hand in meinen Mund."

An einem Novembertag, als der Schrank beinahe leer war, kam die Postsendung eine Woche früher als erwartet an. Die beiden weinten beinahe vor Dankbarkeit, „als wir nicht nur unsere eigenen Bedürfnisse gedeckt sahen, sondern auch die der Witwen und Waisen, Blinden, Lahmen und Verlassenen". Taylor vermutete irrtümlicherweise, der Reichtum von Ihm, der die Raben versorgt, komme durch Mr. Berger.

Zwei Wochen vor der Hochzeit schmolz der Inhalt des Geldbeutels auf ein einziges Geldstück zusammen. Es konnte noch keine Post erwartet werden. Nach einem dürftigen Frühstück blieb nur noch die Aussicht auf eine Hungerzeit. „Wir konnten nur zu Ihm Zuflucht nehmen, der ein *wirklicher* Vater ist und der die Bedürfnisse Seiner Kinder nicht vergessen kann ... Wohl hätte man uns jeden Kredit gewährt, doch hätte dies nicht mit unsern Grundsätzen im Blick auf Schulden übereingestimmt." Sie brachten einem chinesischen Geschäftsmann eine Uhr. Dieser wollte sie kaufen, doch erst nachdem er sie eine Woche hindurch geprüft habe, ob sie auch richtig gehe. Sie brachten auch ihren tragbaren Ofen weg, um ihn als Alteisen in der auf dem andern Flußufer gelegenen Gießerei zu verkaufen, doch war die Pontonbrücke hinweggeschwemmt worden, und das Fährgeld hätte sie das Doppelte ihrer ganzen Barschaft gekostet.

Hungrig und entmutigt durchstöberten sie ihr Haus von oben bis unten, fanden auch ein Paket Kakao und kochten sich etwas davon. Sie lehnten das Angebot eines Darlehens von seiten ihres

Dieners ab und erklärten ihm: „Unser Vater wird uns nicht vergessen." „Obgleich dies Jones aus seinem Gottvertrauen heraus sagen konnte, wurde unser Glaube doch sehr auf die Probe gestellt. Wir begaben uns in sein Arbeitszimmer und ... weinten wahrhaftig vor dem Herrn in unserer Not." Noch lagen sie auf ihren Knien, als der Diener hereingerannt kam. „Lehrer, Lehrer! Hier habe ich Briefe!" Lange vor dem Zeitpunkt, da sie Post erwarten durften, brachte eine unerwartete Sendung eine Gabe von Mr. Berger.

An jenem Abend umschloß Hudson Marias Hand noch fester als gewöhnlich und sagte: „Ich darf dich nicht halten, wenn du dein Versprechen mir gegenüber zurückziehen möchtest. Du siehst, wie schwer unser Leben zuzeiten sein kann."

„Hast du vergessen, wie ich als Waise in einem fernen Lande lebte? Gott war all diese Jahre mein Vater. Meinst du, ich fürchte mich, Ihm jetzt zu vertrauen?" war Marias Antwort.

Russell und Miss Aldersey blieben weiter unversöhnlich. Russell sah in Hudson nichts anderes als einen nichtswürdigen Menschen. Am 27. Dezember schrieb Hudson ohne Marias Wissen einen sehr demütigen Brief an Russell und „bat ihn um Versöhnung und um Wiederherstellung der Gemeinschaft und gegenseitigen Liebe in Jesus Christus, die früher zwischen uns bestand".

Russell, der besser hätte beraten sein sollen, antwortete am 29. Dezember in einem zwölfseitigen Brief. Er schloß mit dem Begehren, Hudson müsse vor allen Beteiligten erscheinen, öffentlich widerrufen und sich damit einverstanden erklären, Miss Dyer drei Monate lang nicht zu sehen. Auch dürften sie sich in dieser Zeit nicht als Verlobte betrachten, denn diese Verlobung „erachte ich als null und nichtig vor dem Herrn".

Russell schnaubte beim Lesen der neunseitigen Antwort. Taylor vergab ihm voll und ganz, ohne eine Entschuldigung oder Genugtuung von ihm zu erwarten, und gab zu, daß er sich entschuldigen müßte, wenn er unrecht gehandelt oder Schaden angerichtet hätte. Doch sei er sich dessen nicht bewußt. Sechs Tage vor der Hochzeit schlug Russell eine Schlichtung des Streits durch drei Missionare vor. Taylor weigerte sich, deswegen die Hochzeit zu verschieben. Er erklärte sich aber damit einverstanden, daß, falls dies „der einzige Weg zur Schlichtung der unglücklichen Meinungsverschiedenheiten" sei, über ihn entschieden werde, ob er so viel Anlaß zum Anstoß gegeben habe, daß Russell damit die fortgesetzte Verweigerung der Freundschaft rechtfertigen könne. Er zweifelte allerdings daran, daß dies der beste Weg sei. Warum die Sache noch einmal aufgreifen? Er selbst hatte die persönliche Beleidigung und Kränkung vergeben. „Wenn ihr *denkt*, ich habe gefehlt, dann vergebt mir!"

Die Schiedsrichter setzten sich am 15. und 16. Januar zusammen. Sie tadelten Taylor in freundlichem Ton für sein Zusammensein mit Maria bei Knowltons, nannten es „unter den obwaltenden Umständen höchst unbesonnen und unschicklich", rügten Russell wegen des Gebrauchs von Ausdrücken, die die Gefühle Mr. Taylors verletzen mußten, weigerten sich aber, ein Urteil darüber abzugeben, ob der Streit die Chinesen oder die Ausbreitung des Evangeliums negativ beeinflußt hätte, und schlugen „gegenseitige Vergebung und die Rückkehr zu den üblichen Höflichkeitsformen der christlichen Gesellschaft" vor.

Daraufhin erklärte der spätere Bischof als offizieller Geistlicher der englischen Gemeinde, er werde die Trauung nicht vornehmen. Frederick Gough wollte es an seiner Statt tun. Der englische Konsul mußte jedoch anwesend sein und die Trauung für gültig erklären. Hudson Taylor erzählt im Gedenken an jene Tage: „Mr. Russell und Miss Aldersey brachten aber dann den Konsul dazu, Ningpo zu verlassen und auf die Jagd zu gehen. Sie hofften, unsere Angelegenheit dadurch zu verzögern." Auf diplomatische Weise suchte der Konsul beiden Teilen gerecht zu werden. Er ging wohl auf die Jagd, ließ aber die Heiratsurkunde unterzeichnet zurück und ernannte seinen Assistenten Robert Hart zu seinem Stellvertreter. Auch Russell schulterte sein Gewehr, um an der Hochzeit nicht teilnehmen zu müssen. Der Konsul verlangte keine Trauungsgebühren, weil Taylor ihm oft als Dolmetscher geholfen hatte. Das war auch gut so, denn durch seine Unterstützung der Hungernden waren seine Mittel so zusammengeschmolzen, daß er sich in einem einfachen Baumwollanzug trauen lassen mußte.

20. Januar 1858: „Wir hatten einen prächtigen Hochzeitstag. Die Sonne schien warm, und alle unsere Freunde schienen sich zu freuen über unser Glück. Achtzehn Gäste nahmen nach der Trauung mit uns am Essen teil. Zur Feier selbst kamen vierundzwanzig, unter diesen befanden sich auch die Offiziere des im Hafen liegenden Kriegsschiffes. Der amerikanische Konsul Dr. Bradley lieh mir freundlicherweise seinen Tragstuhl für diesen Anlaß. Es war der schönste in Ningpo, sogar der schönste, den ich je gesehen hatte. Und er sah noch schöner aus, als Mrs. Taylor darin Platz genommen hatte."

DER TRAUM VERBLASST

1858, 1859 bis hinein in das Jahr 1860 nahm die kleine Taylor-Gemeinde mit John Jones als Pastor und Marias kleiner Schule unverdrossen die Strapazen der Missionsarbeit in einer großen heidnischen Stadt inmitten unruhiger Zeiten auf sich und sammelte mit unendlicher Mühe und viel Gebet ein Häuflein Gläubige um sich.

Als eine unter anderen, dazu älteren und besser angelegten Unternehmungen war Taylors Gemeinde doch von großer Bedeutung dank den erprobten Grundsätzen, auf denen sie fußte und die weite Verbreitung fanden. Das betraf vor allem die Glaubensgrundlage: Ohne eine sichere finanzielle Grundlage außer Marias winzigem Einkommen konnte eine Mission aufrechterhalten werden, wenn auch sehr bescheiden. Ein weiterer Grundsatz bestand darin, nie bezahlte chinesische Gemeindehelfer einzustellen. Alle, die mitdienten, taten es freiwillig und aus den gleichen Beweggründen heraus wie die Missionare, die mit keinem bestimmten Gehalt rechnen konnten. Und schließlich ging es stets um das Suchen nach „dem *einen* Schaf"; die Taufe wurde erst vollzogen auf Grund unwiderlegbarer Beweise einer echten Bekehrung. Dadurch blieb wohl die Mitgliederzahl klein, aber das Risiko einer Vermischung mit „Reischristen" wurde vermieden. Doch kamen auch einmal Streitigkeiten vor, und Abtrünnige gab es ebenso wie zur Zeit der ersten apostolischen Gemeinden.

Bemerkenswert war der Einfluß Marias auf ihren Gatten. Sie hatte sich in religiöser Hinsicht günstiger entwickeln können und diente ihm zur Festigung seines Glaubens, während er diesen in ihr vertiefte. Sie stammte von Pioniermissionaren ab und hielt ihn nie von einem Dienst zurück. In schwachen Augenblicken wäre er einst um Elisabeth Sissons' willen bereit gewesen, das bequemere Leben eines herkömmlichen Missionars zu wählen, und dabei in ständigem Kampf mit sich selbst geblieben. Maria mäßigte ihn, ohne seinen Eifer zu dämpfen. Sie war auch größtenteils ausschlaggebend für seinen gesunden Menschenverstand und sein ausgeglichenes Wesen, das Taylor auf der Höhe seiner Kraft charakterisierte. Sie brachte ihn dazu, sich Ferien zu gönnen. Unter dem Einfluß ihres quecksilbrigen, fröhlichen Temperaments verlor er seine melancholischen Stimmungen. Er konnte alles mit ihr besprechen und vergaß dabei, seinem Hang zur Selbstbeschaulichkeit nachzugeben. Er wurde bestimmter im Auftreten und wuchs innerlich. Hudson Taylor war mit achtundzwanzig Jahren so offen und geradeheraus wie als 22- oder 23jähriger, doch blieb er nicht länger in einer Art Verteidigungsstellung, war aber auch kein Besserwisser.

Ihr leidenschaftliches Wesen ergänzte sein warmherziges Verlangen, zu lieben und geliebt zu werden. Sie ging voll und ganz auf ihn ein, förderte und nährte ihre Zuneigung, so daß der Reichtum ihrer gegenseitigen Liebe überströmte auf Chinesen und Europäer und alle, die mit ihnen zusammenkamen.

Während Hudson mit einem feineren Intellekt ausgestattet war, besaß Maria eine sorgfältigere Ausbildung. Sie verbesserte seinen schwerfälligen Schreibstil und lehrte ihn, sich in gutem Englisch auszudrücken, doch heilte sie ihn nie ganz von seinem Hang zum Übertreiben. Sie verbesserte seine Griechisch-Kenntnisse und berichtigte seinen Ningpo-Dialekt. Auch gelang es ihr, jede Spur seines Yorkshire-Akzents auszumerzen, so daß in späteren Jahren niemand etwas davon merkte.

Maria war eine geborene Dame, und damals legte man viel Wert auf eine gute Erziehung. Taylor war trotz seines natürlichen Anstands unbeholfen. Unmerklich verfeinerte sie ihn. Wenn er in Zukunft Gesellschaftskreise besuchte, in denen sich sein Vater schüchtern und linkisch benommen hätte, bewegte sich der Sohn mit angemessener Leichtigkeit.

Unzweifelhaft war die treibende Kraft in ihrer Ehe eine ungeschmälerte Treue zu ihrer Berufung. Doch hätte Taylor ohne Maria nie sein Lebenswerk beginnen können.

Im Februar 1859, noch ehe ihr erstes Ehejahr zu Ende gegangen war, erkrankte Maria im dritten Monat einer Schwangerschaft ernstlich. Dr. Parker verließ Taylor nur widerwillig, und dieser mußte zusehen, wie das Leben Marias in ihrer Wohnung über der Predigthalle, seinem alten, zurechtgemachten Heim, langsam verfiel.

Während sich alle Ningpomissionare zur gewohnten wöchentlichen Gebetstunde zusammenfanden (waren sie doch sehr gern auf seinen dringenden Wunsch nach gemeinsamem Gebet eingegangen), dachte Hudson am Krankenbett an ein bisher unerprobtes Mittel. Aber er wagte es nicht anzuwenden, ehe er Dr. Parker in seinem zwei Meilen entfernt gelegenen Spital konsultiert hatte. Durfte er aber Maria verlassen? „Es war ein Augenblick äußerster Seelenangst. Die eingefallenen Schläfen, die tief in den Höhlen liegenden Augen und die abgezehrten Züge kündigten den nahen Tod an." Noch ein letzter Blick, dann eilte er durch die Straßen. „Als ich auf meinem Weg mit Gott rang, wurden meiner Seele die kostbaren Worte geschenkt: ‚Rufe mich an in der Not, so will ich dich erretten, so sollst du mich preisen.‘ Ich konnte sie sofort gläubig beten, und darauf empfand ich tiefen, unaussprechlichen Frieden und eine tiefe Freude. Dr. Parker hieß die Anwendung der von mir vorgeschlagenen Mittel gut. Nach Hause zurückgekehrt, sah ich auf den ersten Blick, daß die gewünschte Veränderung ohne irgendein Heilmittel eingetreten war. Der abgehärmte Ausdruck des Gesichts hatte sich in einem ruhigen Schlummer geglättet, und kein ungünstiges Symptom hielt von da an die Genesung auf."

Am 31. Juli wurde ihr erstes Kind, Grace, geboren. Im Hause war es unerträglich heiß, und die fremdenfeindlichen Gefühle wurden so stark, daß viele Europäer die Eingeborenenstadt verließen. Taylors befestigten an ihrem Fensterrahmen ein Seil und vertäuten ein Boot im Fluß, das ihnen im Ernstfall zur Flucht verhelfen sollte.

Einen Monat später starb Dr. Parkers Frau ganz plötzlich. Dadurch war er gezwungen, die Kinder nach Schottland zurückzubringen. Sein Spital mit dreißig Freibetten und dreißig zahlenden Patienten, die sich einer Opiumkur unterzogen, wurde von den Ausländern und Chinesen in Ningpo sehr geschätzt, da sich hier kein anderer qualifizierter Arzt befand. Weil er die ärztliche Mission aus den Gaben der Europäer finanzierte, schloß er das Spital bis zu seiner Rückkehr. Die Apotheke bot er dem dafür ungeeigneten Taylor an.

Dieser nahm nicht sofort an, „bis ich mich gedrungen fühlte, nicht nur die Arbeit in der Apotheke zu übernehmen, sondern auch die des Spitals, wobei ich mich auf die Treue eines Gebete erhörenden Gottes berief zur Darreichung der notwendigen Mittel". Parker ließ Geld zur Deckung der Auslagen und der Löhne an die chinesischen Helfer für den laufenden Monat zurück, aber auch nicht mehr. Als das Personal vernahm, daß kein Lohn weiter garantiert werden könne, zog es sich zurück. Taylor weihte die Glieder der kleinen Gemeinde in die Verhältnisse ein. Einige erklärten sich bereit zur Hilfe und wollten sich wie er selbst ganz auf den Herrn verlassen. Maria übernahm die Leitung, Taylor die ärztliche Oberaufsicht, nahm sogar Amputationen vor, die als Antwort auf viele Gebete auch erfolgreich verliefen. Durch die Predigt und persönliche Gespräche wurden viele von der Wahrheit des Evangeliums überzeugt. Aber die Vorräte schwanden schnell dahin.

Das Schicksal des Spitals wurde auf dem Markt und in den Missionshäusern besprochen. Sogar Taylors hingegebene Helfer sahen schwarz. Der Koch griff nach seinem letzten Sack Reis. Er nahm daraus eine Tagesration. Sie wurde aufgegessen. Es wurde die nächste ausgemessen. Auch diese war schnell aufgebraucht. Und schon war der große Sack beinahe leer.

Taylor kannte den Preis: sein gläubiges Vertrauen auf göttliche Verheißungen, das Bauen auf die göttliche Versorgung, Weisheit, Prüfung der Umstände. Die Freunde in England konnten noch nichts gehört haben von seiner zusätzlichen Verantwortung.

Die Post kam. Vor Taylor lag ein Brief, der die bekannte Handschrift Bergers trug. Inhalt: fünfzig Pfund und ein Brief, der seinen Glauben vollkommen rechtfertigte, daß er mit der Übernahme der Spitalleitung nicht eigenwillig gehandelt hatte. Berger schrieb vom Sterben seines Vaters, und wie er jetzt noch mehr Mittel zur Verfügung habe, die er jedoch nicht für sich gebrauchen wolle. Darum lege er die fünfzig Pfund bei. Er erkundigte sich auch, ob fernerhin Geld benötigt werde. Als Taylor neun Monate später in die Heimat zurückkehrte, „konnte ich mehr Mittel für das Spital zurücklassen, als mir bei der Übernahme zur Verfügung standen".

Dies war eine Arbeit, so wie Hudson sie zur Vervollkommnung seiner Vorbereitung brauchte: ermüdend, befriedigend und entbehrungsreich.

Der im Jahre 1858 unterzeichnete Vertrag von Tientsin, der aber erst 1860 rechtskräftig wurde, gab den Missionaren das gesetzliche Recht zum Bereisen des ganzen Kaiserreichs. Die Freude über die Möglichkeit eines Eindringens in das Innere des Landes konnte in Mr. und Mrs. Taylor nur Gefühle des Bedauerns wecken, denn die Ansprüche der kleinen Gemeinde und des Spitals banden sie vorläufig noch an Ningpo.

MIT WENIG GELD IN EINER SEITENSTRASSE

An einem nebligen Novembermorgen des Jahres 1860 begaben sich zwei Chinesen und eine Chinesin in ihren heimatlichen Gewändern vom Bahnhof zur Westbourne Grove Nr. 63, wo Amalia und Benjamin Broomhall wohnten. Die wenigen Londoner, die in dieser frühen Morgenstunde unterwegs waren, schauten der seltsamen Gruppe erstaunt nach. Der eine Chinese, ein stattlicher Mann mit langem Zopf und ausgeprägten Schlitzaugen, trug ein etwa fünfzehn Monate altes Mädchen, das in englischen Kinderkleidchen steckte. Den beiden folgte eine hochgewachsene junge Frau. Der Polizist, der die Gruppe neugierig musterte, schrie dem Milchmann ungeniert zu (denn Chinesen verstehen ja kein Wort Englisch): „Die beiden sind wohl Mann und Frau, und der unscheinbare Bursche dahinten wird ihr Freund sein." Er bemerkte nicht, wie um die graublauen Augen des einen „Chinesen" ein Lächeln zuckte.

Die Arbeit im Spital von Ningpo hatte Hudson Taylors Gesundheit so angegriffen, daß es im Sommer 1860 für ihn nur zwei Möglichkeiten gab: den sicheren Tod oder die lange, beschwerliche Reise nach England. Im August schifften sich Hudson, Maria und Grace auf der „Jubilee" ein. Außer Mrs. Jones, der Frau des Kapitäns und einer Irren waren sie die einzigen Passagiere. „Anfangs war die Geisteskranke sehr unruhig, aber jetzt stört sie uns weniger."

Der Anfang der Seereise war schrecklich. Taylors Brustschmerzen wechselten ab mit starkem Durchfall. Langsam besserte sich sein Zustand, doch bald darauf erkrankte Maria an einer akuten Magen-Darm-Entzündung. Sie hatten Wang Laedjun, einen chinesischen Christen, bei sich. Wang war ein Maler. Er hatte den Weg zu Jesus gefunden, als er beim Streichen einer Zimmerdecke ein Gespräch zwischen der aufgebrachten Frau eines Mandarins und einem Korbmacher mitangehört hatte. Der Handwerker hatte, weil er an Jesus glaubte, es höflich und bestimmt abgelehnt, Weihrauchkörbe herzustellen, die zur Götzenverehrung dienen sollten. Maler Wang hatte sich nun bereit erklärt, seine Familie in China zurückzulassen und Taylors auf ihrer beschwerlichen Fahrt zu begleiten. „Er ist uns unentbehrlich. Tagsüber besorgt er unser Kind. Ohne ihn wüßte ich mir nicht zu helfen." Die Fahrt auf der „Jubilee" wurde zum Alpdruck. Taylors hatten von Anfang an den allzu frommen Worten des Kapitäns mißtraut. Während eines Zwischenaufenthalts in Ostindien weigerte sich Hudson, ihm an einem Sonntag bei einem Handel als Übersetzer zu dienen. „Das versetzte ihn in maßlose Wut. Nichts vermochte seinen Ärger und Groll zu beseitigen, und während der nächsten drei Monate tat er alles, um mich zu quälen."

Als Maria im Indischen Ozean schwer unter der Seekrankheit litt, verbot der Kapitän, ihr Krankenkost zu geben. Er erlaubte weder Petroleum- noch Kerzenlicht in Marias Kabine. Hudson zerriß Hefte und verbrannte einen Papierstreifen nach dem andern unter einer Blechtasse, um ihr ein paar Löffel Pfeilwurzmehl zu kochen. „Dies war der einzige Weg, um sie am Leben zu erhalten." In der Tafelbucht war Maria so schwach, daß Hudson glaubte, sie müsse sterben, wenn man sie nicht an Land bringen könne. Er bat den Kapitän, zu landen — umsonst! „Ich war der Verzweiflung nahe und konnte nur noch zu Gott schreien." Langsam kehrten Marias Kräfte zurück, und beinahe gesund konnten sie in England an Land gehen.

Der Kapitän war ein brutaler Mensch. Die Geisteskranke war in Ketten gelegt, und der Kapitän schlug mit einer Hundepeitsche unbarmherzig auf sie wie auf seine Frau ein. Seine Frau hatte Angst vor ihm, und doch schien sie ihn irgendwie zu lieben. „Er grollte mir unaufhörlich, obschon ich mir alle Mühe gab, mich mit ihm zu versöhnen."

Amalia kleidete Maria in ihren längsten schwarzen Seidenrock, bis der Schneider ihr passende Jacken und Krinolinen angefertigt hatte. Hudson fühlte sich fremd in den europäischen Kleidern. Er ließ sich einen Backenbart wachsen, und es dauerte auch nicht lange, bis sein blondes, lockiges Haar sich wieder wie früher um seine Stirn legte. Über Weihnachten fuhren sie alle nach Barnsley. Jedermann liebte Maria. Als jemand aus der Verwandtschaft vorschlug, man sollte eine Operation vornehmen, um Marias Schielen zu korrigieren, wehrte Hudson unwillig ab. „Ich liebe sie. Ich liebe sie, so wie sie ist. Ich möchte nie etwas an ihr verändert haben."

Hudson und Maria lebten bis nach der Geburt ihres ersten Sohnes Herbert im April 1861 bei der Familie Broomhall in Bayswater. Benjamin Broomhall war Mitinhaber eines Tuchgeschäfts. Er war ein freundlicher, frommer Mann, vielleicht etwas unzuverlässig in Geldsachen. Seine Frau Amalia hatte mit ihrer großen Kinderschar vollauf zu tun. Hudsons und Marias Hinweise darauf, daß China sie rufe, nahmen weder Benjamin noch Amalia ernst. Aber Benjamin leistete von der Heimat aus wertvolle Dienste.

Taylor wartete ungeduldig darauf, nach China zurückkehren zu können. „Mein Geist lebt unter den Chinesen, obschon ich körperlich abwesend bin." Er betrachtete den Zusammenbruch seiner Gesundheit als „großes Unglück ... und die Sorge wächst, wenn ärztliche Berichte mir versichern, daß an eine Rückkehr nach China auf Jahre hinaus nicht zu denken sei".

Noch in Ningpo hatte er offene Türen für das Evangelium in der Provinz Chekiang gesehen und damals an seine Eltern geschrieben: „Kennt Ihr gläubige junge Männer, die sich danach sehnen, Gott in China zu dienen, und die bereit wären, hier unter harten Bedingungen zu arbeiten?"

Er dachte vorerst an fünf Männer und glaubte Leute brauchen zu können „aus sozialen Schichten, die andere Missionsgesellschaften als zu niedrig erachten". In England begann er sich sofort nach Kandidaten umzusehen. Zwei Männer aus Barnsley waren interessiert. Einer von ihnen, James Meadows, ein Handwerker, meldete sich als Kandidat. Weitere Antworten auf den Ruf des 29jährigen, unbekannten Hudson Taylor kamen nicht. „Die Kirche schläft. Lehnstühle, Sofas und Behaglichkeit haben mehr Anziehungskraft als verlorene Seelen. Chinesen sind ohnehin ‚Halbwilde'." England erlebte eine Blütezeit, der Krieg mit Rußland war vergessen, Handel und Wohlstand nahmen zu.

Ferne Länder interessierten die Briten nur als mögliche Absatzgebiete für ihre Produkte. Die Kirchen waren voll, denn die Religion stand hoch im Kurs. Die ersten Angriffe der Wissenschaft auf die Kirchen waren nicht weit über Oxford hinausgekommen. Jedes Interesse, das über die eigene Insel hinausging, war von Afrika gefangengenommen; denn Livingstone hatte im Vorjahr auf einem kurzen Urlaub Großbritannien bereist. Im Jahr 1859 begann sich eine geistliche Erweckung abzuzeichnen. Sie war noch nicht reif für Taylors Werk und Taylor selbst noch nicht voll zubereitet.

Müde und enttäuscht und sich nach Gesundheit sehnend („Ich fühlte mich schwach und elend, ja ich verbrachte einen großen Teil der vergangenen Woche im Bett"), fand Taylor neben seiner Familie einen treuen Freund: William Berger. Taylors waren jederzeit auf Bergers Gut Sainthill bei Grinstead in Sussex willkommen.

Berger war der Inhaber der bekannten „Bergers Reisstärke"-Fabriken. Verhältnismäßig früh hatte er sich vom Geschäft ins Privatleben zurückgezogen, doch nach einigen Jahren begann er wieder zu arbeiten, um mehr Geld für die Mission zur Verfügung zu haben. Ein junger Schotte beschrieb Berger: „Er war ein großer, hagerer Mann mit klarem, entschlossenem Wesen, lebhaft, vielleicht etwas zu ernst, aber der Grund seines Wesens war Liebe und Güte. Ein Mann des Gebets, der in Gemeinschaft mit Gott lebte. Seine Frau war ihm ebenbürtig: eine kleine, schlanke Person, die Liebe und Güte ausstrahlte. Sie tat alles auf eine so ruhige Art, daß man es kaum merkte. Und sie wußte um die Macht des Gebets." Berger war als Anglikaner aufgewachsen. Als junger Mann hatte er ein aufsehenerregendes Erlebnis. Seine Nichte berichtet darüber: „Eine junge Dame sprach mit ihm bei einer Abendgesellschaft über die Freude des Glaubens. Noch am selben Abend nahm er den Herrn Jesus Christus an. Er verbarg sich hinter der Wohnzimmertür, weil in seinen Augen Tränen der Dankbarkeit standen. Bald darauf ging er mit seinen Brüdern zum anglikanischen Pfarrer und Domherrn Griffiths, und sie berichteten ihm von ihrer Bekehrung. Dieser

wollte nichts davon wissen und schickte sie weg. So verließ
Berger die anglikanische Kirche. Er schloß sich zuerst den Methodisten und später den Plymouth-Brüdern an. Doch für die eng-
herzige Art einiger ihrer Mitglieder hatte er wenig Verständnis.
Überhaupt schien es ihm unwichtig zu sein, zu welcher Kirche
ein Christ gehörte. Hudson Taylor war nun der Baptistenkirche
beigetreten und gehörte ihr bis zum Ende seines Lebens an.
Damit verlor die Kritik, er wandere von einer Kirche zur andern, ihren Grund.

Mit Ausnahme eines einzigen Falles verfocht Taylor niemals
Denominationsprinzipien. Er erkannte jeden als Mitarbeiter an,
dessen Herz Jesus gehörte. In William Berger fand Hudson
einen zweiten Vater. Trotz gegenseitiger Liebe und Zuneigung
hatte ihm sein eigener Vater, James Taylor, nie sehr nahege-
standen. Mit zunehmendem Alter verengte sich James' Horizont,
seine Schüchternheit nahm zu, und sein Geist wurde unbeweg-
licher. Dies vergrößerte die Distanz zwischen Vater und Sohn.
In den wachsenden Schwierigkeiten der kommenden Jahre war
William Berger Hudsons Berater bei vielen Entscheidungen.

Als Taylor die Unmöglichkeit einer raschen Rückkehr nach
China eingesehen hatte, beschloß er auf Rat des Londoner
Spitals den dortigen Apotheker- und Geburtshilfekurs zu ab-
solvieren und sich gleichzeitig auf das Arztdiplom vorzubereiten. „Es kostet mich viel, neun Monate in London zu studieren,
anstatt meine Freunde in allen Teilen Englands zu besuchen."
Kurz nach Herberts Geburt zogen Taylors in ein kleines Haus
an der Beaumont Street im Osten Londons. Von dort war für
Hudson der Weg zum Spital nicht weit. Obschon die ärmlichen
Nachbarhäuser alle von rauhen Arbeitern bewohnt waren und
Taylors selbst ihre Räume nur ärmlich ausstatten konnten, richteten sie sich mit ihren Kindern und dem chinesischen Koch gemütlich ein. Marias Harmonium erklang jeden Tag. Sie hatten
ein junges Kindermädchen und auch eine Putzfrau angestellt.
(In jener Zeit war Hilfe im Haushalt billig zu haben, und niemals hätte eine „Lady", selbst eine so anspruchslose wie Maria,
selber die Treppen gefegt.)

Vorlesungen und die Arbeit im Spital nahmen Taylors Kräfte stark in Anspruch. Am 10. Mai 1862 begleitete ihn Maria zu seinem Examen. Sie wartete in einem kleinen Restaurant, während er sich für die Prüfung am „Royal College of Surgeons" eintragen ließ. Maria hörte Hudson dann in jenem kleinen Restaurant zwei Stunden lang ab. Darauf begab er sich ins Examen. Maria blieb betend im Restaurant zurück. Die Prüfungszettel wurden ausgeteilt. Taylor fand keine einzige Frage, die er hätte beantworten können; sein Kopf war vollkommen leer. Er flehte zu Gott: „Herr, ich bin bereit durchzufallen, wenn es dein Wille ist! Es ist deine Sache!" Dann ging er die Fragen nochmals durch und fand ein passendes Thema. Er schrieb eine gute Arbeit. Vier Tage später, beim nächsten Examen, erging es ihm ähnlich. „Ich bin nervös und fühle mich nicht wohl." Die Fragen waren zum Teil schwierig, aber er bestand auch diese Prüfung. Im Juli machte er sein Diplom und im Oktober die Prüfung in Geburtshilfe. Und nun war er ein M. R. C. S., L. M.

James Meadows, der Missionskandidat aus Barnsley, lebte während einiger Monate in der Familie Taylor, um sich auf seine Ausreise vorzubereiten. „Er macht uns viel Freude und kommt gut voran." Im Januar 1862 reiste er mit seiner jungen Frau auf Bergers Kosten nach Ningpo. Er wurde auf sein eigenes Verlangen hin in der dortigen britischen Gemeinschaft einfach als Bibellehrer eingeführt. Meadows schildert den nun fast dreißigjährigen Taylor folgendermaßen: „Sein starker, ruhiger Glaube an die Verheißungen der Heiligen Schrift und sein selbstverständliches Vertrauen auf Gott machten mich willig, mich in alles zu fügen, was er mir vorschlug." Auch Taylors vertrauten Meadows völlig. „Kein anderer stimmte mit uns so vollkommen überein und war so liebevoll und treu wie er." Hudson war entschlossen, alles zu tun, um zu verhindern, daß je ein ihm unterstellter Missionar so unter schlechter Organisation zu leiden hätte, wie er selbst es in den ersten Jahren in China mit dem Evangelisationsverein erlebt hatte.

Hudson Taylor sprach viel und konnte sich gut ausdrücken; doch jeder, der ihn kannte, hatte den Eindruck, daß er ein Mann des Gebets war. „Es gibt nichts, das zu unbedeutend wäre, um es vor unseren Vater zu bringen", pflegte er zu sagen. In der viktorianischen Zeit neigten besonders Gemeinschaftsleute zu wortreichen Gebeten, und manchem flossen fromme Worte nur allzuleicht über die Lippen. Kapitän Jones von der „Jubilee" war ein Beispiel dafür. Doch für Hudson und Maria war das Gebet immer und überall das Gespräch des Kindes mit dem himmlischen Vater.

Meadows, der selbst aus einfachen Verhältnissen stammte, war erstaunt über die Bescheidenheit des Taylorschen Haushalts. „Sie übten Selbstverleugnung auf ganz natürliche Weise, ohne Aufsehen zu erregen. Sie schienen es eher als Vorrecht denn als Opfer anzusehen." Sie wußten nie, wann und woher Gaben zu ihrem Unterhalt kommen würden. Hudson schreibt darüber in sein Tagebuch: „Ich kam heute abend heim und sagte zu meiner Frau, wie gut es sei, sich durch unsere alte chinesische Schriftrolle an ‚Jehovah Jireh' erinnern zu lassen. Abends acht Uhr erhielt ich von Mr. Berger zwanzig Pfund für unsern eigenen Gebrauch. Der Herr sei gelobt!" Zwölf Tage später heißt es: „Erhielt heute morgen zehn Pfund von Mr. Müller. Antwort auf unsere Gebete!" Und im Sommer 1863: „Wir hätten Erholung nötig. Doch das Geld fehlt uns für einen Urlaub. Wir beteten darum und erhielten von Miss Stacey fünf Pfund, von Mr. Gough fünf Pfund und von Vater auch noch zwei Pfund."

Oft war fast kein Geld mehr da. Taylor hätte sich Geld borgen können, aber das hätte gegen seine Grundsätze verstoßen. Auch seinen Freunden konnte er seine Notlage nicht mitteilen. So heißt es in Hudsons Tagebuch: „Es ist fast kein Geld mehr da. Ich bezahlte am Montag Lebensmittel und Löhne. Es ging kein Geld ein. Dafür kamen langerwartete Gäste: zwei Frauen und zwei Kinder. Dadurch wurde die Lage noch mißlicher. Am Sonntag gab ich meine übliche Kirchenkollekte im Glauben und im festen Wissen, daß dies Geld Gott gehört. Nun hatten wir nichts mehr außer ein paar Pfennigen und den Lebensmitteln, die bereits im Haus waren. Am folgenden Tag kam die Schwester eines unserer Gäste zu Besuch. Sie brachte aus dem heimatlichen Bauernhof in Buckinghamshire eine Gans, zwei Enten, ein Huhn usw. mit." Am kommenden Tag bekamen Taylors eine unbedeutende Geldsumme, weil einer ihrer Gäste Briefmarken brauchte und Hudsons Vorrat kaufte. Bis zum Donnerstag mußten sie die Spannung aushalten.

Längere Geldverlegenheiten machten Taylor unsicher, bis es ihm klar wurde, daß, wenn Gott verspricht, für alles Notwendige zu sorgen, „die Prüfung des Glaubens von Gott kommt und Er auch Hilfe schafft". Diese Jahre in England brachten schwerere Prüfungen als alle folgenden in China. Dreißig Jahre später äußerte Taylor im Gespräch: „Normalerweise werden Gebete erhört, und Gaben treffen ein. Doch wenn Gott uns warten läßt, ist der geistliche Segen, der daraus erwächst, viel kostbarer als die Befreiung aus der Not."

Noch im hohen Alter erzählte er gern folgende Geschichte: „Ich kehrte einen Tag, bevor unser Hauszins fällig war, von meinen Ferien von Barnsley zurück. Ich öffnete meinen Schrank, in dem ich eine Anzahl Sovereigns (Goldstück mit dem Bild des Königs) bereitgelegt hatte. Beim Nachzählen stellte ich fest, daß ein Stück fehlte. Nur zu gut konnte ich mir die sarkastischen Worte des rauhbeinigen Hausbesitzers vorstellen. Maria und ich verbrachten einen großen Teil der Nacht auf unseren Knien. Am Morgen ging kein Geld ein, aber auch der Hausbesitzer erschien nicht. Ich nahm allen meinen Mut zusammen und wartete auf den unangenehmen Besuch; er erschien aber bis zum Abend nicht. Endlich am nächsten Morgen stand er vor der Tür, er entschuldigte sich ungewöhnlich leutselig für seine Verspätung: Eigentlich sei es ihm unerklärlich, er hätte wohl zu viel Arbeit gehabt ... Aber ich kann es Ihnen erklären, rief ich fröhlich: Ich bekam heute mit der Morgenpost einen Sovereign!"

Sicher hat Hudson, nachdem der Hausbesitzer gegangen war, eins seiner Kinder genommen und es vor Freude emporgehoben. Seine Kinder liebte er ja leidenschaftlich. Nach Grace und Bertie waren Taylors im Jahr 1862 Freddie (Howard) und 1864 Samuel geschenkt worden. In diesen schweren Jahren, als Taylors Verantwortung wuchs, sein Blick klarer und Gottes Ruf immer dringlicher wurde, schenkten ihm seine Kinder die so nötige Entspannung. Ihnen zuliebe legte er seine Bücher zur Seite, um mit ihnen ausgelassen in der Stube umherzutollen und aus vollem Hals zu singen.

Die Ausbildungszeit im Spital war streng genug für einen Mann mit schwacher Gesundheit. Doch Taylor übernahm eine weitere Verpflichtung: die Überarbeitung des Neuen Testaments im Ningpodialekt. Die vorhandene Übersetzung wurde allgemein als schlecht angesehen. Zudem war sie in Begriffszeichen abgefaßt und darum nur den Gebildeten zugänglich. Die Schriftzeichen standen in keinerlei Beziehung zu den Lauten der gesprochenen Ningposprache. Taylor wollte nun eine phonetische Schrift mit lateinischen Buchstaben benutzen, damit auch ungebildete Chinesen die Bibel in kurzer Zeit lesen lernten. Lae-djun war auch darum nach England gekommen, damit er Taylor bei der Übersetzung helfen konnte. Die Britische und Ausländische Bibelgesellschaft erklärte sich bereit, die Neuausgabe zu drucken. Die Kirchen-Missionsgesellschaft beurlaubte Frederick Gough, einen Freund Hudsons, damit er seine Griechisch- und Ningpo-Chinesisch-Kenntnisse in den Dienst der Übersetzung stellen konnte. Gough brachte seine kranke Frau von China mit; sie starb wenige Tage nach der Ankunft in England. Nach Beendigung der medizinischen Studien wurde die Arbeit am Ningpo-Testament Taylors Hauptaufgabe. Er arbeitete täglich viele Stunden daran. Maria half mit, und Lae-djun blieb fast zwei Jahre länger in England, als vorgesehen war. „Übersetzung dreizehneinhalb Stunden", steht im Tagebuch am 25. April 1863. „Mehrere Antworten auf Gebete. Mr. Gough begann heute vormittag erst um 11.30 Uhr. Ich ärgerte mich darüber. Aber Gott half mir." Mr. Gough hatte orientalische Zeitbegriffe, er war der ältere, und darum konnte ihm Hudson nicht befehlen.

Nach dem Vertrag mit der Bibelgesellschaft mußte der Entwurf der Übersetzung Russell vorgelegt werden. Er war im Sommer 1863 nach England gekommen und galt als Fachmann für Ningpo-Chinesisch. Russell hatte sich mit Taylor noch nicht ausgesöhnt. Anfang September erhielt Hudson von ihm folgende Kritik: „1. Die Ningpo-Übersetzung ist fehlerhaft. 2. Die Bearbeitung ist ein völliger Fehlschlag. 3. Russell muß unter diesen Umständen von einer Mitarbeit absehen." Ferner schrieb er, Taylor ersetze in seiner Bearbeitung alte Fehler durch neue. Er würde je eher, desto besser mit seiner Arbeit aufhören. Russell empfahl der Missionsgesellschaft, Taylors Arbeit nicht länger zu unterstützen, und versuchte, die Britische Bibelgesellschaft zu der gleichen Maßnahme zu bewegen. Auch Mr. Gough erhielt von Mr. Russell einen sehr unhöflichen Brief voller persönlicher Angriffe. „Ich fürchte, daß Mr. Gough, der diesen groben Angriffen nicht standhalten kann, die Arbeit aufgibt. So bleibt menschlich gesprochen wenig Hoffnung auf Hilfe ..." Doch ganz unerwartet stellten sich die beiden Gesellschaften auf Taylors Seite.

Unterdessen war Mrs. John Jones nach England zurückgekehrt. Ihr Gatte war während der Seereise gestorben. Nach einiger Zeit schlossen die beiden treuen Freunde Taylors, Mr. Gough und Mrs. Jones, den Bund der Ehe.

Die Arbeit an der Bibelübersetzung erforderte genaues Studium des Urtextes, intensives Fragen nach dem Sinn der einzelnen Abschnitte und sorgfältiges Vergleichen verschiedener Schriftstellen. Dies alles war eine ausgezeichnete Vorbereitung für die Zukunft eines Mannes, der überzeugt war, die göttliche Wahrheit zu vertreten. „Ich habe mit der Bibel gearbeitet wie mit meinen medizinischen Lehrbüchern." Ein Lehrbuch beschreibt Tatsachen und Experimente, durch welche die Tatsachen geprüft werden können. „Es war mein Vorrecht, gerade in dieser Weise das Wort Gottes zu lesen, zu glauben, was es aussagt, und seine Aussagen der praktischen Prüfung zu unterziehen."

Eine der Aussagen des göttlichen Lehrbuches wollte er sofort nachprüfen. „Bittet den Herrn der Ernte, daß er Arbeiter in seine Ernte sende!" Taylor war überzeugt, daß die göttliche Methode, Missionare zu rufen, nicht in „geschickten Appellen um Hilfe liegt, sondern im *ernstlichen Gebet zu Gott* und in der Vertiefung des geistlichen Lebens der Gemeinde, so daß Menschen einfach nicht länger daheim bleiben können".

Im Jahre 1863, im Alter von einunddreißig Jahren, begann Hudson Taylor um Missionare zu beten. Er hatte wohl kaum die Antwort erwartet, die Gott ihm gab.

AM STRAND VON BRIGHTON

Ein mächtige Landkarte von China hing an der Wand des kleinen Studierzimmers an der Beaumont Street. Ningpo war auf der rechten Seite als winziger Punkt eingezeichnet.

Fünf Jahre lang hatte Ningpo Taylors ganze Kraft beansprucht und seinen Traum, die Evangelisation Chinas, fast ausgelöscht. Je länger er nun die riesige Karte betrachtete, desto mehr trat Ningpo zurück. „Täglich habe ich das ganze Land auf dieser Karte vor mir. Ich sehe die weiten Gebiete des Inlands genauso nahe wie die kleinen Bezirke, in denen ich gearbeitet habe. Ich denke aber nicht nur an Ningpo, Chekiang, Shanghai, Kiangsu oder die fünf andern Provinzen, die mit einer Ausnahme alle an der Küste liegen, wo bereits einige wenige Missionare gedient haben, deren Zahl aber beständig abnahm, weil die Amerikaner wegen des Bürgerkrieges entweder heimgekehrt waren oder daheim zurückgehalten wurden, sondern ich denke vor allem an Kiangsi, Honan, Hunan und all die unerreichten Provinzen des Inlandes."

Im Geist sah er dieses Reich, „seine weite Ausdehnung, seine große Einwohnerzahl, seine geistliche Bedürftigkeit und überwältigende Not". Vierhundert Millionen Menschen, so hoch belief sich die Schätzung des Westens, und bis auf ein paar Tausend kannten sie den Namen Jesu nicht. Dies alles lag als eine schwere Last auf ihm, die Last wurde immer drückender. „Oft war es mir nur noch im Gebet möglich, mein belastetes Herz zu erleichtern."

Gough trug an dieser Last mit. Taylor drängte darauf, etwas zu unternehmen. So nahm der stille, treue Mr. Gough seinen impulsiven jungen Freund auf eine Reise zu den Sekretären verschiedener Missionsgesellschaften mit, um ihnen die dringende

Not des Innern Chinas ans Herz zu legen. Sie wurden zwar überall freundlich empfangen, aber ihre Bitte wurde höflich und bestimmt abgewiesen. Geldknappheit zerstörte jede Hoffnung auf Erweiterung der Missionsarbeit. Einzig in Hankow, dem neuen Vertragshafen, der über sechshundert Meilen landeinwärts am Yangtse lag, war eine Station der Londoner Mission entstanden. Wenn auch wieder genügend Geld vorhanden wäre, meinten die Missionssekretäre, könnte ein solches Wagnis nicht verantwortet werden. Die Zustände seien gegenwärtig zu verworren. Die Dynastie der Taipings lag danieder, ihr einstiges „himmlisches Königreich" war verwüstet. Ningpo war einige Zeit in ihren Händen gewesen; 1860/61 hatten Missionare während einiger Monate am Hof des Rebellenkönigs gelebt, doch jetzt war alles zu Ende. Zwanzig Millionen Chinesen hatten während des Aufstands ihr Leben verloren. Große Gebiete des Yangtsetales waren völlig verarmt, die Dörfer von Banditen überfallen und ausgeraubt. Die kaiserliche Regierung betrachtete den Vertrag, der 1860 ratifiziert worden war und den Missionaren völlige Bewegungsfreiheit versprach, nur noch als einen Fetzen Papier. Das Jahr 1864 war die ungünstigste Zeit, um die Missionsarbeit ins Innere Chinas auszudehnen, „selbst wenn genügend Geld und Missionare vorhanden wären".

Taylors Bitte war von der Kirchen-Missionsgesellschaft, den Baptisten, Methodisten und der Londoner Missionsgesellschaft abgewiesen worden. Als einzige Zuflucht blieb ihm das Gebet.

Unterdessen war Taylor durch seine Aufrufe in Kapellen und Gebetsversammlungen da und dort bekannt geworden. Hier und da erschien sein Name in der kirchlichen Presse. Man kannte ihn als einen Mann, der klar, nüchtern und eindringlich sprach und der immer wieder betonte, daß in der Mission auch Platz sei für Leute aus Arbeiterkreisen. Er korrespondierte mit verschiedenen Menschen, die sich für die Arbeit in Ningpo interessierten. Im Dezember 1864 reiste Miss Notman aus, um als Lehrerin an Mr. Bausums Schule zu arbeiten. Die Ausländische Evangelisationsgesellschaft bezahlte die Überfahrt. Taylors hatten für die Ausbildung gesorgt.

Sieben weitere Männer und Frauen, durch Hudsons Persönlichkeit und die Dringlichkeit seines Rufes angezogen, wollten sich für die Ausreise nach Ningpo vorbereiten. Das Haus an der Beaumont Street wurde zu eng. So zogen Taylors in ein größeres Haus an der Coborn Street. Mr. Gough half die höhere Miete bezahlen. Die Eisenbahn ratterte in der Nähe des Hauses vorbei, schwere Fuhrwerke rumpelten über das Pflaster der Straße, und in der Nachbarschaft befand sich ein Waisenhaus. Aber das Haus selbst hatte einen kleinen Garten und lag in einer mehr herrschaftlichen Umgebung. Hier entstand im Herbst 1864 eine Art Schule für Missionskandidaten.

In diesem Winter kamen Mr. und Mrs. Nevius von Amerika herüber. Sie urteilten über Hudson: „Es ist wunderbar zu sehen, wie Gott diesen willensstarken, stillen Mann gebraucht." Im Blick auf sein späteres Leben charakterisierten sie ihn vortrefflich: „Es ist uns wie ein Wunder, daß der große Einfluß, den er auf andere ausübte, ihm selbst nicht schadete. Im Gegenteil, er war in späteren Jahren bescheidener, weniger herrisch und eher bereit, auf die Meinung anderer zu hören, als in seiner Jugend."

Taylors planten, ihre sieben Kandidaten im Frühling 1865 nach Ningpo zu begleiten. Sie selber wollten sich darauf in die durch den Krieg verwüstete Provinz Chekiang begeben. Am 6. März wurden ihnen unerwartet zwei Freiplätze für die Jungfernfahrt des Dampfers „Korea" angeboten. Zu diesem Zeitpunkt hätte leicht das ganze Ningpoprojekt durch das absurde Verhalten von Richard Truelove scheitern können. Truelove kam aus Staincross in der Nähe von Barnsley. Er hatte Hudson, der damals von den jungen Methodisten aus Barnsley umschwärmt wurde, im Mai 1863 kennengelernt. Während des folgenden Jahres hatte er mehrere Monate in der Missionsschule an der Coborn Street verbracht. Auf das Angebot der „Korea" hin hatte sich Truelove mit seiner sofortigen Ausreise einverstanden erklärt; heimlich aber hatte er große Bedenken. Stefan Barchet, ein deutscher Medizinstudent am Londoner Spital, war der zweite Kandidat, der sogleich ausreisen sollte. Barchet war ein schmächtiger junger Mann, doch sehr energisch und begabt, in fünf Sprachen bewandert, mit einem freundlichen Wesen.

Taylor reiste mit Barchet nach Glasgow, wo die „Korea" vor Anker lag. Diese erste Reise nach Schottland gab ihm einen Vorgeschmack der zukünftigen Erfolge. Nach dem Wochenende schrieb er an Maria: „Liebste! Ich sprach am Freitag, am Samstag, am Sonntag gleich viermal, außerdem heute morgen und heute nachmittag für China, und abends werden nochmals vierzig bis fünfzig Personen kommen. Ringe mit Gott für mich und meinen Dienst! Ich zittere in Gedanken an die möglichen Folgen meines Besuches. Ich glaube, daß Gott hier am Wirken ist. Einige Leute sind bereit, sich von Gott, nicht von mir, senden zu lassen." Am nächsten Morgen schrieb er: „Liebste Maria! Einen Abend wie den gestrigen habe ich noch nie erlebt. Gott war in Wahrheit bei uns. Es wird ein großes Werk in China entstehen als Antwort auf solche Gebete. Stefan läßt Dich grüßen. Ich grüße Dich und unsere Kleinen in Liebe."

Einer der damaligen Zuhörer erinnerte sich an Taylor: „Er war damals 33jährig, sah aber bedeutend jünger aus. Seine Erscheinung wirkte nicht besonders kraftvoll; aber jedes Wort, das er sprach, beeindruckte mich. Er sprach ruhig, sorgfältig und bestimmt." Hier im Clydetal, der Heimat Livingstones, der ja in seiner Jugend Müllergehilfe gewesen war, weckte Taylor neue Hoffnung unter den einfachen, ungebildeten Leuten, daß Gott auch sie im Missionsdienst gebrauchen könne.

Doch Taylors Freude sollte bald einen empfindlichen Dämpfer erfahren. Richard Truelove hätte am Dienstagabend um sechs Uhr in Glasgow eintreffen sollen. Taylor kam wenige Minuten nach Ankunft des Zuges auf den Bahnsteig. Truelove war nirgends zu finden. Taylor und Barchet warteten abwechselnd bei jedem ankommenden Schnellzug bis weit nach Mitternacht. Truelove hätte die Abfahrt des Schiffes verpaßt, wenn die „Korea" nicht gestrandet wäre. Am Mittwoch lag sie immer noch im Hafen: „zu unserm Glück und des Besitzers Schaden".

Auch am Mittwoch erwarteten sie Truelove mit jedem Zug. Am Donnerstag schrieb Hudson an Maria: „Der arme Truelove muß in Schwierigkeiten stecken. Wir sind sehr beunruhigt. Wie viele Hotels und Gaststätten haben wir schon nach ihm abgesucht! Wenn er doch nur so schlau wäre, Mr. Jones, Dir oder meinem Vater zu telegraphieren, um unsere Adresse zu erfragen. Dann hätte er bald Antwort. Hoffentlich ist er nicht krank. Oder fehlt es ihm an Reisegeld? Ich bin müde und möchte gern in Deiner Nähe sein. Unsere Arbeit drängt auch." Am Freitag reiste Hudson nach Greenock, um Truelove dort zu suchen.

In dieser Nacht erwachte Maria durch lautes Klopfen. Sie öffnete das Fenster und sah Richard Truelove vor der Tür stehen. Schnell kleidete sie sich an und ließ ihn ein. Während sie ihm etwas zu essen richtete, erzählte er ihr, was er erlebt hatte. Statt in Glasgow auszusteigen, war er nach Greenock weitergefahren. Dort erfuhr er, daß die „Asia" bereits nach China unterwegs sei. Er hatte den Namen seines Schiffes vergessen. Als man ihm sagte, er könne die „Asia" vielleicht noch in Cardiff erreichen, löste er eilig eine Fahrkarte und reiste durch ganz England und Wales bis nach Cardiff. Als er sich auf der „Asia" einschiffen wollte, verlangte man von ihm sechzig Pfund Fahrgeld. Da kamen ihm Zweifel. Er ließ sein Gepäck in Cardiff und reiste auf dem schnellsten Weg nach London zu Mrs. Taylor.

Maria fragte ihn, ob er bereit sei, sofort nach Glasgow aufzubrechen. „Doch der arme Kerl war todmüde und wollte nichts als schlafen." Maria machte ihm ein Bett zurecht und ging dann ins Wohnzimmer, um zu beten. Die nächsten Stunden brauchte sie, um Ordnung in die verworrene Sache zu bringen. Sobald es hell genug war, daß sie es wagen durfte, als Frau allein durch die Straßen zu gehen, eilte sie zur Hauptpost mit einem Brief an den Stationsvorsteher von Cardiff, in dem sie ihn bat, Trueloves Gepäck nachzusenden. Dann sandte sie Hudson ein Telegramm — fünfzehn Worte mit bezahlter Rückantwort für die fürstliche Summe von einem Schilling und drei Pennies. Sie eilte über den Markt zur Station Fenchurch Street, aber es fuhr kein Zug, und sie mußte den gut vier Kilometer langen Weg wieder zu Fuß zurücklegen, weil sie nicht auch noch Geld für eine Droschke ausgeben wollte.

Zu Hause bereitete sie eilig das Frühstück und weckte Truelove. „Richard schien nicht zu merken, daß er sofort handeln mußte." Sie trieb ihn zur Eile an. Bald waren sie unterwegs zum Euston-Bahnhof. Maria löste Truelove eine Fahrkarte nach Glasgow, steckte ihm ihre letzten zwei Schillinge zu und brachte ihn zum Zehn-Uhr-Zug. Marias Mittel waren nun völlig erschöpft. Ein weiteres Telegramm an Hudson mußte sie mit Briefmarken bezahlen. Dann machte sie sich erneut auf den langen, beschwerlichen Heimweg, der selbst für einen Mann mit gutem Schuhwerk eine Anstrengung gewesen wäre. So war es nicht erstaunlich, daß sie sich am Abend sehr abgespannt und müde fühlte. „Meine Füße sind wund und geschwollen. Ich kann nur mühsam im Hause umherhumpeln."

Zum Glück saß die „Korea" immer noch auf Grund, und so konnte sich auch Truelove noch einschiffen. Dann nahm das Schiff Kurs über die Irische See auf den Kanal und den Golf von Biskaya. Truelove hatte sich erkältet und litt so stark unter der Seekrankheit, daß er hätte sterben mögen. Im Golf von Biskaya sichtete die „Korea" während eines Sturms ein Wrack. Der Kapitän entschloß sich, die Weiterfahrt aufzuschieben und das Wrack nach Plymouth zu schleppen. Die vielen tausend Pfund Bergegeld entschädigten ihn reichlich für die beiden Freiplätze nach China.

Am 7. April gingen Barchet und Truelove in Plymouth an Land. Truelove nahm seine Reisetasche mit, mit dem Vorsatz, wenn er sich nicht besser fühle, nicht wieder an Bord zu gehen. Aber Mr. Barchet sagte er nichts davon.

Am 9. April bekam Taylor zwei Telegramme von Barchet: Truelove war verschwunden. Sofort reiste Taylor nach Plymouth. Barchet und Truelove hatten sich infolge eines Mißverständnisses verfehlt und konnten sich fast drei Tage nicht finden. Als Truelove von Taylors Ankunft hörte, wurde er noch aufgeregter. Während jener Nacht und am kommenden Morgen sprachen Taylor und Marshall (Trueloves Prediger von der Bryanstonkapelle in London) ernstlich mit ihm. Sie machten ihm die Folgen seiner Flucht klar, drängten ihn aber in keiner Weise zur Fortsetzung der Reise. Truelove entschloß sich dann auch, zurückzubleiben.

Taylor kehrte geschlagen in sein Hotel zurück. Er war den Tränen nahe. Der Fehlschlag mit Truelove stellte auch ihn selbst in Frage. Kaum jemand würde einem Manne folgen, der seine Kandidaten so schlecht auswählte. Es war ihm, als hörte er von allen Seiten spöttisches Lachen. Eine kleine Hoffnung gab es noch: Wenn George Crombie an Trueloves Stelle reisen würde? Aber Crombie wollte sich ja in nächster Zeit mit Anne Skinner, einer Freundin Marias, verheiraten. Die Fahrt nach China sollte zugleich ihre Hochzeitsreise sein. Taylor war in einer so schwierigen Lage, daß er sich nicht scheute, mehr als ein Pfund für ein Telegramm mit 102 Worten an Maria auszugeben. Der Text war sorgfältig abgefaßt: „Truelove ist zurückgetreten. Der Schaden für unsere Sache, die Schande für unsern Heiland ist groß. Könnte jemand Richards Platz einnehmen, würden die üblen Folgen gemildert. Ich darf Crombie nicht bitten, sofort auszureisen, ohne seinen Eltern Lebewohl zu sagen, ohne Anne mitnehmen zu können. Dieses Opfer wäre kaum zu überschätzen, doch wenn er sich freiwillig dazu bereit erklärte, wäre es ein Dankopfer für den Herrn, dessen Liebe unaussprechlich ist. Zeige ihm dieses Telegramm! Wenn der Herr ihn zur sofortigen Ausreise bewegt, telegraphiere mir! Hudson." Anne ermunterte Crombie: „Bitte, George, geh und zeige damit aller Welt, daß du den Herrn Jesus mehr liebst als mich!" Am nächsten Abend war George in Plymouth. Der Schiffsbesitzer erklärte sich bereit, Trueloves Fahrschein auf Crombie umzuschreiben. Ganz unerwartet konnte Anne ihrem Bräutigam vierzehn Tage später nach China folgen.

Während Taylor auf der Suche nach Truelove kreuz und quer durch England reiste, hatte er Zeit, seinen Gedanken nachzuhängen. Der innere Drang zum Handeln wurde immer brennender. Er bekam neue Nahrung durch die Vorbereitung seiner ersten Veröffentlichung: „Chinas geistliche Not und sein Recht auf Hilfe". Die Broschüre entstand auf Anregung des Herausgebers der „Baptist Times", W. G. Lewis, der zugleich Prediger an der Bayswaterkapelle war, wo Taylors zusammen mit Broomhalls oft am Gottesdienst teilgenommen hatten. Taylor hatte anfänglich eine Reihe von Artikeln über die Ningpomission geschrieben. Als der erste erschienen war, hatte Mr. Lewis ihm vorgeschlagen, seine Aufsätze zu einer Schrift über die Not der Inlandprovinzen Chinas zu erweitern. Taylor arbeitete im Frühling 1865, sooft er nur konnte, an dieser Schrift. Er ging dabei ganz methodisch vor, ähnlich wie ein Apotheker, der eine Medizin zubereitet. Er sammelte Informationen, stellte Statistiken auf und zeichnete Tabellen, um den Leser vor klare Tatsachen zu stellen. Das Resultat seiner Untersuchungen erschreckte ihn selbst:

China ist 44mal so groß wie Großbritannien und Irland zusammen und 104mal so groß wie England. Seine Bevölkerungszahl beträgt vierhundert Millionen. Er stellte sich vor, daß die Chinesen alle an ihm vorbeimarschieren. Nach seiner Schätzung würde dieser Vorbeimarsch mehr als dreiundzwanzig Jahre dauern. Die ungefähr dreitausend evangelischen Christen Chinas wären in knapp anderthalb Stunden vorbeimarschiert. Täglich starben 33 000 Chinesen, mehr als die gesamte Bevölkerung von Leeds. Innerhalb dreier Monate starben in China so viel Menschen, wie damals in London lebten. Und fast alle starben nach den Worten von Paulus: „ohne Hoffnung und ohne Gott". Nach diesen Berechnungen prägte Taylor den Satz: „Jeden Monat stirbt eine Million ohne Gott." Diese Feststellung grub sich tief in sein Herz ein, raubte ihm den Schlaf und stand hinter all seinen Gebeten.

Er rechnete sich aus, daß selbst in den sieben Provinzen, in denen Missionsstationen bestanden, 185 Millionen Seelen zur Zeit „völlig außerhalb des Einflußbereichs des Evangeliums lebten". In den elf Inlandprovinzen mit ihren 197,5 Millionen Einwohnern arbeitete kein einziger Missionar. Und neben diesen Provinzen durfte man die chinesische „Tartarei" nicht vergessen. (Damit meinte er wohl die Mongolei und Turkestan, ein riesiges, den Europäern zur damaligen Zeit unbekanntes Gebiet.)

Da sämtliche Missionsgesellschaften Hudsons Bitte um Missionare für die elf unerschlossenen Provinzen und die „Tartarei" abgelehnt hatten, wuchs in ihm die Überzeugung, daß es einer besonderen Missionsgesellschaft für die Evangelisation des Innern Chinas bedurfte. Er sprach darüber mit Maria, Mr. Gough und Mr. und Mrs. Berger. Sie pflichteten ihm zwar bei, seufzten aber zugleich mit ihm über einen solch phantastischen Traum. Doch in Hudsons Innern nahm der Traum feste Gestalt an. Mit Schrecken wurde er gewahr, daß er zu einem Befehl wurde, der ihm ganz persönlich galt. Gottes Stimme wurde immer eindringlicher: „Ich will das Evangelium ins Innere Chinas bringen. Wenn du mir folgst, tue ich es durch dich."

Hudson Taylor plante, im Laufe des Jahres 1865 vier Missionare nach China zu senden. „Es drängt mich, neben diesen vier noch zwanzig weitere europäische Missionare zu suchen; so könnte ich wenigsten zwei in jede der unerschlossenen Provinzen senden. Zudem müßte ich versuchen, vierundzwanzig chinesische Helfer zu gewinnen. Das wären im ganzen achtundvierzig Personen." Er stand aber vor zwei großen Schwierigkeiten: Erstens wollte er auf keinen Fall mit den älteren Missionsgesellschaften in Konflikt geraten. Zweitens war die finanzielle Frage völlig ungelöst.

Elf Jahre später erörterte Taylor in der Westminsterkapelle dieses Problem, wie es sich ihm 1865 gestellt hatte: „Ich war sehr darum besorgt, daß wir in keiner Weise mit den schon bestehenden Gesellschaften in Konflikt geraten, und es war mir ein großes Anliegen, daß wir nicht einfach die Mittel für uns beanspruchten, die früher andern zugeflossen waren. Das wäre weder für Gott noch für China ein Gewinn gewesen. Ich suchte eine Arbeitsweise, durch die ich neue Kräfte gewinnen konnte, die sonst wahrscheinlich nicht eingesetzt worden wären. Ich betete darum, daß neue Geldquellen erschlossen werden konnten, die von andern Gesellschaften nicht beansprucht wurden."

Im wesentlichen war es einfach eine Erweiterung seines früheren Planes, Missionskandidaten in Arbeiterkreisen zu suchen. Die Londoner Missionsgesellschaft hatte in früheren

Jahren ebenfalls Maurer und Schreiner ausgesandt. Aber sie gingen in erster Linie als Handwerker auf das Missionsfeld; die geistliche Arbeit lag in den Händen ausgebildeter Prediger. Taylor aber wollte seine Leute nicht als Handwerker, sondern als Evangelisten aussenden. Er glaubte, daß sie sich sehr gut für die Art von Missionsarbeit eigneten, die er im Sinn hatte. Sie sollten einfach eine Gruppe von Evangelisten unter seiner Führung sein und nicht Missionare im herkömmlichen Sinn, die eine Missionsstation zu leiten hätten. Sie sollten zusammen mit chinesischen Mitarbeitern durch noch unberührte Gebiete reisen und nur so lange an einem Ort bleiben, bis sich ein paar Gläubige zu einer kleinen Gemeinde gesammelt hatten, wie Paulus das in Philippi, Thessalonich oder Korinth getan hatte. Missionsstationen mit Gebäuden und bezahlten Arbeitskräften — das mochte die rechte Arbeitsweise für das unzivilisierte Afrika sein. Für ein altes Kulturvolk wie die Römer oder die Chinesen zeigte Paulus den Weg. Sollte China darauf warten müssen, bis akademisch geschulte Missionare in der Lage waren, Stationen zu eröffnen, dann konnte leicht nochmals ein Jahrhundert vergehen, bis auch in der entlegensten Provinz der Name Jesu verkündet wurde.

Taylor war die Schulbildung seiner Kandidaten nicht so wichtig. Auch ihre Kirchenzugehörigkeit interessierte ihn nicht, wenn sie nur an Jesus glaubten. Seine Inlandmission sollte eine „freiwillige Gemeinschaft von Gliedern verschiedener Kirchen sein, die sich für diese Aufgabe zusammenschließen".

Eine interdenominationale Mission im Zeitalter der Uneinigkeit war von vornherein verdächtig. Den einzigen Versuch in dieser Richtung, abgesehen von der Britischen und Ausländischen Bibelgesellschaft und der Religiösen Traktatgesellschaft, hatte die Londoner Missionsgesellschaft gemacht. Sie war von Anglikanern und Freikirchen gegründet worden; sehr bald aber gewannen die freien Gemeinden (Kongregationalisten) die Oberhand. Eine von der Kirche unabhängige Missionsgesellschaft, die vorwiegend aus Vertretern der Arbeiterklasse bestand, forderte zur Kritik heraus. Die außergewöhnliche Art der Organisation erweckte weiteres Mißtrauen. „Ich konnte keine Gesellschaft in der herkömmlichen Art bilden, denn ich hatte ja keine Kirche im Rücken." Aus dem Nichts konnte kein Missionskomitee entstehen. Taylor wollte eine persönliche Beziehung zu seinen Missionaren haben. Durch seine früheren Erfahrungen mit dem Chinesischen Evangelisationsverein hatte er eine Abneigung gegen die Kontrolle eines weit entfernten Komitees. Das Hauptquartier der Mission müßte sich in China befinden und nicht in London. Alle Entscheidungen sollten auf dem Missionsfeld getroffen werden. Eingehende Gaben würden durch ihn selbst unter die Missionare verteilt werden. Weil es ihm der einzige Weg schien, um Chinas Millionen bald mit dem Evangelium zu erreichen, war der junge Taylor auf dem Weg, sich selbst zum Leiter zu machen. Einen „Ignatius von Loyola der evangelischen Mission" nannte ihn ein amerikanischer Zeitgenosse.

Vorerst aber stand das Finanzproblem als unüberwindliche Schranke vor ihm. Zu Spenden aufzurufen, ging gegen Taylors Prinzip; er wollte ja unter keinen Umständen anderen Missionen das Wasser abgraben. Er erwog auch die Worte Jesu an seine Jünger in Matthäus 10: „Ihr sollt nicht Gold, noch Silber, noch Kupfer in euren Taschen haben ... Und wenn ihr in eine Stadt oder in ein Dorf kommt, so erkundigt euch, wer darin würdig sei, euch aufzunehmen ..." Doch erkannte er, daß dieser Aufruf Jesu, der unter besonderen Umständen gegeben worden war, in China in kurzer Zeit zur Katastrophe führen müßte.

Schließlich gab es noch die andere Möglichkeit, den Grundsatz, nach dem er seit seiner Trennung vom Evangelisationsverein selbst gehandelt hatte, auch auf die Mission zu übertragen: „Trachtet zuerst nach dem Reiche Gottes, dann werden euch alle diese Dinge zufallen", nach den Worten Jesu in Matthäus 6. Das war doch ganz klar — „diese Dinge" sollten ihnen zufallen, sie brauchten nicht ohne sie auszukommen, sie auch nicht von den Heiden anzunehmen, sondern konnten sich auf ihren Vater im Himmel verlassen ... „Mir scheint es das beste zu sein, wenn man darauf wartet, bis Gott es in den Herzen Seiner Kinder wirkt, daß sie uns Gaben senden. Auf diese Weise kommt man keiner Kirchenkollekte oder sonstigen Sammlung in die Quere."

So war es in der Theorie. Der Gedanke, das heidnische China zu evangelisieren, ohne eine Gemeinde im Westen auch nur um einen Pfennig zu bitten, erschreckte aber sogar den jungen Taylor trotz seines Eifers und seines Ideenreichtums. Nachdem er es dann dreißig Jahre lang erfahren hatte, daß „Gott für Sein Werk sorgt", sagte er 1894 als 62jähriger Mann und Führer von über sechshundert Missionaren: „Gottes Wahl fiel auf mich, weil ich schwach genug war. Er tut Sein Werk nicht durch einflußreiche Komitees, sondern Er läßt einen Menschen schwach und still werden, und dann wählt Er gerade diesen." Das war aber im Frühjahr 1865 nicht so offensichtlich. Taylor galt allgemein als Phantast.

Und doch nahm die Mission allmählich festere Formen an. Sogar einen Namen hatte man für sie gefunden: China-Inland-Mission. Taylor wagte es noch nicht, die Verantwortung als Gründer und Leiter zu übernehmen. „Ich war je länger, desto mehr davon überzeugt, daß es Gottes Wille war, daß ich die nötigen Missionare suchen und sie führen sollte." Er zweifelte nicht daran, daß sich auf sein Gebet hin Menschen melden werden und daß „Türen aufgehen in die unerschlossenen Gebiete des Inlandes. Aber ich fürchtete, daß inmitten der unausweichlichen Gefahren und Nöte einige der unerfahrenen Missionare zusammenbrechen und mich bitterlich anklagen würden, weil ich sie zu einem so gewagten Unternehmen ermuntert hatte." Sein alter Feind, die Furcht, trat gegen ihn auf. „Der Teufel bringt mich so weit, daß ich am liebsten fliehen würde, obschon ich weiß, daß Glaube und Gebet alles zurechtbringen." Sein innerer Kampf wurde immer heftiger. Ende Mai war er einem Nervenzusammenbruch nahe.

Die erste Juniwoche verbrachte die Familie Taylor samt den sechs Missionskandidaten in Sainthill. Bei herrlichem Sonnenschein ruderte Hudson mit seinen Kindern auf dem See oder tollte mit ihnen im Wald herum. Doch während der warmen Nächte wälzte er sich unruhig in seinem Bett. Er sah die endlose, stumme Prozession der Verlorenen. „Jeden Monat stirbt eine Million ohne Gott. Dieser Satz brannte in meiner Seele. Ich

schlief kaum einmal länger als eine Stunde und fürchtete, meinen Verstand zu verlieren. Aber ich gab nicht auf. Immer wieder hörte ich die Stimme Gottes: ‚Ich will mein Werk durch dich tun'. — ‚Nein!' — Darauf die Stimme des Teufels: ‚Geh nur voran! Gott wird dir Helfer geben. Sie werden zusammenbrechen. Sie werden dich anklagen. Kannst du dem standhalten?' — ‚Nein!' "
Er hörte die blutrünstigen Rufe einer chinesischen Menge und sah einen Burschen, der Schmiede oder Büro in England verlassen hatte, mit gefesselten Händen und entblößtem Rücken, auf den die Bambusruten niedersausten. Er sah das Entsetzen, die Not, den Vorwurf in seinen Augen, die in Todesangst auf Hudson gerichtet waren, der ihn betrogen hatte und nun zusah, wie er, von Gott und Menschen verlassen, starb. Dann sah er im Geist eine junge Frau haltlos weinen, während sie ihr Kindlein in ein fernes Grab in China legte, sah den von Hunger gezeichneten Gatten, wie er seine Hände rang und stöhnte: „Warum sind wir nach China gezogen? Warum hat dieser Mann uns dazu verleitet?" Dann wieder die stumme, endlose Prozession, die sich langsam in der Dunkelheit verlor. „All diese Seelen! Was bedeutet die Ewigkeit für jeden einzelnen von ihnen! Was bedeutete das Evangelium für alle, die glauben würden, wenn wir es ihnen brächten!"

Am 13. Juni reisten Taylors nach London zurück. Am 21. Juni nahm Hudson an der Gebetsversammlung der Familie Berger teil und betete darum, daß Gott ihm die Missionare und das nötige Geld zur Evangelisation der Inlandprovinzen schenke. „Doch ich selbst hatte mich noch nicht als Leiter zur Verfügung gestellt." Anderntags reiste er nach Tottenham, wo einige seiner Freunde wohnten. Am Samstag, dem 24. Juni, kam Mr. Gough nicht zur Übersetzungsarbeit. „Ich reise sofort nach East Grinstead weiter und besprach mich eingehend mit Mr. Berger." Dann fuhr ihn Bergers Kutscher zum Bahnhof, und er reiste weiter nach Brighton, wo er das Wochenende mit einem alten Freund, dem Londoner Börsenfachmann George Pearse, dem früheren Sekretär des Evangelisationsvereins, verbringen wollte.

Hudson war unruhig und gequält. Nicht einmal Maria wußte den Grund, warum er so selten lachte und sang und so ernst und abgehärmt aussah. Nur dunkel ahnte sie etwas von dem inneren Kampf ihres Mannes, der es nicht wagte, Gott zu gehorchen. Er hatte weder ihr, noch Berger, noch seinen Freunden in Tottenham alles erzählt.

Pearse hatte ihm einen gemeinsamen Freund, U.M. Denniston, zum Bahnhof geschickt. Denniston, ein älterer presbyterianischer Pfarrer, der ein paar Wochen zur Kur in Brighton weilte, hatte vor Jahren einen entscheidenden Einfluß auf William Burns ausgeübt. Darum schätzte ihn Taylor. Er war nicht in die Sache verwickelt und ein vertrauenswürdiger Mann. Während die Kutsche durch die Straßen von Brighton und den Hügel hinauf zu Mr. Pearses Haus rollte, teilte ihm Hudson ganz unerwartet seine Ängste und Sorgen mit. Denniston sollte am andern Morgen für einen Freund in der Baptistenkirche die Predigt halten. Er nahm sich vor, zu beten, daß seine Botschaft seinem jungen Freund helfen würde. Text und Thema der Predigt sind verlorengegangen. Doch teilte Taylor Mrs. Denniston beim Tode ihres Gatten im Jahr 1896 mit, daß „eine seiner Predigten zum Wendepunkt in meiner Entscheidung wurde".

Zunächst wurde die Lage zwar noch unerträglicher. Als sich die ganze Gemeinde erhob, um das letzte Lied zu singen, schaute sich Taylor um: Reihe um Reihe voll wohlhabender Kaufleute, Ladenbesitzer und Feriengäste, stattliche Frauen in Hauben und Krinolinen, saubere, wohlerzogene Kinder. In dieser Atmosphäre behaglicher Frömmigkeit wurde ihm fast übel. Er griff nach seinem Hut und verließ die Kirche. „Es war mir unmöglich, länger in dieser Gemeinde zu sitzen. Tausende von Christen erfreuen sich hier ihres Heils, während draußen Millionen in Unwissenheit verlorengehen. Ich ging in großem Schmerz am Strande auf und ab."

Der Strand von Brighton war an jenem Sonntagmorgen fast menschenleer. Hudson wanderte über den Strandkies bis zu dem schmalen Landstreifen, den die zurückweichende Flut hinterlassen hatte. Der Wendepunkt war gekommen. Die Entscheidung ließ sich nicht mehr länger aufschieben. Er mußte etwas unternehmen oder für immer schweigen. So wanderte er trüb-sinnig und voller Angst hin und her. Als er sich umwandte, fiel sein Blick auf die spiegelnde Wasserfläche. Er dachte an den Himmel. „Wenn Gott uns eine Gruppe von Männern für die Inlandprovinzen schenkt und wenn sie auch alle im fernen Land verhungern, dann nimmt Er sie geradenwegs zu sich in den Himmel. Wenn durch ihren Dienst auch nur eine einzige heid-nische Seele gerettet wird — wäre der Preis zu hoch?" Hudson wanderte weiter, ein wenig erleichtert. Dann stand er still, um sich die Hauptpunkte von Dennistons Predigt in Erinnerung zu rufen. „Also", sagte er zu sich selbst, „wenn wir dem Herrn gehorchen, trägt *Er* die Verantwortung für unser Tun. Du, Herr, Du trägst die Last! Alle Verantwortung liegt auf Dir, Herr Jesus. Ich übergebe mich Dir. Du sollst mich und meine Mit-arbeiter führen und leiten. Du sollst für uns sorgen. Ich will um Arbeiter in Deine Ernte bitten." Taylor zog seine Bibel hervor (eine zweisprachige Ausgabe des Alten Testaments in Hebräisch und Englisch, das zwei Kapitel für jeden Tag des Jahres vorsah) und schrieb auf das Vorsatzblatt: „Am 25. Juni 1865 betete ich am Strand von Brighton um vierundzwanzig willige und fähige Mitarbeiter."

„Jetzt war alles lauter Freude und Frieden. Es war mir, als könnte ich den Hügel hinauf zu Mr. Pearses Haus fliegen. Wie herrlich ich in dieser Nacht schlafen konnte! Meine liebe Frau meinte, Brighton hätte mir gut getan, und so war es auch."

„DIESE KLEINE, WEHRLOSE SCHAR"

Hudsons Dienst im Reiche Gottes war von jeher ein demüti-ger, herzlicher Dank für die erfahrene Erlösung in Jesus Chri-stus. Nie hatte er gemeint, sich durch seinen Einsatz und Eifer die besondere Gunst Gottes zu erwerben. Nach dem Erlebnis von Brighton wurde dieser Grundton des Dankes noch inniger und reiner.

Hudsons Selbstprüfung hatte ihn in tiefe Not gebracht; als er aber dem Befehl Gottes gehorchte und die Offenbarung erkannte, fiel helles Licht auf seinen Weg. Er wußte nun, daß Gott seine Sorgen und Ängste kannte, daß Er sie in Seinen Plan miteinbezog und daß Er sie verstand. Darum wurde mehr denn je die Liebe zur Triebkraft seines Handelns. Gott hatte ihn berufen, und er hatte sich in Seine Hand gegeben. Gott konnte über ihn verfügen, *Er* trug die Verantwortung. Er war sein Vater, ein Vater, der ihn so liebte, daß Er es ihm an nichts fehlen lassen konnte.

Durch Christus hatte er Zugang zum Vater, der Weisheit, Kraft und alle nötigen Gaben für ihn bereithielt. Mit dieser Gewißheit konnte er jedem Wagnis ins Auge sehen, von da her erwuchs ihm Mut. Der Glaube war ihm etwas so Natürliches wie das Vertrauen eines Kindes zu seinem Vater, der alles weiß und kann und immer für sein Kind da ist. Denn im Herzen war Hudson ein Kind geblieben, ein Kind, das seinen Vater braucht, das sich verloren fühlt ohne Ihn. Er war von der Gegenwart des Heiligen Geistes abhängig, so wie er auf menschlicher Ebene seine Frau Maria brauchte.

Doch gerade diese Abhängigkeit verlieh ihm Größe. Er war von schwachem Körperbau, hatte keine finanziellen Mittel, besaß keine einflußreichen Freunde, aber er hatte sich in Gottes Arme geworfen und wurde so zum Werkzeug des Allmächtigen. Seine Intelligenz, Willenskraft und Ausdauer, seine persönliche Anziehungskraft, die in den Menschen um ihn her Liebe und Anhänglichkeit weckte, dies alles war durch Gottes Hand gesegnet worden.

In diesen Junitagen des Jahres 1865 hatte Taylor noch keine Ahnung, auf welche Weise ihm Gott Menschen und Mittel zur Evangelisation der Inlandprovinzen zur Verfügung stellen werde. Aber er zweifelte keinen Augenblick daran, daß Er es tun werde. —

„Wer ist jener kleine Mann?" fragte Lady Radstock. Sie lud ihn für den nächsten Morgen zum Frühstück in ihr Haus in Portland Place ein.

Den ersten Julisonntag verbrachte Taylor bei seiner Schwester Amalia. Er wollte lieber nicht den Gottesdienst in der Bayswaterkapelle besuchen, sondern betete, Gott möge ihm zeigen, wo er an diesem Tag zur Kirche gehen sollte. Er ging am Paddington-Bahnhof vorbei, durchquerte die eleganten Plätze an der Edgware Road, hinter denen die Elendsviertel lagen, bog in die Welbeck-Street ein in Richtung Oxford-Street, als er sich plötzlich erinnerte, daß eine kleine Gruppe der „Offenen Brüder" ganz in der Nähe ihren Versammlungsraum hatte. Er nahm an ihrem Gottesdienst teil und forderte in der anschließenden Gebetsstunde zur Fürbitte für China und für die Kandidaten auf, die sich für dieses Missionsfeld vorbereiteten. Die Eindringlichkeit und Schlichtheit seines Gebetes für einen ihm unbekannten Kranken, dessen Name genannt worden war, für den jedoch niemand betete, berührte Lady Radstock.

Lady Radstock, die Witwe eines Admirals, bekannte sich treu zu ihrem evangelischen Glauben. Ihr Sohn, der dritte Lord Radstock, der in Hudsons Alter stand, wurde in den siebziger Jahren als „Mylord-Apostel" bekannt und der Führer einer Erweckungsbewegung unter dem russischen Adel. Lord Radstock brachte seine junge Frau von ihrem prächtigen Heim in Bryanston Square ins Haus seiner Mutter. Auch seine Schwester, Lady Beauchamp aus Norfolk, hörte Taylor mit großer Aufmerksamkeit zu. In den nächsten Wochen sprach Hudson noch dreimal in Portland Place und Bryanston Square und gewann so Zugang zu vornehmen Gesellschaftskreisen, die ihm sonst verschlossen geblieben wären. Lord Radstock wurde ein warmer Freund Taylors. Er bewunderte den Mut dieses unscheinbaren Yorkshire-Mannes. Einmal fragte er ihn nach der geplanten Ausdehnung der China-Inland-Mission und erhielt die Antwort: „Wenn der Herr für drei oder vier Geld gibt, senden wir eben drei oder vier; ist aber Geld da für siebzehn, senden wir siebzehn." Seit jenem Sonntagmorgen in Brighton war weniger als ein Monat vergangen, und schon konnte Taylor seiner Mutter schreiben: „Jede Woche erreichen uns neue Anmeldungen."

Lady Beauchamp lud Taylor nach Longley Park in Norfolk ein, damit er den umliegenden Gutsbesitzern von China berichte. Ihr kleiner Sohn Montagu hatte große Freude an diesem Besuch, denn Taylor erschien in chinesischer Kleidung und Haartracht und zeigte Eßstäbchen, Götzenbilder und andere fremdartige Gegenstände. Auch hier wurde nach Taylors Grundsatz keine Kollekte erhoben. Als der letzte Gast sich verabschiedet hatte, wandte sich Sir Beauchamp an Taylor. Er fühle sich gedrungen, sagte er, für die China-Inland-Mission Geld zu geben, aber er wisse im Augenblick nicht, wo er es hernehmen solle, denn seine finanziellen Verpflichtungen seien groß. Zu Taylors Überraschung gab ihm Beauchamp am nächsten Morgen fünfzehn Pfund. Erst einundzwanzig Jahre später erfuhr Taylor durch den jungen Montagu, der erst vor kurzem als einer der berühmten „Sieben von Cambridge" der CIM beigetreten und mit dem er in China unterwegs war, woher jenes Geld stammte: „Meine Eltern entschlossen sich in jener Nacht, Ihnen die Versicherungssumme für ihre Gewächshäuser zu übergeben und den Herrn zu bitten, diese vor Schaden zu bewahren. Kurze Zeit darauf wütete in Norfolk ein ungewöhnlich heftiger Sturm. Der angerichtete Schaden belief sich auf mehrere tausend Pfund, doch auf unserm Gut wurde fast nichts zerstört; die Gewächshäuser blieben, bis auf eine kleine Scheibe, unversehrt. Wir konnten das nur als Antwort auf unser Gebet verstehen. Meine Mutter hat später oft davon erzählt, um zu zeigen, wie Gott Gebete erhört."

Ende August reiste Taylor nach Schottland, um die Angelegenheiten des invaliden Kandidaten George Stott von Aberdeen zu ordnen, der bald ausreisen sollte. Daneben wollte er Unterredungen mit weiteren schottischen Kandidaten führen. Am 28. August reiste er im überfüllten Nachtzug nach Norden. Er hatte die Reise nicht bis in alle Einzelheiten geplant, verschiedenes würde sich unterwegs klären. In Edinburgh traf er einen Mr. Reed, der sich erbot, ihn auf einer wichtigen christlichen Konferenz einzuführen, die in nächster Zeit in Perth stattfinden sollte. Taylor reiste während der Nacht um den Firth of Forth (die Forthbrücke bestand damals noch nicht) und erreichte am andern Morgen um 3.45 Uhr Aberdeen. „Ich saß bis gegen fünf Uhr im Unterkunftsraum der Eisenbahner am Feuer. Bei Sonnenaufgang wanderte ich den Strand entlang und begab mich dann in die Stadt, um irgendwo eine Tasse Kaffee und ein Brötchen zu bekommen. Dann bestieg ich den Lokalzug nach Whitehouse und Bridge of Bence." Bei seinem Gastgeber Mr. Milne, einem Bauern, wurde er sehr freundlich aufgenommen und bekam ein reichhaltiges Frühstück: „Nach meinem Marsch in der frischen Morgenluft habe ich es herzhaft genossen. Kaum nötig zu sagen, daß mir Eier, Butter und Haferkuchen herrlich mundeten." Am Nachmittag suchte er einen der Kandidaten, James Lamond, auf, wurde aber schroff abgewiesen. Der Mann war auf dem Felde mit dem Einbringen der Ernte beschäftigt. Mit China hatte er es sich anders überlegt: „Wären Sie nicht ein Fremder, so würde ich Ihnen meine Absage begründen. Doch Sie stammen ja von jenseits der Grenze, so geht es Sie nichts an." Nach dieser schottischen „Freundlichkeit" machte Taylor einen Spaziergang auf den höchsten Hügel der Umgebung.

Am Wochenende war er wieder in Aberdeen. Am Montag besuchte er George Crombies Eltern in Kirktown of Slains. „Sie waren beide überrascht und erfreut, mich zu sehen. Während ich bei ihnen war, bekamen sie zu ihrer Freude einen Brief von George, der ihnen seine und Barchets Ankunft in Shanghai meldete."

Taylor reiste nach Aberdeen zurück und fuhr dann nach Perth. In Gedanken an diese wichtige Konferenz mußte er all seinen Mut (der nach seiner Meinung so gering war) zusammennehmen. Es fiel ihm besonders schwer, ohne Maria in Perth reden zu müssen. Die Liebe zu ihr durchdrang sein ganzes Wesen, sie waren wirklich *„ein* Fleisch", jedes auf wunderbare Weise ein Teil des andern in Gedanken, Taten und im Dienst für den Herrn. Ohne sie fühlte er sich elend und unfähig. Er hatte ihr ermutigendes Lächeln, ihre Fröhlichkeit und ihr Verständnis so nötig. Im Morgenzug kritzelte er ihr mit Bleistift folgende Zeilen: „Es ist mir unangenehm, an fremde Orte zu reisen und vor viele Menschen zu treten. Aber der Herr hilft mir ... Der Herr

145

segne Dich und unsere kleinen Lieblinge! Wie ich ihr lustiges Geplauder vermisse! Gib ihnen einen Kuß von mir!"

Er ließ seine Reisetasche am Bahnhof und beeilte sich, um noch an der Vormittagsversammlung der Konferenz teilnehmen zu können. Führende christliche Persönlichkeiten aus Schottland und England waren anwesend. Die Redner waren verdiente Reichgottesarbeiter, die schon seit Jahren öffentlich auftraten. Taylor näherte sich zaghaft dem Geistlichen, an den sein Empfehlungsschreiben gerichtet war. Dieser überreichte es dem Vorsitzenden Macdowall, Graf von Arndilly. „Was", murmelte dieser halblaut vor sich hin, „der will über China sprechen ... hat eine neue Mission gegründet? ... Es ist ihm wirklich ernst. Aufruf zum *Missionsdienst?* Mein lieber Herr", wandte er sich an Taylor, „Sie haben bestimmt den Zweck dieser Konferenz falsch verstanden. Wir treffen uns hier zur *geistlichen Erbauung.*" „Sie erklärten sich endlich damit einverstanden, mich morgen über China berichten zu lassen, heute abend darf ich nur das Gebet sprechen."

Die Abendversammlung ging dem Ende zu. Der Vorsitzende erhob sich, sah nochmals auf seinen Zettel, um den Namen richtig auszusprechen, und sagte dann: „Mr. Taylor aus Ningpo in China wird mit uns beten." Taylor bestieg das Podium. Noch nie hatte er eine so große Zuhörerschaft vor sich gesehen. Er umklammerte die Brüstung, um das Zittern seiner Hände zu verbergen, schloß die Augen und begann zu beten. Einer der Anwesenden berichtete später: „Ich war durch die Schlichtheit und die Kraft seines Gebets tief beeindruckt. Man spürte, daß er mit einem nahen Freunde sprach, zu dem er volles Vertrauen hatte, und von dem er wirklich Antwort erwartete." Viele Herzen öffneten sich dem unbekannten jungen Mann, der unbewußt durch ein einfaches Gebet die ganze Konferenz auf eine andere Ebene gehoben hatte. Einer der Vorsitzenden lud ihn ein, bis zum Ende der Konferenz zu bleiben. Viele drängten sich um ihn, um Fragen zu stellen.

Am kommenden Nachmittag war er genauso nervös wie am Abend vorher, aber er hatte die große Zuhörerschaft völlig in seinem Bann. Er erzählte die Geschichte eines jungverheirateten Chinesen, der über Bord einer Dschunke in ein seichtes, schlammiges Gewässer gefallen war. Auf seinen Hilfeschrei war Taylor aufs Deck des Schiffes geeilt. Dort fand er die Besatzung untätig und hilflos auf die Stelle starrend, wo der Mann verschwunden war. „Ich sprang über Bord und watete umher in der Hoffnung, den Unglücklichen zu finden. Es gelang mir nicht. In meiner Hilflosigkeit blickte ich um mich und entdeckte ganz in der Nähe ein Fischerboot, das ein mit Haken versehenes Schleppnetz mit sich führte. Damit konnte man den Mann sicherlich retten. Ich rief den Leuten zu: ‚Kommt hierher mit eurem Netz, ein Mann ist am Ertrinken!‘ — ‚Wir haben keine Zeit!‘ — ‚So hört doch: Ein Mensch ist am Ertrinken!‘ — ‚Wir sind beim Fischen und haben jetzt keine Zeit!‘ — ‚Laßt doch das Fischen! Ich gebe euch mehr als einen Tagelohn. Aber kommt, kommt schnell!‘ — ‚Wieviel bezahlst du?‘ — ‚Wir haben jetzt keine Zeit, darüber zu diskutieren. Ich gebe euch fünf Dollars.‘ — ‚Das ist zu wenig. Gib uns zwanzig Dollars, dann kommen wir!‘ — ‚Ich habe nicht soviel. Aber kommt doch endlich! Ich gebe euch alles, was ich habe.‘ — ‚Wieviel ist das?‘ — ‚Etwa vierzehn Dollars.‘ Endlich ruderten sie gemächlich in meine Nähe und ließen ihr Netz herunter. In weniger als einer Minute hatten sie den Ertrunkenen heraufgeholt. Die Fischer schimpften und beklagten sich, weil ich zuerst den Ertrunkenen ins Leben zurückzurufen versuchte, ehe ich ihnen den Lohn auszahlte. Doch meine Mühe war vergeblich. Der Mann war tot."

Taylor hielt inne. Er konnte die Welle der Entrüstung, die durch seine schottische Zuhörerschaft ging, geradezu spüren. Und ruhig fuhr er fort: „Ist denn der Leib so viel mehr wert als die Seele? Wie steht es mit den Millionen von Seelen, die wir auf ewig zugrunde gehen lassen? Wie steht es mit unserer Antwort auf den klaren Befehl Christi: ‚Gehet hin in alle Welt und predigt das Evangelium allen Völkern!‘?"

Nun legte er den Wert einer einzigen Seele dar, sprach davon, daß jeden Monat eine Million Chinesen sterben, und teilte seinen verblüfften Zuhörern das Ergebnis seiner Berechnungen mit.

Diese Menschen glaubten an Himmel und Hölle, an Jesus Christus als ihren einzigen Erlöser, sie fürchteten eine Trennung von Gott für Zeit und Ewigkeit. Sie wußten in der Bibel Bescheid und erkannten auch Taylors Grundsätze an. Es war ihnen mit ihrer Frömmigkeit ernst, aber sie wußten nicht, daß echte Heiligung aus selbstlosen Handlungen erwächst.

Taylor erzählte ihnen auch die Geschichte eines ehemaligen buddhistischen Kaufmanns, der in Ningpo getauft worden war. „Kurze Zeit nachher fragte er mich: ‚Wie lange kennt ihr in eurem Land schon das Evangelium?‘ — ‚Seit Hunderten von Jahren.‘ — ‚Seit Hunderten von Jahren? Und niemand brachte es uns. Schon mein Vater suchte jahrelang die Wahrheit. Er starb, ohne sie gefunden zu haben. Warum seid ihr nicht eher gekommen?‘ “

Taylor schloß mit den Worten: „Was sollen wir dazu sagen? Vielleicht, der Weg sei nicht frei gewesen? Jedenfalls ist er jetzt offen. Bis zur nächsten Perth-Konferenz werden weitere zwölf Millionen Chinesen sterben. Was tun wir, um ihnen die erlösende Liebe zu bringen? Es hat keinen Sinn, hier sitzenzubleiben und andächtig zu singen: ‚Weht, Winde, weht und tragt die Botschaft ...‘ Die Winde werden die Botschaft sicher nicht nach China tragen, aber sie könnten *uns* dorthin führen.“

Im Oktober erschien die Broschüre „Chinas geistliche Not und sein Recht auf Hilfe“ (mit kurzen Anmerkungen über vergangene und gegenwärtige missionarische Bemühungen) von Rev. J. Hudson Taylor (von Ningpo, China). Auf den Rat von Lewis, der Herausgeber der *„Baptist Times“* und zugleich Prediger an der Bayswaterkapelle war, hatte Taylor Kleidung und Titel eines Geistlichen angenommen. Die Schrift umfaßte 116 Seiten und kostete broschiert etwa dreißig Pfennig. Mr. Berger hatte die Druckkosten übernommen. Hudson hatte seine Arbeit zum großen Teil Maria diktiert, die seine holprigen Sätze in ein gutes Englisch übertragen hatte. Vielleicht hatte auch Mr. Gough bei der Überarbeitung mitgeholfen.

Das Büchlein schlägt denselben eindringlichen, zeitlosen Ton an, der auch die Teilnehmer der Perth-Konferenz beeindruckt hatte. Taylor beginnt mit einer Auslegung des Vaterunser, um daran zu zeigen, daß persönliche Bitten erst an zweiter Stelle kommen. Zuerst geht es um *„Dein* Reich . . . *Dein* Wille . . .", und erst nachher heißt es: „Gib *uns* . . . vergib *uns* . . ." Das christliche England kehrt diese Ordnung um. „Anstatt Gott mit der Erstlingsfrucht unserer Zeit, Kraft und Mittel zu ehren, stillen wir so häufig erst alle unsere Bedürfnisse und speisen Ihn nachher mit den Resten ab."

Er führt nochmals seine Statistik an, beschreibt die treue Arbeit der bestehenden Missionen und bemerkt, daß die Zahl der Missionare von 115 im Jahr 1860/61 auf 91 im März 1865 gesunken sei. „Die Zeit ist reif für eine rasche Ausbreitung des Evangeliums. Der Vertrag von 1860 (Taylor beschreibt ihn ausführlich) hat den Weg ins ganze Reich geöffnet. Der niedergeschlagene Taipingaufstand hat seines halbchristlichen Ursprungs und der großen Verwüstungen wegen das Vertrauen der Bevölkerung in ihre hölzernen und steinernen Götter erschüttert. Die Sprache bietet keine unüberwindlichen Schwierigkeiten. Die große Masse der Bevölkerung kann weder lesen noch schreiben, darum können auch Leute mit bescheidener Schulbildung als Lehrer wirken. Auch für Sprachwissenschaftler ist genug Arbeit vorhanden."

Über viele Seiten zitiert Taylor seine früheren Tagebücher und Briefe (wie sie vom Chinesischen Evangelisationsverein veröffentlicht worden waren). Er zeigt, daß es nicht, wie manche Leute meinen, „ein tollkühnes Unternehmen sei, vierundzwanzig Evangelisten in ein fremdes heidnisches Land zu senden und sie einzig dem Schutz Gottes anzuvertrauen". Er stellt die Grundsätze der neuen CIM zusammen und beschreibt seinen kühnen Plan, der vom ursprünglichen nur leicht abweicht: „Unser großer Wunsch und unser Ziel ist es, das Zeichen des Kreuzes in den bisher unberührten Inlandprovinzen und der ‚Tartarei' aufzurichten. Da aber eine Basis unbedingt notwendig ist, beabsichtigen wir nicht, unsere Arbeit in Ningpo aufzugeben."

„Personen mit bescheidenen Fähigkeiten und begrenzter Ausbildung sind von der Mitarbeit in der CIM nicht ausgeschlossen. Wir werden sehr gern mit jedem, der sich für einen solchen Dienst berufen fühlt, in Verbindung treten. Wer das Werk mit

Gaben unterstützen möchte, kann diese auf das Konto der CIM oder an Mr. Berger überweisen. Vor allem aber sind wir für die Gebete der Kinder Gottes dankbar."

Das Echo auf „Chinas Not und sein Recht auf Hilfe" war stark, ganz besonders aus jenen Kreisen, in denen die Erweckung von 1859 neuen Eifer und neue Hingabe für die Sache des Herrn gewirkt hatte. Die Broschüre wurde zuerst auf der durch Pennefather organisierten Mildmaykonferenz in London verteilt. Pennefather war ein Geistlicher, der, wenn er länger gelebt hätte, in der englischen Kirche zu einer führenden Stellung gelangt wäre.

„Ich habe Ihre Schrift während meiner Fahrt hierher gelesen", schrieb Lord Radstock* am 27. Oktober von der Insel Wight. „Ich bin dankbar dafür, daß sie mich neu angespornt hat, für den Herrn zu arbeiten. Ich vertraue darauf, daß der Heilige Geist mir Worte schenkt, die viele Arbeiter in den Weinberg des Herrn rufen werden."

Lord Radstock legte seinem Brief hundert Pfund bei. Kurze Zeit darauf erhielt ein Teil der Londoner Gesellschaft, meist Adlige und Gutsbesitzer, eine Einladung nach Bryanston Square, „um Rev. J. H. Taylor aus Ningpo, der kurz vor seiner Ausreise nach China steht, kennenzulernen. Er wird über die geistliche Not dieses großen Landes berichten und seine Pläne zur Ausbreitung des Evangeliums darlegen. Tee und Kaffee von 19.30 bis 20.15 Uhr, Gespräch mit Mr. Taylor 20.15 bis 22.00 Uhr."

Taylors Arbeitslast wuchs. Bis zum Januar arbeitete er an der Ningpoübersetzung; dann hatte er eine Neuauflage seiner Schrift vorzubereiten, ferner zwei Nachbarhäuser an der Coborn-Street zu mieten und für Missionskandidaten einzurichten. Für die von

---

* Lord Radstocks Dienst unter dem russischen Adel während der siebziger Jahre gibt diesem Freund Taylors eine große Bedeutung. Viele russische Gutsbesitzer begannen das Evangelium den Bauern zu verkündigen, die auf ihren Gütern lebten. Die Gemeinde der „Evangeliumschristen", die aus Radstocks Dienst entstand, ist eine der drei Wurzeln der gegenwärtigen Kirche der „Evangeliumschristen und Baptisten", deren Glaubenskämpfe und Siege in Sowjetrußland in der Schrift „Der Glaube der Evangelischen in Rußland" (Mc Graw Hill 1964) dargestellt werden.

vielen Leuten verlangten CIM-Sammelbüchsen mußte er Anordnungen treffen und eine Druckpresse für Ningpo aufzutreiben suchen. Daneben hielt er Vorträge in London und vielen andern englischen Städten. „Die Zahl der Kandidaten wächst von Woche zu Woche. Viele wichtige Fragen ergeben sich. Schon jetzt sind die Aufgaben groß, und sie werden noch wachsen. Auch die Korrespondenz nimmt zu ... Ich weiß kaum, wie ich die Arbeit bewältigen soll. Der Herr ist gütig und läßt unser Werk wachsen."

Im November hatte Hudson einen Abszeß im Ohr, und Maria litt infolge ihrer Schwangerschaft an Wechselfieber. „Ich konnte kaum mit ihrer Hilfe rechnen. Gott hielt mich aufrecht, sonst wäre ich zusammengebrochen." Anfang Dezember war Maria, zum zweiten Mal seit ihrer Heirat, dem Tode nahe. Sie konnte nur durch eine Frühgeburt gerettet werden. Das Kind starb, und Maria erholte sich nur langsam. Ihre Lunge war angegriffen.

Im Oktober waren ein neuvermähltes Paar und ein Junggeselle nach Ningpo ausgereist. Somit waren bereits acht Mitglieder der neuen Mission in China. (Mrs. Meadows war inzwischen gestorben.) Am 1. Januar 1866 hatten die Taylors über zwanzig Kandidaten, unter denen sie sechzehn auswählen konnten, um die erbetenen vierundzwanzig Missionare beisammen zu haben. Taylor stellte hohe Anforderungen an seine Bewerber. Er hatte eine Lehre aus seinen ersten Shanghaitagen nie vergessen: „Wäre ich damals als Geschäftsmann ohne einen festen inneren Halt nach China gekommen, so hätte das Verhalten der Missionare mich dazu gebracht, am christlichen Glauben irre zu werden."

Die Gruppe, die sich an der Coborn-Street zusammengefunden hatte, bestand unter anderem aus einem Schmied, einem Zimmermann, einem Maurer, einer Erzieherin, einer Bibelverkäuferin und der Tochter eines reichen Geschäftsmannes. Sie alle fühlten sich durch Taylors Persönlichkeit angezogen. Es war nicht so, daß Taylor gleich auf den ersten Blick die Herzen gewann. Einer seiner besten Kandidaten berichtete: „Zuerst verachtete ich ihn fast. Er war ein kränklich aussehender, linkischer Mann und machte anfänglich gar nicht den Eindruck einer starken Persönlichkeit." Ein anderer fühlte sich durch Taylors Ruhe und Sicherheit angezogen und sagte sich: „Ich weiß nicht, was das Leben als Missionar an Entbehrungen und Schwierigkeiten mit sich bringt, aber ich bin gewiß, daß ich diesem Manne folgen kann, um den Heiden das Evangelium zu verkünden." „Wir alle liebten Mr. Taylor", sagte ein dritter, „wir fühlten uns mit ihm verbunden und hatten mehr Vertrauen zu ihm als zu irgendeinem Missionskomitee. Ich sah, daß er im Glauben an Gott ausreiste; er wagte es, Gott zu vertrauen. Das zog mich zu ihm hin."

Am 2. Februar entwarfen Taylor, Mr. Berger (der zukünftige Heimatdirektor) und drei der Kandidaten die „Grundsätze der China-Inland-Mission". Im Mai 1867 wurden diese Grundsätze von sämtlichen CIM-Missionaren in Hangchow unterzeichnet. Sie blieben als Grundlage für die Führung von vielen hundert Missionaren bestehen, obschon im Jahr 1866 nur ein kleiner Teil der Fragen gesehen werden konnte, die sich in Zukunft stellen würden. Dieses einzigartige Dokument wirkte in der Geschichte der protestantischen Missionen revolutionierend.

„Erstens", schreibt Taylor in seinen Notizen zu dieser Sitzung, „wird festgelegt, daß ich mich von Gott für das Werk in China berufen fühle und daß ich dafür Mitarbeiter suche."

„Diese Mitarbeiter müssen überzeugt sein, daß Gott sie für diese Arbeit zum Wohl der Chinesen berufen hat. Sie reisen auf ihre eigene Verantwortung nach China und erbitten ihren Unterhalt von Gott. Sie müssen Ihm allein vertrauen und dürfen sich nicht auf mich verlassen. Sie müssen bereit sein, ohne garantierte Unterstützung zu arbeiten, und sich nach den Verheißungen des Herrn richten, der gesagt hat: ,Trachtet zuerst nach meinem Reich ... dann wird euch alles übrige zufallen.' "

„Unter diesen Voraussetzungen versprechen sie, unter meiner Führung und Leitung zu arbeiten. Ich werde, soweit ich Gaben zur Verfügung habe, ihnen nach Gottes Willen behilflich sein."

Taylors Führung mußte unter allen Umständen entsprochen werden. „Wohin wir gehen, wo und wann Missionare eingesetzt werden und welche Stellung sie einnehmen sollen ... das alles muß meiner Entscheidung überlassen bleiben. Die Brüder sollen sich nicht darum kümmern, wofür sie sich eignen und wohin sie gehen wollen." Einzig auf Gewissenskonflikte, die sich aus der Zugehörigkeit zu den verschiedenen Denominationen ergeben könnten, wird Rücksicht genommen. Wenn ein Missionar mit einer Anordnung Taylors nicht einverstanden ist, muß er Gott bitten, daß Er entweder Taylors Meinung ändere oder aber die eigene. Jeder Missionar, „dem es unmöglich ist, weiter unter meiner Führung zu arbeiten", soll, ohne großes Aufsehen zu erregen, von seinem Dienst zurücktreten. Er hat dann keine Ansprüche mehr an die Mission zu stellen, insbesondere muß er seine Rückreise selber finanzieren, weil er ja auch auf eigene Verantwortung nach China gereist ist.

Zusammenfassend sieht die Sache so aus: „Die Mitarbeiter reisen als Helfer in ‚meinem Werk' aus. Sie arbeiten nach bestem Wissen und Können. Ich fühle mich für ihr Wohlergehen verantwortlich und werde alles für sie tun, was ich kann." Doch sein Wort ist Befehl. Jeder, der meint, mehr Geld nötig zu haben, als sein Anteil an den Gaben ausmacht, „soll nicht mich, sondern Gott um mehr bitten, der am besten weiß, auf welche Weise Er es geben will". Immer wieder warnte Taylor seine Kandidaten davor, sich auf ihn zu stützen. William Rudland, der Schmied aus Cambridgeshire, berichtet, wie ihn Taylor am Tag seiner Aufnahme in die CIM scharf ins Auge faßte und ermahnte: „Denke daran: Du gehst hinaus, um dem Herrn Jesus und nicht der China-Inland-Mission zu dienen. Die Mission mag versagen. Er aber wird dich nie im Stich lassen."

Die Gaben flossen. „Lord Gainsborough schickt seine Abrechnung. Er überweist der CIM drei Pfund und hofft, in wenigen Tagen die restlichen zwei Pfund schicken zu können." Leider vergaß er es. Dafür bekam Taylor von einem Schotten eine Druckerpresse und medizinische Ausrüstungsgegenstände. Ein Bootsbauer aus Liverpool überwies 650 Pfund, kärglich bezahlte Arbeiter und Dienstboten sandten ihre Schillinge und Pennies ein. Im März prüfte Taylor eines Tages das Konto und stellte fest, daß innerhalb von fünf Wochen beinahe zweitausend Pfund eingegangen waren. Nach seiner Schätzung sollten die Kosten für Ausrüstung und Reise der ganzen Gruppe nicht mehr als diese Summe ausmachen. (Die wirklichen Kosten waren dann allerdings etwas höher.) Seine eigenen Ausgaben bestritt Taylor nicht aus der Missionskasse, es sei denn, der Geber hätte das Geld ausdrücklich für ihn persönlich bestimmt. Er sandte auch immer wieder Gaben an andere Glaubenswerke.

„Frühmorgens, Viertel nach fünf. Ich kam gestern abend gerade noch zurecht zur Versammlung. Erst nach Mitternacht kehrte ich heim und fand einen Stoß Briefe vor. Sie nahmen mich bis jetzt in Anspruch. Viertel nach sechs fahre ich weg. Bald muß ich mich bereit machen." Taylor fuhr an diesem 7. Februar nach Norden. Maria war mit zwei Kindern in East Grinstead geblieben. Er schrieb ihr fast täglich. Die andern beiden Kinder besuchte er in Barnsley auf seinem Weg nach Manchester und Liverpool. In Liverpool wurde ein Ire, Grattan Guinness, auf ihn aufmerksam und lud ihn zu einer Vortragsreise nach Irland ein. Taylors Tage vergingen in einem Wirbel von Verpflichtungen. „Am 15. Februar kehrte ich nach London zurück, mußte sogleich in einer Versammlung sprechen und kam erst nach Mitternacht heim. Anderntags fuhr ich um 5.00 Uhr nach East Grinstead, um eine der zwei Stunden bei Maria zu sein. Gleich nach dem Mittagessen brach ich wieder auf, um freitags und samstags in London Vorträge zu halten. Am Montag kam ich in Irland an und mußte sogleich in einer Versammlung in Dublin sprechen. Am Dienstag hatte ich einen Dienst in Limerick, am Mittwoch in Cork und am Donnerstag nochmals in Dublin. Freitags war ich in Belfast."

Hudson besuchte in Dublin Grattan Guinness' Jugendgruppe. Als Tom Barnardo, ein kleiner Junge mit auffallend großem Kopf, Hudson Taylor erblickte, der neben dem großen, breitschultrigen Guinness besonders klein und schmächtig wirkte, flüsterte er seinem Nachbarn zu: „Sieh da, der große Mann! Das gibt sogar mir eine Chance!" Vier junge Männer aus dieser Gruppe stellten sich der CIM zur Verfügung. Auf Taylors Rat hin beendigte der junge Barnardo im Londoner Spital zuerst seine Medizinstudien. Später fand er dann im East End Londons seine Lebensaufgabe und gründete seine Heime für die Niemandskinder.

Ein anderer junger Mann aus Dublin, John McCarthy, der später über vierzig Jahre in China diente, schildert Taylor: „Er war bescheiden und anspruchslos in seinem Gebaren und in seinen Worten und doch voll göttlicher Kraft. An jenem Abend zeigte mir Gott nicht nur meinen zukünftigen Wirkungskreis, er schenkte mir auch den Führer dazu ... Die wenigen Worte, die wir nach der Versammlung in seinem Zimmer wechselten, das einfache Gebet um Führung, das er sprach — dies alles gehört mit zu den kostbarsten Erinnerungen meines Lebens."

In Belfast fand sich kein Grattan Guinness, der Taylor zur Seite gestanden hätte. Taylor fürchtete „mit diesen fremden, steifen Presbyterianern nicht zurechtzukommen", er sehnte sich nach Maria. Er predigte viermal und sprach auf einer öffentlichen Versammlung, die der Bürgermeister leitete.

Den Monat März verbrachte er meist in London. Er hoffte, Mitte Mai mit seiner Gruppe ausreisen zu können. Maria zweifelte, ob es möglich wäre, in so kurzer Zeit alles Nötige vorzubereiten. Sie hatten sich entschlossen, nicht mit einem regulären Personendampfer auszureisen. Dessen Route hätte entweder durchs Mittelmeer geführt, über Land dem zur Hälfte ausgehobenen Suezkanal entlang und durch das Rote Meer oder auf der alten Route um das Kap. Sie wollten lieber alle Plätze eines großen Seglers buchen. Die lange Seereise sollte die Gruppe zusammenschweißen und die Ausbildungszeit verlängern.

Anfang April unternahm Hudson eine dreiwöchige Vortragsreise nach Worcestershire, Shropshire und in den westlichen Teil Englands. Eine Strecke reiste Maria mit. „Liebe Mutter! Es schmerzt mich, daß ich Dir so selten und meistens nur in großer Eile schreiben kann. Vorträge und Reisen füllen meine ganze Zeit aus und nehmen alle meine Kraft in Anspruch. Daneben habe ich eine *riesige* Korrespondenz zu erledigen." „Seine Arbeit ermüdet ihn sehr", fügte Maria bei, „meistens ist er schon frühmorgens unterwegs und findet bis spät in die Nacht hinein keine Ruhe. Ich hoffe, der Luftwechsel wird ihm gut tun."

In Malvern, Wellington, Hereford, Bath, Exeter und verschiedenen Städten von Devonshire luden Anschläge an Mauern und Laternenpfosten zu einem Vortrag über „China und die Chinesen" ein: „J. H. Taylor, MRCS, FRGS aus Ningpo, China, wird über Missionsarbeit sprechen. Der Vortrag umfaßt Geographie, Geschichte und Bevölkerung des chinesischen Reiches, sowie Sprachen, Religionen, Sitten und Gebräuche der Chinesen. Er wird veranschaulicht durch *Landkarten, Skizzen, Kleidungsstücke* und *Gebrauchsgegenstände. Eintritt frei! Keine Kollekte!"*

„China, China, China tönt uns beständig in den Ohren", sagte Charles Haddon Spurgeon, „in jener eigenartigen und einzigartigen, melodischen, eindringlichen Weise, die Mr. Taylors Reden kennzeichnet." Taylor sprach gewöhnlich ungefähr zwei Stunden. In diesem geduldigen Zeitalter war das die übliche Dauer eines Vortrags. Viele politische Redner sprachen noch länger. Taylor war nicht weitschweifig, seine Redekunst gründete sich auf Sachkenntnis und Dringlichkeit des Themas. Das Romantisieren verabscheute er, Beschreibungen gab er bis in die Einzelheiten hinein mit fast übertriebener Genauigkeit. Hier und da, etwa bei der Erklärung der chinesischen Tinte oder der Eßstäbchen, kam sein Humor zutage, aber gleich war er wieder mit großem Ernst bei seinem Thema. „Ich erinnere mich gut", schrieb eine Frau, die am 21. April 1866 im Athenäum in Exeter anwesend war, „wie uns seine Worte erschütterten, als er uns die Myriaden von Chinesen vorstellte, die verlorengehen, und daneben die Kinder Gottes, die sorglos und bequem daheimsitzen ... Ich glaube, wir alle betrachteten es als ein unerhörtes Wagnis, diese wehrlose, kleine Schar in ein solches Land zu führen." Taylor gab sich nicht damit zufrieden, über Chinas Not zu reden, er suchte das geistliche Leben der Kirche zu vertiefen „bis zu dem Punkt, wo von selbst missionarischer Geist erwacht". „Die Ausreise der kleinen Schar hatte eine große Bedeutung für die christliche Welt jener Zeit", sagte einer, der ihnen ein Jahr später nach China folgte. „Natürlich sahen es viele als Verrücktheit an, doch andere erkannten darin einen mutigen Glaubensschritt."

Am 2. Mai, Hudson war bloß vier Tage daheim gewesen, finden wir ihn in Hertfordshire, im Haus von Oberst Puget, des Bruders von Lady Radstock. Am Schluß seines öffentlichen Vortrags erhob sich Oberst Puget und sprach als Vorsitzender: „Meine Damen und Herren! Auf Mr. Taylors Anordnung hin wurde auf der Anzeige vermerkt, daß heute abend keine Kollekte erhoben würde. Aber ich bin überzeugt, daß viele von uns belastet und unruhig weggehen, wenn sie keine Gelegenheit haben, etwas für das vorgesehene gute Werk zu opfern. Ich glaube, daß Mr. Taylor nichts dagegen hat, wenn wir auf meinen persönlichen Vorschlag hin ..."

„Bitte, Herr Vorsitzender, halten Sie sich an die vereinbarte Bedingung! Wenn Sie sich belastet fühlen, wie der Präsident sagt, ist das einer der Hauptgründe *gegen* eine Kollekte. Ich möchte Sie nicht entlasten, indem ich Ihnen Gelegenheit gebe, jetzt und hier aus dem Gefühl heraus Geld zu spenden. Kehren Sie, belastet mit Chinas tiefer Not, nach Hause zurück und fragen Sie *Gott,* was Sie tun sollen! Sollten Sie wirklich Geld geben müssen, so schicken Sie es irgendeiner Mission, die in China arbeitet, oder an unser Büro in London! Aber in vielen Fällen will Gott gar nicht Ihr Geld, sondern *Sie selbst* oder Ihren Sohn oder Ihre Tochter für Seinen Dienst oder Ihr Gebet. Eine Kollekte erweckt oft den Eindruck, als sei der Zweck der Veranstaltung damit erfüllt. Doch keine noch so hohe Geldsumme vermag auch nur eine einzige Seele zu bekehren."

Beim Nachtessen machte Oberst Puget Taylor Vorwürfe: „Die Leute waren interessiert. Sicher hätten wir eine große Kollekte eingenommen." Taylor konnte ihn den ganzen Abend nicht von seiner Meinung abbringen. Am andern Morgen erschien Puget sehr spät zum Frühstück. Taylor benützte die Wartezeit, um seine Post zu öffnen. Darunter war ein Angebot der Schiffsgesellschaft Killick, Martin & Co. Sie offerierte die Überfahrt nach China auf der „Lammermuir" zum Preise von 807 Pfund für die ganze Gesellschaft. Als Reisedatum war der 26. Mai vorgesehen. Die Vorbestellung mußte sofort erfolgen und gleichzeitig eine Anzahlung von fünfzig Prozent der Fahrtkosten geleistet werden. Zwei Tage vor Abfahrt sollte der Restbetrag bezahlt werden. Taylor wußte, daß keine vierhundert Pfund auf dem CIM-Konto standen; noch heute mußten also größere Gaben eingehen.

Endlich erschien Puget und bemerkte, er hätte schlecht geschlafen. Taylor äußerte sein Mitgefühl. Nach dem Frühstück bat ihn Puget ins Studierzimmer. Er überreichte ihm ein paar unbedeutende Gaben, die ihm gestern abend übergeben worden waren. Dann sagte er: „Gestern abend dachte ich, Ihre Ansicht über Kollekten sei falsch. Jetzt bin ich überzeugt, daß Sie völlig recht haben. Während der Nacht mußte ich an diese endlose Zahl von Seelen denken, die der ewigen Finsternis entgegengehen. Ich konnte nur, wie Sie gesagt hatten, zum Herrn rufen: ,Herr, was willst Du, daß ich tun soll?' Ich glaube, ich habe die rechte Antwort bekommen. Hier ist sie!" Er gab Taylor einen Scheck und bemerkte dazu, daß er bei einer Kollekte wahrscheinlich nur ein paar Pfund gegeben hätte. Taylor blickte auf den Scheck. Er lautete über fünfhundert Pfund.

Im Hafen von London am 26. Mai 1866: Hudsons Mutter, die Broomhall-Familie, Tante Tarn und eine Reihe Verwandter der ausreisenden Missionare. Der alte James Taylor war daheimgeblieben: „Es tut mir leid, Euch allen weh tun zu müssen. Aber denkt nicht, ich hätte nicht mit Euch gelitten. Mein Kommen könnte Euch nicht helfen ... Ich bin menschenscheu, und in meinem Alter kann ich mich nicht mehr unter fremde Leute mischen."

Mr. und Mrs. Berger und andere Freunde begleiteten sie flußabwärts bis nach Gravesend. Ein letztes Abschiedsgebet — die China-Inland-Mission hißte die Segel — Taylor hatte um vierundzwanzig willige, fähige Mitarbeiter gebetet. Acht waren bereits in China, fünfzehn reisten jetzt mit Taylors aus, und eine sollte bald nachkommen.

Sie wußten nicht, daß ein Judas unter ihnen war. Doch vorausblickend sagte Berger zu Rudland: „Seht zu, daß ihr nicht vom Wege abweicht!"

HEIMSUCHUNG AUF DEM MEER

Die sieben Männer und zehn Frauen, die am 26. Mai 1866 auf dem eisernen, dreimastigen, 760 Tonnen schweren Segelschiff, der *„Lammermuir"*, mit Kapitän Bell und einer Besatzung von dreiunddreißig Männern ausreisten, bildeten eine bunt zusammengewürfelte, nicht sehr imposante Streitschar.

Lewis Nicol, ein dunkelhäutiger schottischer Schmied von Angus, und seine Frau waren das einzige Ehepaar. Von Angus stammte auch der Schreiner James Williamson. Georg Duncan war ein Maurer aus Banffshire. Zwei waren Engländer: der Schreiner und spätere Tuchhändler Josia Jackson aus Kingsland in der Nähe von March und William Rudland, einer jener Art von Schmieden, die man „Ingenieure" nannte, weil sie Mähmaschinen, Selbstbinder und andere neuartige Landwirtschaftsmaschinen herstellten. Er stammte aus Eversdon außerhalb von Cambridge. John Sell, über dessen Beruf nichts berichtet wird, kam aus Romford in Essex.

Elisabeth Rose aus Barnsley reiste als James Meadows' Braut und Mary Bell von Epping als Kinderschwester aus, doch galten auch sie als Missionare. Gesellschaftlich und bildungsmäßig aus höheren Kreisen stammte Jennie Faulding, eine Baptistin. Sie war die Tochter eines Londoner Kaufmanns oder Bankiers. Ihre Familie lebte in der Euston Road. Eine andere Londonerin, Emily Blatchley, reiste als Taylors Sekretärin mit. Die andern zwei Missionarinnen waren Erzieherinnen. Die eine der beiden stammte aus der Schweiz. Dann gehörten zur Gruppe noch zwei Bibelfrauen.

Fünf der fünfzehn Rekruten waren Schotten und einer Irländer. Es befanden sich darunter Baptisten, Methodisten und Presbyterianer; Mary Bowyer und Jane McLean waren Anglikaner aus Pennefathers Gemeinde St. Jude, Mildmay. Als die Gruppe China erreichte, machte sie zusammen mit den acht Leuten, die zu Taylors Gemeinde gehörten, als China-Inland-Mission ein Viertel aller in China lebenden protestantischen Missionare aus.

Die vier Taylorkinder, Grace, Bertie, Freddie und der kleine Samuel, dem freie Überfahrt gewährt wurde, vervollständigten zusammen mit Mary Bausum, an der Maria Mutterstelle vertrat, die ausreisende Gruppe. (Mrs. Bausum hatte sich mit einem Amerikaner, Mr. Lord, verheiratet.) Im Golf von Biskaya erkrankten fast alle Passagiere.

Am 3. Juni, eine Woche nach ihrer Ausfahrt auf dem Londonfluß, segelten sie bei ruhigem Wetter in der Nähe von Kap Finisterre vorbei. „Ich wünschte, Ihr könntet alle einmal heimlich zu uns hereinschauen, wenn wir beisammen sind", schrieb Maria, die sich nicht besonders wohl fühlte, an ihre Schwiegermutter, „und sehen, wie glücklich wir sind. Möge Gott uns dieses Glück bewahren!" Jennie Faulding kritzelte am 6. in ihr Tagebuch: „Wie habe ich den heutigen Tag genossen! Das Meer ist prächtig und die Luft so rein. Nie hätte ich gedacht, daß eine Reise ein solcher Hochgenuß sein könnte. Die Freude läßt mein Herz höher schlagen." William Rudland erinnerte sich im Alter an jene Tage mit Taylor, wie dieser als 34jähriger „ganz eins war mit den jungen Männern jener Gruppe. Mrs. Taylor war ruhiger als ihr Mann, in mancher Hinsicht vielleicht reifer und mit einem seltenen Verstand ausgerüstet. Auf ihrem Antlitz lag jederzeit ein Ausdruck der Ruhe und des inneren Friedens. Sie war immer sehr nachdenklich und verwandte viel Zeit auf Bibelstudium und Gebet. Auch gab sie sich viel mit den Kindern ab. Oft pflegte sie diese zum Vorlesen in ihrer Kabine um sich zu versammeln."

Sie hatten keine Stewardess, nur einen Tischsteward. Über ihrem Gepäck hatte man Schlafkojen angebracht. Die Missionare wußten sich zu helfen, brachten da und dort Verbesserungen an und hielten sehr auf Sauberkeit. Taylor schreinerte mit seinen geschickten Händen Bücherregale für seine Familie und Miss Faulding und verrichtete manche Arbeit, die den jüngeren Leuten hätte überlassen werden können. Er dirigierte den Chor während der Gottesdienste, leitete die obligatorischen Chinesisch- und Bibelklassen, behandelte erkrankte Glieder der Besatzung und Passagiere und wachte streng darüber, daß keine

Romane gelesen wurden, die er aus einem unüberwindlichen Vorurteil heraus ablehnte.

Sein Vorhaben, zukünftige Pioniermissionare zu erziehen und auszubilden, konnte er nur teilweise ausführen. „Mr. Taylor sagte uns vor der Ausreise", schrieb Elisabeth Rose an ihren Vater in seinem kleinen Häuschen in Barnsley, „es sei gut und notwendig, daß zwischen den Bequemlichkeiten daheim und den Entbehrungen in China eine Seereise liege, damit wir uns langsam daran gewöhnten. Aber wir brauchen uns hier kaum umzustellen, denn hier wird uns nicht nur Bequemlichkeit, sondern regelrechter Luxus geboten. Kapitän und Mannschaft erweisen uns jede erdenkliche Freundlichkeit." Das Essen war reichlich und gut. Die meisten hätten es sich nie so gut leisten können. Das Mittagessen am 10. Juni zum Beispiel dauerte eindreiviertel Stunden. Es gab dabei Hasen- oder Hühnersuppe, eingemachtes Schaffleisch, gehacktes Hasen- oder Huhnfleisch und Schinken mit Kartoffeln und Rüben, Apfel- und Pflaumenkuchen, Johannisbeer- oder Pflaumentorte, Biskuits und Käse und als Nachtisch Nüsse, Mandeln, Rosinen und Feigen.

Am 29. Juni, zwei Tage nach dem Passieren des Äquators, merkte Taylor „Anzeichen einer bösen Stimmung und Uneinigkeit" unter den Gliedern seiner Gruppe. Am 5. Juli, einem windstillen Tag im schwülen Südatlantik, nachdem sie drei heimwärtssegelnde Schiffe gesichtet hatten, traten Jackson, der Schreiner, Nicol, der Schmied, und Duncan, der Maurer, an Taylor mit der Bitte heran, in die im Heck liegende Kabine zu kommen. Sie hatten einen Kummer. Es beschäftigte sie die Frage, ob alle Ausreisenden dieselbe Aussteuer hätten. Taylor gab ein kleines Durcheinander im Blick auf die Strümpfe zu, im übrigen sei die Ausrüstung für alle die gleiche.

Jackson der Wortführer, beklagte sich: „Ich habe die Liste der Kleidungsstücke gesehen, die den Presbyterianer-Missionaren mitgegeben wurden. Sie ist sehr verschieden von der unsrigen."

„Wir haben nicht vor, die Presbyterianer als Muster zu nehmen", erwiderte Taylor, „das sind Leute einer anderen Gesellschaftsklasse. Sie werden die mitgebrachten Kleider auch in

China tragen. Wir aber wollen einheimische Kleidung tragen." Er versicherte ihnen, daß er alles getan habe, was er konnte.

Duncan sagte: „Ich habe eine sehr armselige Ausstattung. Sie ist sehr verschieden von dem, was die Heimatfreunde erwarteten." Taylor antwortete, sie möchten es ihm doch sagen, wenn sie etwas dringend benötigten oder ausgebessert haben wollten. Er verließ sie traurig, hatte er doch den Eindruck, daß die drei Missionare nur deshalb nach China gingen, weil sie sich eine Verbesserung ihrer Stellung erhofften.

Am nächsten Tag setzte Taylor alles daran, die zunehmende Unzufriedenheit aus dem Wege zu räumen. Er sprach mit den einzelnen, „persönlich und in Liebe", mühte sich besonders um Lewis Nicol und rief am Abend alle seine Leute zu einer Versammlung des Bekenntnisses und Gebets zusammen, um den Geist der Liebe und Einheit zu stärken. Am Samstag erschrak er sehr über die Gebete der Reue, die bewiesen, „daß die unter uns herrschende Stimmung schlimmer sein mußte, als ich mir vorstellen konnte. Der eine war eifersüchtig, weil ein anderer zu viel neue Kleider besaß; ein anderer, weil er nicht mehr Beachtung fand. Einige fühlten sich verletzt durch unfreundliche oder polemische Diskussionen und so weiter. Gott sei Dank kam alles ans Licht und konnte bereinigt werden."

Die Stimmung besserte sich nicht zuletzt auch dadurch, daß sie bei gutem Wind schnell vorankamen. Die Einheit war einstweilen wiederhergestellt. Die „Lammermuir" umsegelte das Kap der Guten Hoffnung, das von Steuerbord aus überhaupt nicht zu sehen war, und kreuzte nun den Indischen Ozean.

Offiziere und Mannschaft ärgerten sich, als sie hörten, daß sie eine Ladung „Himmelspiloten" an Bord hatten. Der Steuermann beschwerte sich, das sei „eine schöne Bescherung. Ich wollte, ich hätte nichts mit ihnen zu tun. Wir werden uns jeden Tag ihre frommen Lieder anhören müssen." Kapitän Bell war vor zwei Jahren mit einer Erweckungsbewegung in Berührung gekommen. Seine echte, wenn auch unaufdringliche Frömmigkeit glich in keiner Weise der unechten Religion des abstoßenden Jones von der „Jubilee". Die Schiffsmannschaft bestand, abgesehen von einem oder zwei Offizieren, aus rauhen, abgehärteten Männern mit einem bösen Mundwerk. Es waren echte Typen eines Seglers der sechziger Jahre.

Nachdem sich die Reisenden auf dem Schiff etwas eingelebt hatten, bemerkten die Seeleute als erstes, wie glücklich diese Männer und Frauen ihrer zweifellos trüben Zukunft entgegengingen. Lachen. Humor. Täglich Singen froher Heilslieder, die manche an ihre Kindheit erinnerten. Gewöhnt an Passagiere, die sich vornehm von ihnen fernhielten, wußten die Matrosen die freundliche Hilfsbereitschaft dieser Männer besonders zu schätzen. Nicol half mit, wo es etwas zu schmieden gab. Williamson betätigte sich beim Schreiner. In Hudson Taylor fanden sie als Seltenheit auf einem Handelsschiff einen qualifizierten Arzt, der sogar Zeit fand, den Wachen in ihrer abendlichen Freizeit Unterricht in Anatomie zu geben. Seine Begeisterung für ihre Interessen verwandelte sie. Schon nach wenigen Wochen waren sie ihm völlig ergeben. Und wenn abends jeweils eins der hübschen Mädchen über ein Bibelwort sprach, dann hingen ihre Augen bald mehr auf dem Buch als auf ihr selbst.

Mary Bell begann mit ihrer Bibelschule einen Monat, nachdem sie England hinter sich gelassen hatten, als sie sich bereits unter dem Tropenhimmel befanden. Sie bemerkte sofort fünf Männer, „die sich um ihre Seele sorgten". Am nächsten Tag, dem 24. Juni, sagte der junge zweite Offizier Tosh, der sich bald nach der Abfahrt mit einigen Missionaren befreundet hatte, er sei Christ geworden. Am 25. Juni berichtete Mary von einem oder zwei der interessierten Männer, daß sie jetzt in Jesus glücklich seien. Am 27. Juni konnte sie melden: „Mr. Saunders, einer der Schiffsoffiziere, fand Jesus. Aber es setzt auch Widerstand ein." Am 2. Juli traf Taylor, der gerade den herrlichen Sonnenaufgang beobachtet hatte, Mary, die ihm sagte, es hätten sich zehn Männer bekehrt.

Religion war das Hauptthema geworden, im positiven oder negativen Sinn. Selbst Menschen wie ein James wurden weich. Jennie Faulding schrieb an ihren Vater über ihn: „Ein offener, feuriger, alles Gemeine ablehnender Mann, des Lesens unkundig. rauh und ständig kampfbereit. Er hat ein richtiges Boxergesicht, führt eine schreckliche Sprache und ist der Schrecken der ganzen Mannschaft, doch ist er ein ausgezeichneter Seemann. Miss Barnes bemerkte ihn eines Tages und sagte zu mir: ‚Sieh doch, was für ein Gesicht der Mann hat! Ich will versuchen, mit ihm zu reden.' Daraufhin lud sie ihn ein, zur Versammlung zu kommen, und erwartete nichts anderes, als von ihm geschlagen zu werden. Doch er versprach zu kommen und wurde bald darauf ein Christ. Seine Bekehrung machte einen tiefen Eindruck auf die andern; einer nach dem andern folgte ihm und gab das Kartenspiel und andere Dinge auf. Ich bin überzeugt, daß über alles Tun und Reden auf der ‚Lammermuir' ein fesselndes Buch geschrieben werden könnte."

Die erstaunlichste Siegesbeute war Brunton, der Steuermann, „ein gewalttätiger Mann", wie Rudland berichtete, „zuweilen wie von Dämonen besessen. Er machte das Schiff für die Mannschaft tagelang zur Hölle. Wenn wir außer Sicht waren, benahm er sich besonders schlimm. Ein richtiger Raufbold, den alle Männer fürchteten. Nichts und niemand konnte es ihm recht machen."

Am 8. Juli bat Brunton John Sell, zu ihm in seine Kabine zu kommen und mit ihm zu beten. Die Freude der Missionare darüber schien kaum gerechtfertigt, denn Bruntons Bereitschaft zu religiösen Gesprächen mit diesem oder jenem Passagier widersprach ganz seinem bösen Temperament, bis er am 2. August, einem Dienstag, die Missionare durch einen Wutanfall und entsetzliches Fluchen erschreckte. Taylor sprach offen mit ihm über seinen Seelenzustand. Er war ganz verzweifelt. Die Entscheidung fiel am nächsten Tag, einem Freitag, nach einer Gebetsvereinigung der Passagiere und Bekehrten um Mitternacht, als Taylor, anstatt zu Bett zu gehen, den von der Wache kommenden Brunton aufsuchte. Sie sprachen zwei Stunden miteinander. Dann rief Brunton plötzlich aus: „Ich sehe! Ich sehe, wie blind ich gewesen bin!" Dann vernahmen Taylors Ohren ein Gebet des Bekenntnisses, des Glaubens und Dankens und der Fürbitte für jeden einzelnen Missionar, für Kapitän Bell und vor allem für die Mannschaft, besonders für alle Ungläubigen auf dem Schiff, sowie für seine Frau und Kinder.

Taylor rannte in seine Kabine hinunter, weckte Maria und zwei oder drei andere zum Loben und Danken während der frühen Morgenstunden. Er schrieb am nächsten Tag darüber: „Mr. Brunton weiß, daß seine Last von ihm genommen ist. Unsere Gruppe ist überglücklich." Marie Bausum schrieb: „Es wurde an jenem Tag nicht viel gearbeitet. Wir konnten uns einfach zu nichts entschließen. Brunton war ganz verändert. Sein Gesicht war nicht mehr das gleiche." Brunton selbst rief seine Wachen herbei und erzählte ihnen, was mit ihm geschehen war. Darauf suchte einer nach dem andern einen Missionar auf und bat um geistlichen Rat oder sprach über den neu entdeckten Glauben.

Am Ende der Woche gingen die Wellen hoch. Es kam zu einem Unfall, als die Hecksegelstange brach und der Matrose William Carron von ihr getroffen wurde. In den folgenden Tagen fanden drei weitere Männer den Herrn Jesus.

Nun strömten die Matrosen jeden Abend in den Mannschaftsraum. Sie schlugen vor, die abendlichen Versammlungen in ihre Unterkunft zu verlegen, „wo das Kartenspiel durch Bibellesen und blöde Lieder durch fromme abgelöst wurden. Jetzt kamen sie als Gläubige mit uns zusammen." Die hin- und herschaukelnden Schiffslaternen warfen ihr flackerndes Licht auf Matrosen, Missionare und Offiziere, die sich auf Überseekoffern, Brettern oder Sesseln aus dem Salon niedergelassen hatten oder sich an irgendeinen Ausrüstungsgegenstand anlehnten. Einige Mannschaftsleute beobachteten sie verschämt und doch angezogen im Schatten der Ankerwinde.

Das Harmonium spielte die Anfangsakkorde des Liedes: „Kommt, stimmet alle jubelnd ein!" Nach dem kräftigen Gesang neigten sich die Versammelten zum Gebet. John Sell betete zuerst, ihm folgte ein westindischer Seefahrer. Es wurde eine Stelle aus dem Johannes-Evangelium gelesen und ausgelegt, dann bat ein Matrose um das Lied „O glücklicher Tag der Entscheidung", das auf Seemannsart, aber in gläubiger Vertiefung gesungen wurde. „Auf unserer nächsten Reise werden wir alle auf verschiedenen Schiffen zerstreut sein", sagte einer der Männer, „und dann werden wir über Christus reden können. Wir dürfen nicht ruhen, bis die ganze Handelsflotte bekehrt ist."

„Herr Taylor ist gegenwärtig sehr müde", schrieb Marie Bausum an Amalia, während das Schiff durch die Sundarstraße zwischen Sumatra und Java segelte. „Ich glaube, es geht ihm nicht gut. Augenblicklich schläft er in der Heckkabine, weil er zum Schreiben unfähig ist. Und dies nur, weil er heute morgen schon um vier Uhr aufstand. Ich hoffe nicht, daß du denkst, ich murre über ihn; ich wünschte einfach, er wäre vorsichtiger." Hudsons Augen waren entzündet. Wenn jemand erkrankte, holte man ihn jederzeit aus dem Bett. Er selbst machte sich Sorgen um Marias Gesundheit. Als das Schiff einmal schlingerte, hatte sie einen bösen Fall getan.

Hudsons geschwächte Gesundheit beeinflußte auch sein Urteilsvermögen. Bei Sonnenuntergang ging die „Lammermuir" an jenem Abend in der Anjerstraße vor Anker. Am nächsten Morgen begaben sich alle zum erstenmal nach drei Monaten an Land und freuten sich an dem javanischen Markt und den chinesischen Kaufläden, sowie an der üppigen tropischen Vegetation und an dem Gelb des reifenden Reises. Sie mußten lachen, als ein kleiner brauner Junge eine Palme erkletterte und für sie Kokosnüsse abschnitt. Sie kauften indische Früchte, Bananen und Zuckerküchlein. Aber an jenem Tage beging Hudson Taylor den größten Fehler seines Lebens.

Er hatte eine überkonfessionelle Mission gegründet und unzweideutig dargelegt, daß jeder Missionar in kirchlichen Fragen volle Freiheit haben solle. Doch hatte er während der Reise die zwei Anglikanerinnen Jane McLean und Mary Bowyer dazu überredet, die Notwendigkeit der Glaubenstaufe anzuerkennen. Diese Lehre der Baptisten, die die Kindertaufe für unzulänglich und die Bekehrung ohne Untertauchen für unvollkommen hält, war Taylor seit seiner im Jahre 1851 in Hull vollzogenen Großtaufe lieb geworden. Doch dadurch, daß er seine persönliche Auffassung in dieser Angelegenheit Gliedern einer andern Kirche aufdrängte, handelte er gegen sein Prinzip.

Es wurde ein Taufgottesdienst in einem kleinen Fluß abgehalten, weil einige Matrosen und Kadetten sich ebenfalls taufen lassen wollten. Als Taylor dabei die Missionarinnen McLean und Bowyer nicht nur zur Taufe ermunterte, sondern sie selbst untertauchte, die doch beide in der Kirche von England getauft und konfirmiert waren, ahnte er nicht, daß diese Handlung beinahe den Untergang der CIM bedeutet hätte. —

Das südchinesische Meer könnte einen Menschen in der Taifunzeit nach einer dreimonatigen Reise zum Äußersten bringen. Nicol, der schottische Schmied, ein begabter Mann, doch ein noch ungeschliffener Diamant, zeigte sich erneut unzufrieden. Er wurde in dieser Haltung bestärkt durch Jackson und Duncan. Brunton, der Steuermann, fiel in sein altes herrisches und mürrisches Wesen zurück. Er behandelte die Matrosen unnötigerweise schlecht, so daß einige ihn zu schlagen drohten.

Der Geist der Auflehnung breitete sich weiter aus. Während der Feier des heiligen Abendmahls entfernten sich Jackson und Duncan, weil Brunton daran teilnehmen wollte. Dieses Handeln betrübte die andern, so daß sie sie in einer besonderen Zusammenkunft baten, sich doch nicht als ihre Kritiker und Richter aufzuspielen. Lewis Nicol saß schweigend dabei. Taylor ging zu ihm und fand ihn in einem beklagenswerten Zustand. Dieser und jener der Missionare sei ihm oder seiner Frau unverschämt begegnet. Taylor brachte alle, die Nicol vermeintlich unrecht getan hatten, zu ihm, um die Angelegenheit in aller Offenheit zu ordnen. Es erwies sich jedoch alles als Einbildung oder von geringfügiger Bedeutung. Im Verlauf des Nachmittags und Abends konnte durch Gottes Güte alles geklärt und bereinigt werden. Nicols Hang zu unbesonnenen Aussagen ließen jedoch nichts Gutes ahnen.

Die Harmonie war wiederhergestellt. Auch Brunton fand sein Gleichgewicht wieder, ehe die schlimmsten Stürme über sie hereinbrachen, deren sich die ältesten Seeleute zu erinnern vermochten.

Der Sonnenuntergang am Montag, dem 10. September, zeigte die drohende Gefahr eines Taifuns an. Mächtige Wogen, Regen und Wind während des folgenden Tages stellten die größten Anforderungen an Schiff und Mannschaft. Diese und die Passagiere atmeten erleichtert auf, als am Mittwoch die Sonne aufging und sie in weiter Ferne Formosa sahen. Sie hofften am Samstag in Shanghai einlaufen zu können. Doch der Sturm, die Wellen und das allgemeine Elend nahmen im Laufe des Freitags zu. „Wir fühlten uns am Ende unserer Kräfte", schrieb Emily Blatchley, „und waren durch das ständige Hin- und Hergeworfenwerden übermüdet. Unsere Kleider waren durchnäßt ..." In zwei Tagen schneller Fahrt hätten sie Shanghai erreichen können, doch war die „Lammermuir" durch den Sturm gezwungen, acht Tage gegen den Wind zu kämpfen. Sie wurde anstatt voran zurückgetrieben. Die Passagiere sangen tapfer ihre Heilslieder, wie „Fels des Heils" oder „Jesus, Heiland meiner Seele", während der Sturm um sie tobte. Dieser ließ ihre Stimmen in dem Getöse fast untergehen, doch blieben ihre Herzen ruhig im Vertrauen auf ihren Meister, der Wind und Wellen befiehlt und der Hand des Feindes wehrt, der mit aller Macht das Eindringen der CIM in das Reich der Finsternis verhindern will.

Am Nachmittag des Freitags war es, als ob die ganze Hölle über die „Lammermuir" hereinbrach. „Die Decks wurden vom Meer überspült, wie ich es nie zuvor erlebte", berichtete Taylor. Im Verlauf der Nacht verstärkte sich der Sturm. In Jennie Fauldings Schilderung heißt es: „Das Schiff wurde umhergetrieben wie ein Federball. Es drehte sich, zitterte und tauchte, wie Ihr es Euch kaum vorstellen könnt. Das Flattern der zerfetzten Segel erhöhte die Wildheit der Szenerie." In der Frühe des Samstags gaben Vor- und Stützsegel mit lautem Krachen nach.

Kapitän Bell, der an einer schmerzhaften Gesichtslähmung litt, mußte sich mit Brunton und einem Rettungstrupp zurückziehen, als das Schiff zu sinken begann. Die obere Steuerbordreling zerbarst und wurde fortgespült. Der Klüverbaum stürzte auf das Deck. Ihm folgten viele der Hochmasten, die noch an ihren Drahtseilenden hingen und heftig hin- und herschwangen.

Die im unteren Teil des Schiffes zusammengekauerten Passagiere sahen auf einmal, wie die Tür sich öffnete. Kapitän Bell stolperte herein, einen Revolver in der Hand. „Die Männer weigern sich, weiter zu arbeiten. Sollten sie meutern, werde ich schießen. Legen Sie Ihre Rettungsgürtel an, denn das Schiff wird kaum noch zwei weitere Stunden dem Sturm standhalten. Wir brauchen Freiwillige!" „Wenden Sie keine Gewalt an", sagte Taylor, „bis alles versucht worden ist!" Er ging auf Deck, und seine Männer folgten ihm. „Die Decks standen voll Wasser, das von beiden Seiten hereinströmte, weil das Schiff schlingerte. Auch schwammen überall Sparren, Rohre, Eimer, Fässer usw. umher. Außer der Gefahr, über Bord gespült zu werden, riskierten wir durch die hin und her rollenden Balken Arm- und Beinbrüche. Es blieb uns nur das Gebet. Unsere Stunden, ja Minuten schienen gezählt."

Taylor begab sich zum Vorderdeck, wo die Matrosen verzweifelt zusammenhockten. Er trat ruhig zu ihnen, lächelte ihnen ermunternd zu und sagte, Gott werde sie durchbringen, doch hänge alles von ihrer Seemannskunst ab. „Wir sind alle bereit, euch zu helfen. Unser Leben ist genauso gefährdet wie das eure." Kapitän Bell sah, wie die Mannschaft aus ihrem Versteck hervorkam.

Den ganzen Morgen und Nachmittag waren Offiziere, Mannschaft und Missionare damit beschäftigt, die losen Balken festzumachen und hochzuziehen, bis die Gefahr durch die hin und her baumelnden Trümmer behoben war. „Als die Nacht hereinbrach, bot das Wrack einen traurigen Anblick. Noch immer schlingerte es furchterregend. Die herunterhängenden Masten und Taue zerrten an unserem einzigen Segel … Das Hinterdeck stand ständig unter Wasser. Durch das Getöse des Wassers auf den Decks, das Rasseln der Ketten, das Zerren der losen Taue, das Knattern der zerfetzten Segel konnte man die Befehle kaum vernehmen." Doch war die Macht des Taifuns endlich gebrochen. Durch die Wolken brach das Mondlicht, als sich um zehn Uhr das größte Bramsegel des Kreuzmastes löste und nur noch lose herunterhing.

Am nächsten Morgen trieb die „Lammermuir" träge dahin. Den ganzen Sonntag arbeiteten erschöpfte Missionare und Matrosen an den Pumpen. Sogar die Frauen hingen sich an die Taue, die bis zum Salon hinunterhingen.

Am Montag beruhigte sich das Meer. Kapitän Bell, der unter großen Schmerzen im Gesicht litt, war völlig teilnahmslos. Er konnte es nicht fassen, daß das Wasser im Schiffsraum gefährlich gestiegen war. Nicol und drei andere Missionare arbeiteten verzweifelt und versuchten, die Pumpen zu reparieren. Übermüdete Matrosen verweigerten den Gehorsam. Taylors Tagebuch sagt: „Ich glaube, ohne unseren Einfluß wäre eine Meuterei ausgebrochen und das Schiff den Händen des Kapitäns entwunden worden."

Sechs Tage später, am 30. September 1866, einem sonnigen Sonntagmorgen, zog ein Schlepper das arg mitgenommene Wrack der „Lammermuir" die Woosungbucht nach Shanghai hinauf.

GELÄCHTER IN SHANGHAI

Die Neuankömmlinge wunderten sich über die düstere Mischung von Ost und West, die Shanghai in den sechziger Jahren charakterisierte: übelriechende Schlammdämme, Holzhäuser, mit Tragstühlen und Schubkarren verstopfte Straßen, Kulis, die ihre Lasten an Bambusjochen trugen. „Es schien uns wie ein Traum", schrieb Jennie Faulding, „nun wirklich von Zöpfen und kleinen Füßen umgeben zu sein."

Taylor vergeudete keine Zeit. Er ließ die Missionare auf der „Lammermuir" zurück und reiste auf dem Kanal nach Ningpo. Dort sollte die Trauung von Marie Bausum und Elisabeth Rose stattfinden, die ihn begleiteten. Hudson traf die meisten der acht China-Inland-Missionare bereits auf ihren Posten. Nach vierzig Stunden war Taylor wieder in Shanghai. Die Verwüstungen, die der Taipingaufstand hinterlassen hatte, stimmten ihn traurig. Er erkannte, daß er sich nicht in Ningpo niederlassen konnte, wo bereits zu viele Missionare arbeiteten. „Er hat sich entschieden, mit uns nach Hangchow zu ziehen", schrieb Maria eine Woche nach ihrer Ankunft. „Wir wollen, sobald wir können, chinesische Kleider tragen und weiter nach Hangchow reisen", der großen, in einer Meeresbucht gelegenen Stadt zwischen Shanghai und Ningpo. Hangchow war kein Vertragshafen.

In Shanghai nahm William Gamble von der amerikanischen Presbyterianermission sie als seine Gäste auf und stellte ihnen seinen Lagerschuppen zur Verfügung. Ein großer Teil des Gepäcks war nämlich während des Sturms von Meerwasser feucht geworden. In tagelanger Arbeit wurde nun das Material von den Missionaren ausgepackt, sortiert, gewaschen und neu verpackt. Taylor besorgte inzwischen Pässe, die damals für das ganze Inland ausgestellt wurden. Er ließ auch für alle chinesische Kleidung anfertigen.

Noch einmal besuchten sie die „Lammermuir". Dort wurde gesungen, obgleich bedauerlicherweise zugegeben werden mußte, daß der Rum, den sich einige im Hafen besorgt hatten, ihrem guten Ruf schadete. Man hatte ihnen Besseres zugetraut. Doch der Abschiedsschmerz war ehrlich. „Der arme Brunton sagte: ‚Es ist wie ein Abschiednehmen von meinen Liebsten', und mehr oder weniger empfanden alle so." Nach einer letzten Andacht auf dem Vorderdeck waren fast alle Männer dem Weinen nahe. „Wir betraten noch einmal unsere Kabinen, um uns ein letztes Mal darin umzusehen." Und als die Missionare wieder an Land gingen, stellte sich die Mannschaft an der Reling auf, „schwenkte ihre Mützen und grüßte uns mit drei von Herzen kommenden Hochrufen ... Matrosen und Kadetten folgten bis zum Heck, wo sie die Hurrarufe wiederholten und uns nachblickten, bis wir ihren Blicken entschwanden."

Als die Mission ins Inland verlegt wurde, reiste der Steuermann Brunton einen ganzen Tag, um den Sonntag mit den Missionaren an ihrem Aufenthaltsort zu verbringen, und wurde im Abendschein von Taylor im Fluß getauft. Kapitän Bell sandte ihnen Fleisch, Butter, ein Faß eingemachter Früchte und andere Leckerbissen nach. Die CIM hatte ihm eine Bibel und eine Reisedecke geschenkt. Sechs Wochen später schickte Brunton einen bemerkenswerten Geldbetrag, den die Mannschaft für sie zusammengelegt hatte. Im Mai 1867 wurde Berger von Brunton besucht, der ihm sagte, diese Ausreise sei die glücklichste gewesen, die er je erlebt habe, und die Heimreise die allerschlimmste. Die Trunksucht und der Teufel hatten den meisten Gläubigen in Shanghai und Hongkong arg zugesetzt. Kapitän Bell hatte sich gegen Brunton gewandt und ihn bei seinen Versuchen, auf dem Schiff das Amt des Seelsorgers zu übernehmen, nicht unterstützt. Als das Schiff England erreichte, wurden Kapitän und Steuermann wegen Schnapsschmuggel entlassen. „Mr. Brunton bestreitet jedoch, etwas damit zu tun gehabt zu haben. Auch der Kapitän habe sich in dieser Sache nicht schuldig gemacht. Jedenfalls erwies sich Brunton in der Folge als entschiedener und dankbarer Christ."

Taylor erkannte, daß die gescheiterte Erweckung unter der Schiffsmannschaft seinen Gegnern eine Waffe in die Hand spielte. Er hätte sich gern im Nachrichtenblatt, das gelegentlich von der CIM herausgegeben wurde, gerechtfertigt. Der Gedanke, daß die Mannschaft niemand hatte, der sie weiter unterrichten oder beraten konnte, und damit hilflos allen Versuchungen der Seeleute ausgesetzt war, vermochte ihn nicht zu trösten.

Zwei Tage vor der Reise in das Inland ließen sich Taylor und seine Männer die Köpfe teilweise rasieren, Zöpfe flechten und in die Tracht chinesischer Gelehrter kleiden. Einige der Missionarinnen sagten zu Maria, nachdem sie Nicol, Rudland oder einen andern Grobschmied oder Schreiner in ihren schmucken neuen Gewändern gesehen hatten: „Die jungen Männer sehen in ihren chinesischen Kleidern viel besser aus als in den englischen. Sie sind gekleidet wie vornehme Herren." Mrs. Taylor hatte ihre Kleidung ebenfalls gewechselt, doch die Aussteuer der andern Missionarinnen ließ eine Woche und noch länger auf sich warten.

Die internationale Siedlung überschüttete sie mit einer Flut von Spott, der sich in Protesten über Taylors „Grausamkeit" ausdrückte, unverheiratete Frauen ins Inland zu bringen. In ganz China lebten nur vierzehn unverheiratete europäische Frauen, und diese hielten sich in Hongkong oder den Vertragshäfen auf, wurde gesagt. Taylor beabsichtige, seine Missionarinnen von den Errungenschaften der westlichen Kultur zu lösen und ihre Geborgenheit der Unsicherheit des Landinnern zu opfern, nur um seinem lächerlichen Ehrgeiz zu frönen.

Die Shanghaimissionare, die allerdings seinen Glauben und Mut bewunderten, verbargen ihre Überzeugung nicht, daß diese irregeführte Taylorsche China-Inland-Mission ein einsames, armseliges, schlimmes, grausames und kurzes Leben vor sich habe. „Die Amerikaner", sagte Rudland, „waren freundlicher als die Engländer. Der arme Mr. Gamble mußte manches leiden wegen seiner Sympathie für uns."

Die Zeitungen waren derselben Meinung wie die Kaufleute, Konsulatsbeamten und Opiumhändler. „Mr. Taylor muß entweder ein Verrückter oder ein Schuft sein, und man kann ihn tatsächlich nur für wahnsinnig halten." Taylor schien sich über all dies nicht aufzuregen. Rudland schrieb: „Es ist so bezeichnend für Hudson Taylor: Er hat kein Wort über die Sache gesprochen. Nie erwähnte er etwas von den Unfreundlichkeiten. Still überwand er all diese Dinge, ließ sie einfach liegen." Einer oder zwei der CIM-Missionare lasen die Zeitungsberichte und waren entsetzt. Sie hatten gemeint, in der Achtung der Welt gestiegen zu sein, weil sie Amboß und Hobelbank verlassen hatten. Nun wurden sie noch verhöhnt.

Mehr als alles andere ärgerte sich die westliche Gemeinschaft über die chinesische Kleidung, die Taylor schon zehn Jahre vorher angelegt hatte. Bei einem einzelnen überspannten Menschen konnte man das schließlich übersehen, bei siebzehn aber nicht. Es war das Gescheiteste, sie zu verspotten.

Maria gestand ungefähr ein Jahr später: „Ich hegte vor dem Verlassen Englands Zweifel über das Tragen von chinesischen Kleidern, weil die Chinesen ihre eigenen Frauen verachten, während sie fremde respektieren. Ich fragte mich, ob sie uns dann noch mit so viel Respekt behandeln und wir in ihren Augen so viel gelten würden, wenn wir unser Gewand ändern. Ich habe

jedoch keinen Grund gefunden, länger an solchen Zweifeln fest-
zuhalten." *

Hudson hatte keine Zweifel. Er gab zu, daß es possenhaft wäre,
nur äußerlich ihre Kleidung zu tragen, sich aber über ihre Gedanken und Gefühle hinwegzusetzen; es sei aber äußerst wichtig,
den Chinesen ein Chinese zu werden. Mit seinem Urteil war er
den Missionaren seiner Zeit um fünfzig bis sechzig Jahre voraus:
„Die fremdländische Kleidung und das Benehmen der Missionare (bis zu einem gewissen Grade beeinflußt von ihren Schülern
und den Gläubiggewordenen), die fremdländisch aussehenden
Kapellen und vor allem die fremdländische Art, die allem, was
mit ihrer Arbeit zusammenhängt, den Stempel aufdrückt, hat
eine rasche Ausbreitung des Christentums unter den Chinesen
aufgehalten. Warum sollte dem Christentum überhaupt ein
fremdländischer Anstrich gegeben werden? . . . Wir wollen
diesen Leuten doch nicht die Heimat nehmen, sondern ihnen
Christus bringen. Wir möchten Männer und Frauen sehen, die
wirkliche Christen sind, aber auch wirkliche Chinesen in jeder
Beziehung. Wir verlangen danach, Gemeinden von Gläubigen
zu sehen, geleitet von Pastoren und Ältesten aus ihren eigenen
Landsleuten, die Gott in ihrer eigenen Sprache anbeten in Häusern von einheimischer Bauart."

Solche Ansichten erschienen den Europäern der sechziger Jahre
des 19. Jahrhunderts gefährlich und abwegig. Es begannen sich
sogar Zweifel zu regen bei einem oder zweien der Lammermuir-
gruppe.

Die CIM verließ Shanghai gegen Ende Oktober auf dem
Kanal. Gamble, der sich bereits von ihnen verabschiedet hatte
und im Begriff stand, sich an Land bringen zu lassen, „wandte
sich um, legte eine Dollarrolle auf den nächsten Sitz und verschwand". Es war die Summe, die Taylor für Verpflegung und
Wohnung in seinem Hause ihm aufgedrängt hatte.

---

* Maria scheint in Ningpo nach der Hochzeit keine chinesischen Kleider ge=
tragen zu haben. Doch erinnert sich Amalia Broomhall, daß sie bei ihrer Ankunft in Baywater im Jahre 1860 chinesisch gekleidet war. Wahrscheinlich trug
sie ein chinesisches Übergewand, doch hatte sie die Haare nicht nach chinesischer Art aufgesteckt.

Auf drei Boote verteilt wandte sich die Gruppe südwärts. Die Männer belegten eins davon. Auf einem andern wohnten und kochten die Diener, und mit ihnen fuhr Tsiu, Taylors Evangelist und Lehrer von Ningpo, dessen nach Herrenart geschnittene Fingernägel den Missionskandidaten viel Spaß bereiteten. „Sie ragen drei Zentimeter über die Finger hinaus." Das dritte Boot war ein schönes, großes Mandarinsboot mit drei Räumen, die von Taylors mit ihren Kindern und den Frauen bewohnt waren. Die gemütliche Fahrt, zuerst „so romantisch und zigeunerhaft", verlor bald ihren Reiz. Man gewöhnte sich langsam an alles. Die Kopfhaut der Männer war wund vom Rasieren und das Gehen in den ungewohnten Kleidern unbequem. Jennie Faulding fand jedoch: „Die Männer haben gewonnen durch die Veränderung außer Mr. Taylor." Sie eigneten sich aber nicht schnell genug die Art eines Gelehrten an, und Taylor war ungeduldig, weil sie trotz all seiner Bemühungen „noch so wenig Bescheid wußten über das chinesische Denken". Maria war im sechsten Monat schwanger. Tapfer erteilte sie den Frauen Unterricht. „Je mehr wir den Chinesen in unserer äußeren Erscheinung gleichen", pflegte sie ihnen zu sagen, „desto strenger wird ein Vergehen unsererseits gegen ihre Anstandsregeln beurteilt. Ich dürfte mir zum Beispiel nicht erlauben, mich bei meinem Mann einzuhängen. Wenn wir nicht gut aufpassen, können wir leicht auf vielerlei Weise bei den Chinesen Anstoß erregen."

Hin und wieder gönnte sich die Gruppe eine kleine Erholung. „Eines Tages unternahmen wir alle zusammen einen Ausflug in die Berge", schrieb Jennie Anfang November, „und wir genossen ihn sehr. Vor meiner Ausreise nach China dachte ich, ich würde wohl nun nie mehr eine schöne Landschaft zu sehen bekommen. Ich meinte, hier gebe es überhaupt nichts Grünes, die Landschaft sei dürr und häßlich. Statt dessen freue ich mich jeden Tag mehr. Die Kanäle gleichen schönen Flüssen, und wenn auch die Erdbeeren geschmacklos sind, sind dafür die Brombeeren um so besser. (Wir haben davon bereits einen Kuchen gebacken.) Die Vögel singen, daß es eine Lust ist, ihnen zu lauschen. Wären die Tempel und die Menschen nicht, würde ich kaum glauben, in

China zu sein." Berger hatte Taylor eine Schrotflinte mitgegeben. John Sell versetzte seine Freunde in Erstaunen, als er drei Wildgänse mit einem einzigen Schuß erlegte. Taylor „erbeutete nur eine Elster, einen Sperling und fünf Krähen. Ich hoffe aber, bald mehr Erfolg zu haben."

Bei klarem Spätherbstwetter näherten sie sich Hangchow. Duncan und Jackson hatten vor, sich von den gemeinsamen Andachten fernzuhalten. Louise Desgraz benahm sich gegenüber Emily Blatchley und Jennie Faulding zunehmend gehässig. Diese beiden waren der Taylorfamilie treu ergeben. Emilys bruchstückhaftes Tagebuch enthält einen unmißverständlichen Notschrei: „Die Reise war unerquicklich und wurde es immer mehr, je länger sie dauerte; doch soll all das Traurige unaufgezeichnet bleiben. Für mich gab es nur ein- oder zweimal eine unerwartete Freude. Gott aber hat uns nicht verlassen."

Taylor hätte die Männer gern allein mit seinem chinesischen Evangelisten in einer Stadt zurückgelassen und die Frauen nach Hangchow mitgenommen. Doch wollte kein Hausbesitzer so viele Männer von unchinesischer Gestalt und Größe bei sich aufnehmen. Sogar Taylor wurde verzagt durch die ständigen Abweisungen. „Zerschlagene Hoffnungen entmutigen. Soeben kam unser Lehrer und berichtete mir, daß unsere Anstrengungen wiederum zu nichts führten; nun müssen wir morgen nach Hangchow weiterreisen. Aus verschiedenen Gründen werde ich dankbar sein, wenn wir uns endlich irgendwo niederlassen können." Er brachte in den letzten Novembertagen die ganze durchfrorene Gruppe nach Hangchow. Einige waren krank und die Kinder ganz elend. Einer der drei westlichen Missionare in jener großen Stadt, der Amerikaner Kreyer, bot ihnen ein vorläufiges Heim an.

Hangchow liegt an der gleichnamigen Bucht südwestlich von Shanghai, an der Mündung des Flusses Fuchun. In früheren Zeiten war es Reichshauptstadt gewesen. Noch wies es Zeichen vergangener Pracht auf: der Westsee, die prächtigen Pavillons, die fast unglaubliche Ausdehnung der Stadtmauern, die sich über Hügel und Täler dahinzogen. Schon lange waren aber größere

Teile des Stadtgebiets in Felder zurückverwandelt worden. Hangchow war eine der führenden Städte Chinas, doch hatte der Taipingaufstand die Bevölkerung um eineinhalb Millionen vermindert und weite Gebiete in Trümmer gelegt. Zwei Jahre vor der CIM hatte der Engländer George Moule, ein Glied der Kirchen-Missionsgesellschaft, mit den amerikanischen Baptisten Kreyer und Green eine Mission gegründet. Die Bevölkerung war jedoch ablehnend und mißtrauisch geblieben. Spazierte ein Ausländer auf den Mauern herum, dann glaubten die Leute, er spioniere; zielte er nach Vögeln, hatte er Menschen erschossen.

George Moule und seine Frau waren „außerordentlich freundlich zu uns". Moule verbarg vorläufig seine tiefe Unruhe über die Ankunft einer so großen Gruppe von meist unerfahrenen, als Chinesen verkleideten Menschen, die von einem Manne geführt wurde, der nie eine Universität besucht hatte und verschiedene Denominationen vertrat. Freikirchler konnten nur geduldet werden, wenn sie von einer anerkannten Gesellschaft in der Heimat unterstützt wurden. Diese gemischte Gesellschaft besaß keine Beglaubigungsschreiben. Anglikaner, die in irgendeinem Unternehmen dieser Art sich Freikirchlern anschlossen, schlugen einen verkehrten Weg ein.

Außer dem warmen Empfang fiel Taylor nichts auf. Es gelang ihm, schon nach wenigen Tagen eine Unterkunft zu mieten, die genügend Raum bot für alle seine Leute. Der behäbige alte Hausherr erklärte sich zu einem vernünftigen Mietpreis bereit. Die Verhandlungen erreichten gerade am Sonntag den kritischen Punkt. Als nun Taylor an diesem Tage nicht erschien zum Abschluß des Vertrages, fürchtete der Mann, seine Mieter zu verlieren.

Es war ein weitläufiges Gewirr von geschweiften Dächern, Holz und Backsteinen, papierenen Unterteilungen, düsteren Durchgängen, zugigen Räumen, drachenumwundenen Wasserfässern und zerbrochenen Ingwertöpfen aus Porzellan. Aus verborgenen Höhlen spähten Chinesengesichter herein. Es war ein kalter Ort, wo die Feuerschalen kaum die Fingerspitzen zu erwärmen vermochten. In der Nacht knarrten die Dielen furchterregend.

„Dies scheint der rechte Ort zu sein, den wir brauchen", schrieb die allezeit fröhliche Jennie nach Hause. „Er ist von Trümmern umgeben. Wir können fast unbemerkt nach allen Seiten hin kurze Spaziergänge unternehmen und gleichzeitig, wenn wir wollen, schnell im Herzen der Stadt sein. Dies war einmal die Residenz eines Mandarins. Es ist ein sehr großes Anwesen, das nach meiner Ansicht in sechzig Räume aufgeteilt werden könnte. Gegenwärtig ist es sehr schmutzig und kaum bewohnbar. Ich nehme aber an, es wird bald unsern englischen Begriffen entsprechend zurechtgemacht sein." Sie fügte hinzu: „Wir haben genügend Luft und Bewegung, ohne uns von unserm Anwesen entfernen zu müssen." Taylor berichtete: „In einer meiner Schlafzimmerwände ist ein Loch von zwei bis drei Metern, das mit einem Tuch bedeckt ist. Die Ventilation ist also entschieden gut."

Das Dezemberwetter und die Atmosphäre des Verfalls ließ einen der frierenden Männer berichten über „den traurigen Umzug in jenes verfallene Haus und die Mühe, es einigermaßen wohnlich zu machen für das bitterkalte Wetter, das bereits über uns hereingebrochen war". Die Gemüter waren durch die Entbehrungen der langen Reise auf den Kanalbooten gereizt. Und nun mußten sie, anstatt die ersehnte Freiheit genießen zu können, äußerste Vorsicht üben, um nicht Feindseligkeit unter der Hangchow-Bevölkerung zu wecken. Sogar in ihren eigenen Räumen durften sie sich nicht entspannen, weil sich darin frühere Bewohner aufhielten, die noch einige Wochen bleiben wollten. „Die Leute, die noch hier wohnen, kommen zu unseren chinesischen Andachten, und ich glaube, sie fühlen sich bei uns ganz zu Hause, weil sie sehen, daß wir auch Reis essen und uns kleiden wie sie."

Taylor verlangte mehr denn je strengen Gehorsam, wußte doch er allein, was getan oder unterlassen werden mußte. Am Weihnachtstag erlaubte er eine Abwechslung. „Niemand weiß, was für gute Dinge uns bevorstehen", schrieb Jennie am Heiligen Abend. „Herr Taylor hat Anweisungen gegeben, mehr weiß ich auch nicht." Sie bekamen Geflügel und Wildbretschenkel, Plumpudding, Obstkuchen und Süßigkeiten. „Wir waren sogar so ungesittet, daß wir zu Messer und Gabel zurückkehrten." Die Damen durften englische Kleider tragen, und jemand hatte ihnen eine Nummer der „Illustrated London News" geschickt.

Weihnachten war ein Lichtstrahl in all dem Dunkel. Das Jahr 1866 schloß unter Vorzeichen des Unheils. „Sonntag, der 30. Dezember", schrieb Emily Blatchley in ihr Tagebuch. „Das schwelende Feuer verwandelt sich in lodernde Flammen. Die jungen Männer kamen in Nicols Zimmer zusammen und ließen Mr. Taylor rufen. Dieser schien verändert." Die Unzufriedenheit breitete sich im verborgenen aus.

DER STÄBCHENKRIEG

Im Frühjahr 1867 ließ Hudson Taylor einige aus seiner Gruppe sich in Städten des Hinterlandes niederlassen, wo nie zuvor Missionare gelebt hatten. Nach Siao-san, das nur zehn Meilen von Hangchow entfernt lag, zogen Nicols.

Drei in China verbrachte Monate hatten Lewis Nicol zu der Überzeugung gebracht, daß er ein fähiger, erfahrener Missionar sei. Anstatt als Schmied in einer Esse zu arbeiten und seine Hand grüßend an die Mütze zu legen, wenn Adlige ihre Pferde zum Beschlagen brachten, war er nun ein Mann von Bedeutung. Er bedauerte aber, daß das Tragen chinesischer Kleidung ihm eine Beschränkung auferlegte, die Taylor stark betonte: Er mußte Chinesen, die einer höheren Gesellschaftsschicht angehörten als ein Lehrer, mit Ehrerbietung als seine Vorgesetzten behandeln. Er ärgerte sich über eine solche Umkehrung der Tatsachen: War denn nicht auch ein Mandarin nichts weiter als ein Eingeborener?

Die Einwohner von Siao-san mißtrauten den Ausländern. Wenn sie in den Teehäusern und Eßläden über ihren Feuerschalen plauderten oder im Gewimmel der Märkte, wohin die Landbewohner ihre spärlichen Winterprodukte brachten, ihre Pfeifen rauchten, besprachen sie die Angelegenheit. Sie stellten fest, daß man die rothaarigen Barbaren dulden konnte, weil die Männer bürgerliche Kleidung und den üblichen Zopf trugen und die Frauen, obschon ihre Füße so groß waren wie die einer Prostituierten, immerhin ihre Haare aufsteckten wie eine anständige Frau. Von den Kulis aber, die morgens den Inhalt der Nachtgeschirre aus dem Missionarsanwesen wegtrugen, wußte man, daß sie im Hof verdächtige Kisten hatten stehen sehen, in denen man kleine Kinder aufbewahren könnte. Es war ja bekannt, daß die Barbaren solche stahlen, töteten und einsalzten. Die in den umliegenden Straßen wohnenden Frauen unterhielten sich beim Anzünden ihrer Weihrauchstäbchen außerhalb ihrer Häuser ebenfalls über die Fremden. Sie meinten, wenn diese wirklich schlecht wären, würden sie bald genug ihr wahres Gesicht zeigen.

In den Raum im Erdgeschoß, den Nicol als Kapelle benützte, strömten die Leute zu den Andachten herein. Hier half der Lehrer mit, der mit ihm von Hangchow gekommen war, wenn der Missionar mit der Sprache nicht zurechtkam. Dieser wurde von ihnen als ihresgleichen behandelt, und sie erwiesen ihm jenes Maß an Respekt, das Lehrern zugestanden wurde, mehr als einem Handwerker, doch weniger als dem niedrigsten Mandarin. Nicol gefiel das nicht. Er wünschte, sie sollten ihm mit der gleichen Ehrfurcht begegnen, wie sie einem George Moule erwiesen wurde. Er wies den Einwurf von sich, Moule sei ein anerkannter Gelehrter des geschriebenen und gesprochenen Chinesisch und überhaupt ein hochgebildeter und kultivierter Mann. Nicol meinte, der Unterschied liege in der Kleidung. Moule trug einen Backenbart und aß mit Messer und Gabel. Es würde einige Zeit dauern, bis Nicols Backenbart nachgewachsen war. Mit andern Dingen dagegen sollte es nicht lange dauern.

Die chinesischen Kleider und die Eßstäbchen verschwanden in den Koffern. Die beiden Nicols spazierten in westlichen Kleidern durch die Straßen. Auf den Märkten und in den Speisehäusern entsetzte man sich — Siao-sans Befürchtungen waren eingetroffen: Die Ausländer bedeuteten Unglück.

An einem Sonntag kam John Williamson mit Zopf und chinesischer Kleidung in Begleitung Tsuis von Hangchow zu Besuch. Das Wochenende wurde in gewohnter Weise verbracht. Am Dienstagmorgen wollten sie wieder zurückkehren.

Am 28. Januar, einem Montagabend, saßen Nicols mit Williamson im Obergemach ihres Hauses. Da vernahmen Tsui und der Diener, die sich im Erdgeschoß aufhielten, vor dem Hause einen Tumult. Die vordere Haustür flog auf. Tsui sah die Straße voller Laternen und den Tragstuhl eines Mandarins. Er rannte zu den Ausländern, die schleunigst herunterkamen. Sie fanden die Kapelle voller Yamendiener. Der Bürgermeister erwartete sie am Fuß der Treppe.

Nicol verbeugte sich. Der Bürgermeister ergriff ihn bei den Schultern und drehte ihn um. Nicol wandte sich ärgerlich zurück und blickte ihn an. Der Bürgermeister benahm sich etwas höflicher.

Er setzte sich. Nicol setzte sich ebenfalls und rief nach Tee. „Ich will keinen Tee haben", sagte der Bürgermeister, „denkst du, ich würde ausländischen Tee trinken? Wie viele Ausländer befinden sich hier?"

Er weigerte sich, ihre Pässe anzusehen, die allen kaiserlichen Beamten ungehinderte Durchreise und im ganzen Reich jegliche Hilfe zusicherten. Er winkte verächtlich ab. Dann fragte er nach Mrs. Nicol. Sie erschien in ihrem englischen Kleid. Er starrte auf das fremdartige Kostüm und machte grobe Bemerkungen darüber. Er beharrte darauf, das Haus zu untersuchen. Seine unsicheren Bewegungen, seine mit Höflichkeit vermischte Heftigkeit bewies, daß er leicht betrunken war.

Wieder zurück im Erdgeschoß, erkundigte sich der Bürgermeister unverblümt nach ihrer Tätigkeit. Tsui sagte es ihm. Der Bürgermeister fragte weder nach Tsuis Namen noch nach dem Ort seiner Herkunft. Er blickte ihn an wie ein lästiges Ungeziefer.

„Die christliche Religion", sagte er, „ist eine entartete und verbotene Religion ... Auf eure Knie!"

Tsui fiel nieder. Seine Stirn berührte den Boden.

Der Magistrat schnippte mit dem Finger.

Vor Mrs. Nicols entsetzten Augen wurden Tsui die Unterkleider heruntergerissen und ihm mit dicken Bambusstöcken auf Gesäß und Schenkel geschlagen. Einhundert, zweihundert, dreihundert Schläge — Mrs. Nicol schloß die Augen vor dem rohen, blutenden Fleisch und hielt sich die Ohren zu vor den herzzerreißenden Schreien. Vierhundert, fünfhundert — die Minuten der Pein waren vorbei. Nach sechshundert Schlägen ergriffen die Diener Tsius Zopf, zerrten ihn grob auf den Rücken und schlugen ihm mit einem Riemen hundertmal ins Gesicht.

„Halt!" befahl der Bürgermeister. „Ehe die Bestrafung fortgesetzt wird, laßt die Ausländer sagen, ob sie ausziehen wollen oder nicht!" Sie erklärten sich sofort dazu bereit. Tsui wurde daraufhin freigegeben. Im Weggehen drohte der Bürgermeister, daß jeder, der am nächsten Morgen noch anwesend sei, enthauptet werde.

Während die Missionare sich um Tsui bemühten, erschreckte sie ein hartes Klopfen am Tor und Geschrei. Diener waren mit dem Befehl zurückgekehrt, Tsui müsse sofort in den Yamen gebracht werden. Nicol wollte ihn begleiten. Der Bürgermeister kehrte daraufhin nicht zurück, doch sandte er Befehle zum sofortigen Verlassen Siao-sans. Nicol weigerte sich. Er versprach, am frühen Morgen zu gehen, und brachte Tsui weg. Um Mitternacht klopfte sie ein anderer Bote wach und wiederholte den Befehl des Mandarins. Tsui machte sich sofort auf den Weg. Nicols und Williamson packten in aller Eile und begaben sich bei Sonnenaufgang an das Flußufer. Als öffentlich Entehrte erhielten sie nur zu ganz außergewöhnlichem Preis einen Bootsplatz.

Tsui hinkte in das Hauptquartier der Mission. Als Taylor später die ganze Geschichte von Williamson und dem empörten Nicol hörte, berichtete er sie dem britischen Konsul R. F. Forrest. Darauf protestierte der britische Botschafter in Peking, Sir Rutherford Alcock, gegen ihre Ausweisung, da sie einen Vertragsbruch bedeutete.

Taylor hatte Nicol trotz des offenkundigen Ungehorsams, der dieses Unheil verursachte, gütig empfangen und ihm drei Ruhetage eingeräumt, ehe er die Kleiderfrage aufgriff. Maria, die kurz vor der Geburt ihrer Tochter Maria stand, blieb während der Unterredung im Zimmer.

Hudson fragte Nicol freundlich: „Wirst du dich nun wieder chinesisch kleiden?"

„Nein, das werde ich nicht tun", antwortete Nicol, „du willst aus mir einen Narren machen. Was würden die Leute von meiner Verwandlung und Wiederverwandlung denken? Ich will an nichts und niemand gebunden sein."

Zornröte trat auf Taylors Stirn. Er beherrschte sich. Maria bemerkte, „wie mein geliebter Gatte versucht wurde, und ich staunte über seine Milde und Geduld, die ihm von oben geschenkt wurde, und daß er so ruhig bleiben konnte".

„Deine Handlungsweise ist beleidigend und gefährlich", sagte Taylor.

„Dann wäre es wohl das beste, ich begäbe mich sofort in einen der Freihäfen."

„Ich weiß nicht, ob das das beste wäre. Tu nichts übereilt, Bruder! Bete darüber! Ich bitte dich ernstlich darum."

Nicol ging weder in einen Vertragshafen, noch betete er. Er begab sich sogleich zu George Moule und erzählte ihm, Taylor habe sich geweigert, mit Mrs. Nicol zu reden, außer sie versprächen „allerlei unvernünftige Dinge".

Reverend George Moule war einige Jahre älter als Hudson Taylor und wurde später der Nachfolger Russells im Bischofsamt. Er hatte einen jüngeren Bruder, Handley Moule, ein geheiligter evangelischer Führer, der Anfang des 20. Jahrhunderts Bischof von Durham war. Handley hielt seinen älteren Bruder „für einen der idealsten Christen, die ich je kannte". Handley Moule wußte nicht, daß George „den Fehler beging, alle andern Leute zu korrigieren", wie ein Glied der CIM berichtete. Einer seiner eigenen Kollegen gab zu: „Der einzige, an dem Mr. Moule nichts zu kritisieren hat, ist Mr. Russell, aber sogar dieser ist nicht vollkommen."

Moule vertrat die Ansicht, daß die kleine, interdenominationelle Mission eine groteske Fehlunternehmung sei, die beseitigt werden müsse, ehe sie wachse. Doch war er ein gütiger und höflicher Mann. Er wollte keine Gefühle verletzen. Gliedern der

CIM gegenüber verhielt er sich immer freundlich. „Während er aber freundlich schien und wir nichts ahnten, schrieb er allerlei Nachteiliges über uns, und wir konnten uns natürlich nicht verteidigen."

Moule war beleidigt gewesen, weil die beiden Anglikanerinnen, Jane McLean und Mary Bowyer, ihm keine Empfehlungsbriefe ihrer Pfarrer in England mitgebracht hatten. Er sagte ihnen, sie möchten ihn und seine Frau als ihre Beschützer ansehen. Jane McLean nahm ihn beim Wort. Natürlich erfuhr er die schreckliche Wahrheit, daß Hudson Taylor sie während der Ausreise wiedergetauft hatte.

Moule nahm Nicols Geschichte bereitwillig entgegen. Er holte Taylors Darstellung gar nicht erst ein, sondern fachte die Flammen der Untreue noch an. Jane McLean kleidete sich wieder nach westlicher Art und steckte ihr Haar wie früher in das moderne Pariser Netz. John Sell, ihr Verlobter, schnitt seinen Zopf ob, ließ Kopfhaar und Backenbart nicht mehr rasieren und trug wieder Jacke und Hosen. In der CIM mußten sie Stäbchen und chinesische Löffel gebrauchen, doch wenn immer sie konnten, eilten sie zu Moules hinüber und aßen mit Messer und Gabel. Sie und Nicols versuchten, andere auf ihre Seite zu ziehen. Gerade zu der Zeit, da Hudson Taylors Methoden erfolgreich zu sein schienen, als die Gottesdienste von einer Menge freundlicher Chinesen besucht wurden, die sich so wohl fühlten, daß ein eifriger Zuhörer seinen Schuh zu flicken begann, ein anderer seinen Hund streichelte, eine Frau das Haar ihres Kindes kämmte und Jennie Fauldings häufige Besuche in den Häusern ihr den Namen „Miss Happiness" (Fräulein Glückseligkeit) eintrugen — ausgerechnet in dieser Zeit wurde die Einheit der CIM durch diesen Streit zwischen Ost und West — Gabel gegen Eßstäbchen, Backenbart gegen Zopf bedroht.

Moule schreckte auch nicht vor persönlichen Angriffen zurück. Er schrieb nach England, Taylor sei ein Diktator der schlimmsten Art: Pfarrer, Arzt, Zahlmeister und Beichtvater, der sogar jedermanns Briefe öffne und darauf bestehe, daß ihm alle Gedanken und Gefühle berichtet würden. Die Leute der CIM seien unglücklich und hätten sich während der Ausreise ständig gestritten.

Maria erholte sich in diesen Tagen von der Geburt ihrer Tochter. Da erlebte sie „einen großen Schrecken und etwas sehr Schmerzliches". Moule hatte geschrieben, daß Mr. Taylors Gewohnheit, die unverheirateten Damen zu küssen, äußerst anstößig sei und damit ein Ende gemacht werden müsse. Er deutete an, was er offen nach England geschrieben hatte: „Mr. Taylor ist ein Heuchler und sein Glaube und Werk Trug und Blendwerk."

Taylor und Williamson suchten Moule auf und wollten ihm erklären, daß das Gerücht dadurch entstanden sein mußte, daß Jennie Faulding und Emily Blatchley wie Familienglieder behandelt würden und deshalb von Maria und Hudson einen Gutenacht-Kuß auf die Stirn bekämen. Moule setzte sein gewohntes liebenswürdiges Lächeln auf und lehnte es mit höflichen Worten ab, eine Erklärung Taylors anzuhören, außer er löse seinen Haushalt auf und setze seine unverheirateten Damen woanders ein. Er bedaure ihr Kommen sehr und glaube nicht daran, daß eine unverheiratete Frau in China auch nur von geringstem Nutzen sein könne.

Die Anklagen häuften sich. Aus England sickerten Berichte von Moules Verleumdungen durch. Berger bat Taylor, nicht zu verzagen. „Mein Haar würde zu Berge stehen, wenn ich Euch einer solchen Handlungsweise fähig hielte", schrieb er über den Vorwurf des Öffnens privater Briefe. „Armer Mr. Moule", dachte Maria, „ich glaube, er meint Gott einen Dienst zu erweisen; doch es ist unmöglich, das durch ihn ausgelöste Unheil zu ermessen."

Im April 1867 reisten Moules nach England in Urlaub, wo sie weiter gegen Hudson Taylor kämpften.

In Hangchow ließen sie eine gespaltene CIM zurück, die in der Gefahr stand, sich ganz aufzulösen.

Während die jungen Männer in Begleitung chinesischer Helfer die Gassen durchzogen, im düsteren Schatten von Tempeln mit Priestern diskutierten oder Taylors Plänen für Inlandstationen lauschten, konnten sie Moules Vorschlag zum Austritt nicht vergessen. Nicols weigerten sich, an chinesischen Gottesdiensten teilzunehmen, hielten jedoch täglich mit Sell und Jane McLean zusammen ihre englischen Gebetsstunden. Nicol sandte „heftige und schwere" Beschuldigungen an Berger. Jennie Faulding schrieb: „Er bereitete Mr. Taylor große Not und hat der Mission viel geschadet. Mr. Taylor denkt noch immer, er könnte unter den Chinesen brauchbar sein. Meine eigene Ansicht über ihn ist die: Er ist ein Christ, aber von selbstgenügsamer, eifersüchtiger Art ... Mrs. Nicol ist eine ernste, gute Frau, doch ganz von ihm bestimmt."

Jane McLeans Schwester kam mit McCarthys von England nach China. „Arme Margaret McLean", schrieb Maria, „sie tat uns so leid. Sie wurde, ohne es zu wissen, wie wir glauben, in die Gruppe hineingezogen, und wir konnten nicht an sie herankommen. Sie und ihre Schwester baten fast immer, schon gehen zu dürfen, ehe die Mahlzeiten beendigt waren. Sie arbeiteten oder schrieben auch nie im gemeinsamen Wohnzimmer, saßen aber meistens entweder mit Mr. Sell oder Nicols oder mit allen dreien zusammen. Wir hätten ihr so gern unsere freundlichen Gefühle gezeigt und sie vom Einfluß des Parteigeistes ferngehalten, doch konnten wir keine Gelegenheit einer ruhigen Aussprache mit ihr finden."

Nicols kehrten in ihrer westlichen Kleidung nach Siao-san zurück, wo die chinesischen Beamten sich langsam zu einer Entschuldigung herabließen. Sie taten es zwar nie in Worten, sandten Nicols jedoch Geschenke, wie Seide, einen Fächer, einen Schirm, Kaffeetassen, einen Teekrug, Früchte und Zigarren. Im Mai, kurz vor seinem Hochzeitstag, erkrankte Sell an Pocken und starb. Die trauernde Jane wandte sich Taylors zu.

Die Spaltung innerhalb der Mission griff weiter um sich. Sogar Jennie Fauldings und Emily Blatchleys Freundschaft kühlte sich ab.

Die Krisis war erreicht. Der Riß mußte geschlossen werden oder die Mission zugrunde gehen. Diese Frühlings- und Sommermonate des Jahres 1867 ließen Hudson und Maria innerlich reifen. „Ich habe ihn in allen Lagen gesehen", berichtete Jennie ihrem Vater, „und wenn du täglich mit ihm zusammen wärst, würdest du wahrhaftig seine Selbstverleugnung und Demut, seinen ruhigen, stetigen Ernst bewundern. Sehr wenige hätten an seiner Stelle in solch vergebendem, liebendem Geist geantwortet, wie er es tat. Niemand ahnt, wie sehr er diese Schwierigkeiten empfunden und unter ihnen gelitten hat. Wäre er nicht gewohnt, alle seine Lasten auf den Herrn zu werfen, glaube ich bestimmt, daß er darunter zusammengebrochen wäre. Die Gnade, nicht natürliche Wesensart, trug ihn hindurch."

Hudson Taylor war keine Heiligenfigur. Maria schrieb: „Mir sind seine Nöte und Versuchungen, seine Konflikte, seine Fehler und Schwächen und seine Siege besser bekannt als irgend jemand." Vorwürfe, Ungerechtigkeit, Unfähigkeit, alles, was ihn am meisten ärgerte, waren sein ständiges Los. Er vertraute seine Gefühle einzig Maria und gelegentlich auch Jennie an. Niemand außer Maria wußte, wie Nicol ihm weh tat. Hudson wollte, daß seine Leute ihn nicht nur als Leiter der Mission sähen, sondern als *Freund* und Helfer. Es war ihm sehr schmerzlich, erkennen zu müssen, daß bei einigen Missionaren das Gegenteil der Fall war.

Er zwang seinen schwachen Körper zum Äußersten. „Ich lebe wie gewohnt — das heißt, ich habe viel mehr zu tun, als ich bewältigen kann . . . bin äußerst im Druck mit der Arbeit." Neben der Verwaltung hatte er täglich etwa hundert Patienten zu behandeln. Dazu kamen solche, die im Hause verpflegt wurden. Seine Hauptaufgabe aber war die Predigt, der täglich fast zweihundert Leute beiwohnten, wobei es ihm die Beherrschung der Umgangssprache ermöglichte, aus dem Stegreif zu sprechen.

Er kam sich selbst nie wichtig vor. „Er ist so besorgt, es uns behaglich zu machen, und versucht bei all seiner mannigfachen Arbeit ständig, uns etwas zuliebe zu tun." Noch in seinen späteren Jahren, als er längst international anerkannt war, mußten ihn seine Mitarbeiter oft daran hindern, die geringsten Hausarbeiten zu verrichten. Es traf zu, was Griffith John, ein Veteran der CIM, nach Taylors Tod über das Jahr 1867 schrieb: „Er war aller *Diener*, obgleich Leiter der Mission. Er mutete nie einem andern zu, etwas zu tun, wozu er selbst nicht bereit war, oder etwas zu ertragen, was er selbst nicht ertragen wollte." Griffith John schrieb viel von Taylors Einfluß auf die Menschen diesem Umstand zu und „seiner Herzensgüte und Selbstverleugnung".

Taylors Kollegen erzählten, wie er in diesen ersten Tagen „arbeitete, bis er vor Müdigkeit nicht mehr konnte und sich dann hinlegte und schlief, ob es nun Tag oder Nacht war. Er hatte die glückliche Veranlagung, den Schlaf zu erzwingen, wenn er Schlaf brauchte. Um sich eine stille Zeit zu ungestörtem Gebet zu sichern, erhob er sich morgens sehr früh, ehe die Sonne aufging, und schlief, wenn seine Natur es verlangte, nach dieser Gebetszeit wieder ein." Er gestand einmal einem Freund, daß „die Sonne nie über China aufging, ohne ihn im Gebet zu finden".

Seine einzige Erholung war die Jagd. „Ich denke, das hat ihm sehr gut getan und mir auch", schrieb Maria nach einigen Ferientagen in den Bergen. „Er ging täglich mit seiner Flinte hinaus und verbrachte fast die ganze Zeit im Freien. Ich kletterte gern mit ihm auf den Hügeln herum oder trug ihm das Wild nach, das er schoß."

Taylor wußte, daß er angesichts der Krisis am Wesentlichen festhalten mußte. Er hatte ohne weiteres zugegeben, daß die Wiedertaufe von Anglikanern Torheit gewesen war, und er wich nie wieder ab von seiner unabhängigen Stellung gegenüber der Kirche.*

Von seiner Überzeugung, daß das Tragen chinesischer Kleidung zur Evangelisierung des Inlandes notwendig sei, ließ er sich allerdings nicht abbringen. Weder höhnische Zeitungsartikel (ein solcher kam im Mai 1867 heraus und versicherte die Leser, die Mission sei wegen der Kleiderfrage in die Brüche gegangen), noch Konsul Forrests freundschaftliche Warnung, noch Moules höfliche Schmähungen konnten ihn beeinflussen. Er wußte, es ging um mehr als eine Kleiderfrage. Hinter der Wahl zwischen Hosen oder Gewand, Backenbart oder Zopf, Gabel oder Eßstäb-

---

* Später bildete er eine starke anglikanische Gruppe. Drei CIM=Missionare wurden Bischöfe seit 1895, wo Cassels, einer der „Sieben von Cambridge", ge= weiht wurde.

chen stand die Frage, ob das Christentum in China als allumfassende oder als westliche Religion verbreitet werden solle. Nahm der Missionar das landesübliche Gewand an, dann sollte darin eben seine Bereitschaft zum Ausdruck kommen, der Billigung der westlichen Gemeinschaft zu entsagen, um dafür die Freundschaft und das Vertrauen der Chinesen zu gewinnen — nach dem paulinischen Prinzip „allen Menschen alles" zu werden.

Er schrieb an Berger: „Es sollten niemals Leute hierher kommen, die diesen Grundsatz nicht kennen. Nur zu leicht würden sie sonst die Opfer irgendeines Missionars *innerhalb* oder *außerhalb* unserer Gruppe werden, eines Missionars, der bei der ersten Gelegenheit sagen würde: ‚Was muß das für ein Tyrann sein, der dich dein Haar nicht in einem Netz tragen läßt, oder der dir befiehlt, deinen schönen Bart zu opfern, oder der dich zwingt, mit Stäbchen zu essen!' Ich würde jeder unvoreingenommenen Person die Frage stellen: Warum können katholische Missionare in jedem Teil jeder Provinz Chinas leben, während kaum ein protestantischer Missionar außerhalb der Vertragshäfen zu finden ist? ... Ohne Zweifel sind ausländische Schneider, ausländische Köche, ausländische Häuser und ausländische Möbel der Grund dafür. *Unsere Mission wird sich als ein Fehlschlag erweisen,* soweit es sich um eine ausgedehnte Evangelisation des Inlands handelt, wenn dieser Grundsatz nicht von allen ihren Gliedern angenommen wird. Gib mir eine große Anzahl Männer wie Williamson, Duncan, McCarthy, und in weniger als vier Jahren wird unter Gottes Segen keine einzige Provinz ohne Missionar sein. Laß mich aber einige wenige Leute haben, die sich diesem Grundsatz bei jeder Gelegenheit widersetzen, so ist es nur Gottes besonderem Eingreifen zu verdanken, wenn wir dann nicht ganz auseinanderfallen."

DIE KRISE IST ÜBERWUNDEN

Auf der Höhe der Krise, als die Mission in ihren Grundlagen erzitterte, richteten sich Taylors Augen auf das unerreichte

Inland. In der Junihitze reiste er mit Duncan, McCarthy, Tsui und zwei aussätzigen Christen westwärts zur Erkundung möglicher Stationen.

Sie ließen sich in einem flachen Boot flußaufwärts rudern. Unter seinen Bambusvorhängen drängten sich die Passagiere; die einen kochten und aßen, andere plauderten oder schliefen. Einen Teil der Fahrt verbrachte McCarthy an der Seite eines in Ketten gelegten Mörders. Hudson schrieb Maria am 20. Juni: „Meine Liebste! Ich kann Dich hier nur in Gedanken liebhaben. Vielleicht rechnet es uns der Herr an, daß wir um Seines Namens und Werkes willen einige kleine Opfer bringen. Ich wollte so gern, Du wärest bei mir. Wie sehr würdest Du Dich über diese herrliche Landschaft freuen! Aus Liebe zu mir und um des Herrn willen sorge für Deine Gesundheit! ... Könnte ich Dir doch bloß einen einzigen Kuß geben, anstatt daß ich schreibe! Ich bin Dir verbunden als Dein Dich innig liebender Gatte Hudson."

Maria war als Verantwortliche in Hangchow zurückgelassen worden. Sie besaß jedes Recht zu dieser Verantwortung. Trotz ihres schwächlichen Körpers und ihres milden, ausdrucksvollen Gesichts verkörperte sie nicht die fade viktorianische Mutter. Im Gegenteil! Es gab Missionare, die sie damals „für das Rückgrat der Mission hielten. Hudson hatte ihre Urteilsfähigkeit und ihre Gebetsfreudigkeit so sehr schätzen gelernt, daß er nichts unternahm, ehe er es nicht mit ihr besprochen hatte." Doch drängte sie sich nicht auf. Emily Blatchley erinnert sich ihrer als „demütig, bescheiden, beinahe schüchtern".

Mit dreißig Jahren hatte Maria ihre Blütezeit bereits überschritten. Entsagungen und Fieberkrankheiten hatten ihre Kraft gebrochen. Seit 1865 litt sie an Tuberkulose. Ihre Schlankheit ließ sie größer erscheinen, als sie war, und die dunkle Haut täuschte über die durch mancherlei Leiden verursachte Blässe hinweg.

Die jüngeren Missionare fürchteten sie ein wenig. Sie war so offensichtlich Dame, besaß einen scharfen Verstand und ein gutes Konzentrationsvermögen. Die Missionare bewunderten ihre Gewandtheit im Lesen, Schreiben und Reden und die Gabe, den

Chinesen nahezukommen. Auch bewunderten sie ihre Willenskraft, „eine Frau von unvergleichlicher Ausdauer und Mut in Schwierigkeiten jeglicher Art".

Diese Furcht verwandelte sich aber bald in Anhänglichkeit. „Die ganze Zeit, seitdem wir England verlassen haben, sorgte sie sich um mich und behandelte mich wie ein Familienglied", sagte James Williamson. „Sie war uns, die wir jung an Jahren und Gnade waren, wie eine Mutter", erinnerte sich einer der Kandidaten des Jahres 1868. Wie Hudson „war sie lieb zu jedem einzelnen. Dies zeigte sich oft in kleinen Dingen."

Sie war fröhlich und lebhaft in ihrem Benehmen und in der Unterhaltung, doch nie ungeduldig oder aufgeregt, immer gelassen, was sie auch äußerlich oder innerlich bewegen mochte. Als Nicol zum erstenmal in westlicher Aufmachung am Tisch erschien und damit seinen Ungehorsam demonstrierte, dachte Maria, sie sei nicht imstande, sich zu Tisch zu setzen. Doch sie tat es und brachte dem Mann, der ihren Gatten verleumdete, auch nicht einen Hauch von Kälte entgegen. Ein Bericht an Mrs. Berger zeigt ihre Gefühle: „Aus Augst vor mir selbst wage ich kaum, etwas über Mr. Nicols Brief zu sagen, der nichts anderes ist als Falschheit." Sie war gar nicht befremdet über den Widerstand. „Wir sind gekommen, Satan zu bekämpfen, und er wird uns nicht in Ruhe lassen."

Hudson konnte sich ganz auf sie verlassen und aus ihrer geistlichen Reife, ihrer Ruhe, ihrem Glauben, ihrer unwandelbaren Liebe Kraft schöpfen. Zehn Jahre nach ihrer Verlobung liebten sie sich noch mit der gleichen Innigkeit. Sie schenkte ihm und der Mission alles, was sie hatte: jeden Gedanken, der ihrem klaren Verstand entsprang, die ganze Kraft ihrer Liebe. Sie erlaubte ihm, sie ganz in Anspruch zu nehmen, und wenn er darin oft unbewußt selbstsüchtig handelte, war sie sich dessen so wenig bewußt wie er selbst.

Hudson und Maria hingen sehr an ihren Kindern. Deshalb litten sie schwer unter dem traurigen Ereignis, das zur Überwindung der Krise in der Mission und zu deren Rettung führte.

Während Hudsons Abwesenheit im Inland erkrankte ihre Kuh, und Maria war in Sorge um die Gesundheit ihres Kindes. Ihr Diener Djun-keng erklärte, Chinesen tränken keine Kuhmilch, und weil es eine chinesische Kuh sei, sollte sie nicht wie eine englische behandelt werden.

„Sehr richtig", entgegnete Maria, „wenn Djun-keng einmal krank wird, braucht er sich nicht an Mr. Taylor zu wenden wegen englischer Medizin."

Glücklicherweise erinnerte sich Rudland daran, was die Bauern der Grafschaft Cambridge in solchem Falle zu tun pflegten. Die Kuh genas, und die kleine Maria erholte sich ebenfalls.

Am 12. Juli kehrte Hudson unerwartet mit einer schlimmen Erkältung zurück. Ehe er wieder nach Ningpo reiste, diesmal zur Ordination Lae-djuns, ihres Begleiters während ihrer Londoner Zeit, als Pfarrer, wurde der sechsjährige Bertie von einem tollwütigen Hund in die Wange gebissen. Doch entwickelte sich daraus glücklicherweise keine Tollwut.

Von den fünf Kindern war die achtjährige Grace als Älteste Taylors Augapfel. Sie war das einzige Bindeglied zu ihrem früheren Leben in China. Sie war aufgeweckt und fröhlich und erfaßte klarer als ihre Brüder, was ihre Eltern taten und warum. Wie die meisten Missionarskinder war sie der Schlüssel zu den Herzen der Eingeborenen. Sie verstand in einer Weise über Religion zu plaudern, die eine weniger gefühlvolle Generation belächelt hätte, die aber ernst gemeint war.

Anfang August 1867 zogen sie in die Berge, weil die Hitze in Hangchow unerträglich wurde. Maria war krank, und Hudsons entzündete Augen bedurften der Pflege. Die Taylorfamilie wohnte im Hof eines halbzerfallenen Tempels, des Pun-san. Schon nach einigen Tagen fühlte sich Grace unwohl. Hudson konnte die Ursache der Krankheit nicht finden, und die Eltern sorgten sich ihretwegen. Hudson mußte sich für einige Tage nach Hangchow begeben und sich dort um Verwaltungsanliegen der Mission kümmern. Er hoffte, Grace bei seiner Rückkehr gesund wiederzufinden. In Hangchow wurde ihm dringlich gemeldet, daß Jane McLean auf ihrer Station sehr schwer erkrankt sei.

Obgleich er sich sehnte, in der Nähe seines Kindes zu sein, reiste er natürlich zu Jane, fand diese aber außer Gefahr und nahm sie mit nach Pun-san. Dort fand er Grace bewußtlos vor. Zu spät erkannte er das Wasser in ihrem Gehirn. Sie starb in der Nacht des 23. August.

Unter Taylors Papieren befindet sich eine von tiefem Weh durchzitterte Notiz, in Marias Handschrift, datiert sechs Wochen nach Graces Sterben. Wahrscheinlich ist es der Entwurf zu einer vielleicht nie abgesandten Antwort auf die Klage der undankbaren Jane McLean, daß man sie vernachlässigt habe. Maria erinnert sie in diesem Schreiben an die Umstände beim Sterben Graces und fragt, ob ihr nie der Gedanke gekommen sei, „der uns immer und immer wieder einfällt — zuweilen so schmerzlich — vor allem der eine der leidgeprüften Eltern: Wäre der Gatte und Vater zur erwarteten Zeit zurückgekehrt zu der besorgten Mutter und seinem kranken erstgeborenen Kind, anstatt dem Anspruch eines Gliedes der Mission den Vorzug zu geben, dessen Leben er in Gefahr wähnte, hätte ein frühes Erkennen der eigentlichen Krankheit vielleicht *ihre* Wiederherstellung bedeutet? Mit andern Worten: War des Kindes Leben zum Opfer gebracht worden für die Erhaltung des Lebens der Missionarin? Vielleicht nicht."

Der Tod Graces löste in der ganzen Mission eine Welle von Zuneigung und Liebe aus. Jennie und Emily kamen wieder zusammen. Der Riß dehnte sich nicht weiter aus; er begann sich langsam zu schließen, bis nur noch die beiden Schwestern McLean, Nicol und seine ihm ergebene Frau weiter in ihrem Ungehorsam verharrten. Grace hatte die CIM gerettet.

Taylors konnten die Hoffnung für Nicol nicht aufgeben, obschon er weiter gegen die Grundsätze der Mission kämpfte und vor allem die Treue der neuen, eben von England eingetroffenen Kandidaten untergraben wollte. Im Dezember schrieb Maria an Mrs. Berger: „Ich fürchte, Mr. Nicol ist entschlossen, den Einfluß meines lieben Mannes zu schwächen, wo er nur kann. Was dagegen getan werden könnte und wie das noch enden wird, weiß ich nicht. Wäre seine Undankbarkeit rein persönlich, könnte ich es als ein persönliches Unrecht ertragen. Doch es ist so schwer, mitansehen zu müssen, wie jene, die so brauchbar wären, vergiftet werden."

Erst im August 1868 faßte Taylor einen Entschluß. „Ich werde einen aus der Lammermuir-Gruppe — Nicol — von der Mission ausschließen müssen", berichtete er seiner Mutter. „Er hat uns sehr geschadet, und wenn der Herr ihn nicht zurückhält, wenn überhaupt schrankenloses Lügen uns schaden kann, so wird er uns noch viel Leid zufügen." Der Entlassungsbrief „für ständige und anhaltende falsche Anklagen und Unwahrheiten" wurde am 17. September 1868 abgesandt, und die meisten der CIM waren der Ansicht, er hätte schon Monate früher abgehen sollen.

Über Nicols spätere Geschichte ist nichts bekannt, außer daß Taylor mit ihm verbunden blieb und ihm manche Freundlichkeit erwies. Nach einer unveröffentlichten Notiz Howard Taylors hat ihm Nicol nie vergeben.

Jane und Margaret McLean trennten sich von der Mission und arbeiteten weiter in Verbindung mit Missionen, die weder chinesische Kleidung noch Eßstäbchen verlangten. Die Lage war klar, die Mission wieder eine Einheit.

Damals lebten Taylors im Inland und kämpften eine andere Krise durch, wobei sie fast das Leben verloren.*

AUFSTAND

Die stolze, volkreiche und wohlhabende Stadt Yangchow liegt am Großen Kanal, zwanzig Kilometer nördlich seiner Vereinigung mit dem Yangtse. Im 13. Jahrhundert war hier Marco Polo als Gouverneur eingesetzt. Die mit unzähligen Türmchen versehene Stadtmauer umschloß zahlreiche Tempel, Pagoden und prächtige Wohnhäuser mit kühlen, stillen Innenhöfen. Mandarine, Gelehrte und begüterte Kaufleute zogen gern nach Yang-

---

* Mary Barns trennte sich ebenfalls von der Mission. Stephen Barchet hatte sich nie chinesisch gekleidet. Er zog es vor, „ein Freund, doch nicht ein Glied" der CIM zu bleiben. Mit Taylor blieb er herzlich verbunden.

chow, um hier ihren Lebensabend unter Gleichgesinnten zu verbringen und schließlich in einem der reichgeschmückten Gräber
an der Stadtmauer eine letzte Ruhestätte zu finden. Sie waren
überzeugt davon, daß Yangchow niemals seine Pflichten den
Toten gegenüber vernachlässigen würde.

Am jenseitigen Ufer des Yangtse, und zwar genau dort, wo
er den Großen Kanal aufnimmt, liegt Chinkiang. Diese Nach-
barstadt war ein Freihafen; hier legten die Dampfer an auf
ihrem Weg nach Hankow, und hier residierten auch ein amerikanischer und ein britischer Konsul. Trotz der Nähe dieser Stadt
blieb Yangchow unberührt von fremden Einflüssen. Yangchow
war ein Symbol für jenes China, das die CIM erobern wollte.
Wenn sie hier Fuß fassen konnte, dann würde das ebensogut
irgendwo im Inland gelingen. Die Mission hatte dem Sturm auf
der „Lammermuir" und verschiedenen inneren Spannungen
standgehalten; würde sie jetzt durch die Chinesen zerstört werden?

Hudson und Maria kamen am 1. Juni 1868 mit ihren vier
Kindern, dem neuen Kindermädchen, Mrs. Bohanan*, Emily
Blatchley und sechs chinesischen Evangelisten in Yangchow an.

Seit sie in Hangchow Pastor Lae-djun, John McCarthy mit
seiner Frau und Jennie Faulding zurückgelassen hatten, waren
beinahe zwei Monate vergangen. In dieser Zeit lebten sie meist
auf Booten. Trotz der Meinungsverschiedenheiten unter den
Missionaren, der äußeren Schwierigkeiten, Hudsons zweimaliger
schwerer Erkrankung und seiner häufigen Abwesenheit hatte sich
die Arbeit in Hangchow gut entwickelt.

Nach ihrer Ankunft in Yangchow mußten die Missionare bei
strömendem Regen noch eine weitere Woche in ihren lecken Booten ausharren, denn es fand sich niemand, der einer Gruppe von
Ausländern ein Haus vermietet hätte. Am 8. Juni siedelten sie
schließlich in ein Gasthaus über und suchten von dort aus weiter
nach einem Haus. Auf zwanzig bis dreißig weitere Anfragen erhielten sie lauter Absagen. Viele einfache Leute suchten sie im

---

* Sie war die Schwester der früheren Krankenschwester Mary Bell. Diese
war nun verheiratet mit William Rudland, nachdem sie eine kurze Zeit mit
Tosh, dem zweiten Steuermann der „Lammermuir", befreundet gewesen war.

Gasthaus auf. Die einen kamen aus Neugierde, andere suchten medizinische Hilfe oder wollten die Botschaft hören. Maria war froh, daß sie Hudson nach Yangchow begleitet hatte. „Die Tatsache, daß mein Mann Frau und Kinder bei sich hatte, machte ihn in den Augen der Einwohner vertrauenswürdig. Er erschien ihnen nicht wie einer, der sie betrügen und dann spurlos verschwinden könnte."

Erst am 20. Juli konnte Taylor in drückender Hitze die Gebäude beziehen, um die schon so bald ein weit über die Grenzen Chinas reichender Konflikt entstehen sollte.

Maria war in den letzten Julitagen mit ihrem jüngsten Kind nach Shanghai gefahren, um es impfen zu lassen. Dort sollte sie auch einen neuen Kandidaten abholen. Das Kleine erkrankte schwer, zuerst an Masern und anschließend an Keuchhusten. Am 26. Juli erhielt Maria einige Zeilen von Hudson. Seine zittrige Schrift mehr noch als seine Worte ließen sie erkennen, daß er krank war und ihrer bedurfte. Es war Sonntag. Noch am selben Morgen verließ der Flußdampfer Shanghai für die 24stündige Fahrt nach Chinkiang. Aber nichts konnte Maria veranlassen, an einem Sonntag zu reisen. Sie hatte die chinesischen Christen gelehrt, daß der Sonntag der Tag der Ruhe und der Anbetung sei, und auch die Krankheit ihres Mannes sollte sie nicht davon abbringen. Am Montagmorgen, noch vor Tagesanbruch, verließ sie Shanghai in einem gemieteten Ruderboot. Ein Mann ruderte sie zwei Tage und zwei Nächte, und wenn er Ruhe brauchte, ergriff sie selbst die Ruder.

Diese Begebenheit war für Maria bezeichnend. Sie liebte Hudson sehr und war innig mit ihm verbunden, darum wußte sie instinktiv, was ihm not tat. Auch jetzt sorgte sie sich nicht um ihn. Ihr Herz war ruhig, in Frieden mit ihrem Erlöser. Er war ihr treuester Freund und die Quelle ihrer Kraft. Von Ihm hatte sie die erstaunliche Fähigkeit, körperliche Schwäche und Müdigkeit zu überwinden.

Hudsons Befinden hatte sich gebessert. Aber die Lage in Yangchow verschlimmerte sich. Es waren in der Stadt Handzettel verteilt worden, die die Bevölkerung warnten. Die damals in

China umgehenden Gerüchte wurden in Yangchow besonders eifrig verbreitet. Es hieß, die Ausländer stächen Augen aus, um Medizin zu bereiten. Sie würden Kinder töten und sie einsalzen. Hilfesuchenden gäben sie eine Medizin, die die Augen der ehrlichen Menschen hell und glänzend mache, aber den Unaufrichtigen den Tod bringen könne. Verschiedene Mitbürger seien nur mit knapper Not dieser Gefahr entronnen. Buddhistische und taoistische Priester schürten den Argwohn der Unwissenden gegen die Fremden, indem sie überall in Yangchow die Lehre vom „falschen Gott" der Christen verkündigten.

Noch größer als die allgemeine Unwissenheit und die Feindseligkeit der Priester war die Angst der Vornehmen vor dem Westen. Ein Mandarin sagte einmal zu Taylor: „Sie kennen die englische Chinapolitik ebensogut wie ich. China ist zu stark, als daß es von England einfach besetzt werden könnte, wie das mit Indien geschehen ist. Darum habt ihr euch entschlossen, durch das Opium unser Volk verarmen zu lassen und durch eure Missionare die Herzen der Leute zu verführen, um euch so eine Partei im Lande zu schaffen, damit ihr euch schließlich des ganzen Landes bemächtigen könnt. Wir kennen eure Pläne nur zu gut!"

Das Hab und Gut der Missionare schien den Einwohnern Yangchows einer Plünderung wert. Taylor hatte ursprünglich eine Druckerei in Chinkiang einrichten wollen, bekam aber dann das versprochene Gebäude nicht. William Rudland, seine Frau und Louise Desgraz brachten die Druckerpresse sowie den Hausrat der Familie Taylor nach Yangchow mit. Fünf Bootsladungen wurden Kiste um Kiste ins Missionshaus getragen. Das erregte großes Aufsehen. Viele Leute standen in der Nähe des Hafens. Der großen Hitze wegen mochte niemand arbeiten. Eine unerträgliche Spannung lag in der Luft.

In der zweiten Augustwoche erhielt Taylor anonyme Warnungen, daß ein Aufstand unmittelbar bevorstände. Chinesische Besucher benahmen sich plötzlich unhöflich und grob. Fensterscheiben wurden eingeschlagen. Taylor wandte sich an den Mandarin und erhielt eine ausweichende Antwort. Am Samstag, dem

15. August, bekam Taylor nochmals eine ausdrückliche Warnung. Daraufhin wollte er die Frauen und Kinder in Sicherheit bringen. Maria schreibt dazu: „Wir Frauen baten ihn einmütig, bleiben zu können, denn unser Weggang hätte wahrscheinlich die Gefahr für die zurückbleibenden Männer wesentlich erhöht." Noch am selben Abend kam George Duncan von Nanking an.

Am frühen Sonntagmorgen versuchten Aufständische das Tor des Missionshauses einzuschlagen. Die jungen Männer Duncan, Rudland und Reid verbarrikadierten es. Der Lärm wurde heftiger. Um die Leute zu beruhigen, öffnete Reid das Tor und bahnte sich einen Weg durch die Menge. Rudland und Duncan folgten ihm und blockierten den Durchgang mit Stühlen. Als sie auf die Straße traten, wurden sie mit lautem Haßgeschrei empfangen.

Reid war erstaunt über die große Zahl der Leute: „Etwa hundertfünfzig bis zweihundert der grobschlächtigsten Einwohner Yangchows standen uns gegenüber. Viele hatten verzerrte Gesichtszüge, andere nur ein Auge, da stand einer mit einem eitrigen Ausschlag am Kopf, dort hatte einer vier oder fünf Pflaster auf dem halbnackten Körper — alle schienen sich schon lange nicht mehr gewaschen zu haben." Aber die Schmutzigen waren nicht die Schlimmsten, viele hatten sich betrunken. Doch war es keine gefährliche Menge, sie war offensichtlich gedungen worden.

Taylor bemerkte das. Er hatte sich kaum von einer Krankheit erholt, doch nahm er all seine Kraft und Liebe zusammen und trat vor die Menge. Reid schreibt darüber: „Der liebe Mr. Taylor sprach ruhig und freundlich. Nie zuvor habe ich so stark gespürt, welche Kraft von solchen Worten ausgeht. Während wir vor dem Hause wachten, beteten die andern, und Gott trug uns in Seiner Freundlichkeit durch den Tag, um Seine Verheißung zu bestätigen: ‚Ich bin bei euch alle Tage . . .‘ "

Das Missionshaus blieb in diesem Zustand der teilweisen Belagerung. „Heute (Montag) verhielten sich die Leute ruhiger, aber es wurden neue Plakate mit noch gemeineren Anschuldigungen angeschlagen." Am Dienstag sollte das Haus niedergebrannt werden. Die Missionare hatten außer dem Haupteingang sämtliche Türen verriegelt. „Ein- oder zweimal wollte die Menge mit Gewalt unser Haus stürmen", schrieb Emily Blatchley am Dienstagnachmittag an Mrs. Berger. „Wir haben alles getan, was in unserer Macht steht; nun wissen wir, daß nur noch geschehen kann, was Gott zuläßt ... Während ich dies schreibe, schickt Gott Donner und drohende Regenwolken. Das wird uns viel mehr helfen als eine Armee Soldaten, sagt Mr. Taylor, denn die Chinesen scheuen den Regen."

Am Mittwoch schrieb Taylor erneut an den Präfekten und erhielt eine höfliche Antwort. Allmählich verlief sich die Menge, bis am Samstag kein einziger mehr vor dem Missionshaus erschien.

Am frühen Samstagnachmittag kam der amerikanische Vizekonsul mit einem Freund, um sich zu überzeugen, daß sämtliche Europäer wohlauf seien. Erleichtert reisten sie nach Chinkiang zurück. Da erhob sich plötzlich in der Stadt ein neues Gerücht: „Vierundzwanzig Kinder werden vermißt! ... Die Ausländer haben vierundzwanzig Kinder aufgefressen!"

Gegen sechzehn Uhr sammelte sich vor dem Missionshaus eine wilde Meute. Hudsons sofortiges Bittgesuch an den Präfekten blieb erfolglos. Dieser nahm an, die Missionare seien bereits zur Flucht gezwungen worden. Er wollte keine Menschenleben riskieren.

In der warmen Sommernacht wimmelte es bei Fackelschein von Tausenden von Aufständischen rings um das Missionsgebäude. „Fremde Teufel!" schrien sie, warfen Ziegelsteine gegen die Fenster und versuchten die Türen einzuschlagen. Taylor wußte, wie leicht sie alle eine Beute der rasenden Menge werden konnten; er kannte den unmißverständlichen Ton der Blutgier. Keine noch so sanften Worte würden diese aufgebrachte Menge beruhigen. Sein Blick fiel auf die Frauen und seine vier kleinen Kinder. Von Maria ging eine wunderbare Ruhe aus. Sie hatte die Kinder zu Bett gebracht und in den Schlaf gesungen. „Sie war so ruhig, als ob sie in unserer Stube in London säße, und ich bin gewiß, daß sie die Umstände nicht geändert hätte, selbst wenn das in ihrer Macht gelegen hätte, denn sie war überzeugt, daß Gottes Wege die besten sind."

Stunden vergingen. Taylor hoffte auf die Ankunft von Soldaten des Präfekten. Er hatte schon am Nachmittag chinesische Boten zur Präfektur geschickt, aber noch immer waren sie nicht zurückgekehrt. Er mußte selbst zum Yamen eilen. „Duncan, Sie gehen mit! Die Menge ist so feindselig; es kann sein, daß wir nie hinkommen."

„Wir befahlen uns der Obhut unseres himmlischen Vaters an", schreibt Duncan, „und machten uns auf den Weg. Es war uns klar, daß wir möglicherweise unsere Lieben nie wiedersehen würden." Nach einem kurzen Gebet und einer letzten Umarmung schlüpften Taylor und Duncan ins Nachbarhaus und von dort hinaus in die dunkle Nacht. Sie waren noch nicht weit gekommen, als sie Rufe hörten: „Die fremden Teufel fliehen!" „Schnell", rief Hudson, „ich kenne einen Feldweg!" Hier waren sie im Schutz der Dunkelheit und täuschten die meisten Verfolger, die meinten, sie seien übers offene Feld geflohen, und deshalb eine Abkürzung wählten, um ihnen den Weg abzuschneiden. „Doch als wir in die Hauptstraße einbogen, wurden wir mit Steinen beworfen. Hinter uns sammelte sich eine wilde Menge, die ständig zunahm. Nur wenige Schritte trennten uns von ihr, unsere Kräfte waren am Schwinden und unsere Beine durch die Steinwürfe so verletzt, daß wir fast zusammenbrachen." Taylor und Duncan nahmen ihre letzte Kraft zusammen und erreichten unter dem Haßgeschrei der Meute das Tor des Yamen. Zu Taylors Entsetzen wurde es gerade geschlossen. Hatte der Wächter noch Zeit, die Riegel vorzuschieben, dann würde es nicht mehr geöffnet werden, und die rasende Menge würde sie erreichen und ihn und Duncan in Stücke reißen. Sie rannten auf das Tor zu. „Wir stießen mit aller Kraft dagegen. Das Tor brach auf, wir fielen auf unsere Gesichter in den Hof hinein."

Im Missionshaus verteidigten Rudland, Reid und ihre Gehilfen Türen und Fenster. Sie hofften, den Angriff aufzuhalten, indem sie nur Schritt für Schritt zurückwichen. Die Aufständischen rissen eine Mauer ein, die in Eile zum Schutze eines Seitengangs errichtet worden war. Nun waren sie im Missionsgehöft. Der Haupteingang konnte nicht mehr gehalten werden. Im Hinterhof wurde eine Bresche in die Mauer geschlagen. Rudland eilte hinzu und merkte, daß sich die Hauptmacht der Angreifer jetzt auf die Rückseite des Hauses konzentrierte. Die Mauer wurde mit Steinen beworfen, sie drohte jeden Augenblick einzustürzen. Offenbar hofften die Leute, hier die reichste Beute zu finden. Am Haupteingang wurde es stiller. Reid ließ einige Gehilfen dort und eilte zu Rudland.

Im oberen Stock saßen die Frauen, Europäerinnen und Chinesen, beim düsteren Licht einiger Kerzen. Die Kinder hatten sie in Marias Zimmer gebracht. Dort waren sie vor Steinwürfen etwas besser geschützt. Emily Blatchley schreibt: „Wir sammelten uns und flehten zu Gott um Schutz und Hilfe. Ganz besonders dachten wir an unsere Brüder, die der Gefahr unmittelbar ausgesetzt waren. Manchmal ließ ein neuer Ausbruch des Haßgeschrei der Belagerer unsere Herzen vor Schreck erstarren, doch immer wieder fanden wir Ruhe und neue Kraft im Gebet. Plötzlich erschien Rudland in der Tür; er war so erschöpft, daß er sich kaum aufrecht halten konnte. Seine Kleider starrten vor Schmutz. Er sagte uns, daß die wilde Horde jeden Augenblick eindringen könne. Sollten wir die Falltür am Treppenaufsatz schließen und sie mit Kisten verstärken? Aber damit wäre Reid der Weg abgeschnitten. Was tun? Jeder Fehlentscheid konnte uns allen in einem Augenblick das Leben kosten. Taylor war schon anderthalb Stunden weg. Bald mußte Hilfe kommen."

Maria war ruhig und getrost, obschon tausend Ängste in ihr aufsteigen wollten: Würde Mrs. Rudland unter diesen schrecklichen Umständen ihr Kind zu früh zur Welt bringen müssen? Drohte ihr selbst eine Fehlgeburt? (Sie erwartete im November ihr sechstes Kind.) Was sollte mit der kleinen Maria geschehen, die an Dysenterie erkrankt war? Man hatte ihr am Abend keine Medizin geben können, doch wunderbarerweise schien sich ihr Zustand zu bessern. Und vor allem: „Wo ist mein geliebter Mann? Warum waren sie nicht zurückgekehrt? Waren sie der

Wut der Aufständischen zum Opfer gefallen?" Ihr Gesicht blieb ruhig. Die andern brauchten nur auf sie zu blicken, um neue Zuversicht zu gewinnen. Der Lärm der Aufständischen nahm zu. Er näherte sich. „Wir erwarteten die wilden Horden jeden Augenblick auf unserer Treppe. Da schrie Mr. Reid aus dem Hof mit matter, heiserer Stimme: ‚Mrs. Taylor! Kommen Sie alle herunter, wenn Sie können! Sie legen Feuer an, und ich kann Ihnen nicht helfen!' "

Sie knüpften Bettücher und Wolldecken zusammen. Rudland kletterte aufs Vordach hinaus. Er ließ seine Frau, die junge Frau des chinesischen Druckers und Bertie an den Tüchern hinuntergleiten, und Reid eilte mit ihnen ins sichere Versteck des Brunnenhauses. In diesem Augenblick betrat ein großgewachsener, breitschultriger Mann mit nacktem Oberkörper den Raum. —

Als sich Taylor und Duncan bewußt wurden, daß sie sich innerhalb des Yamentores befanden, erholten sie sich schnell. Sie rannten in die Gerichtshalle und schrien mit letzter Kraft: „Kiu-ming!" (Rette mein Leben!) Auf diese Worte hin war ein Mandarin verpflichtet, den Rufer zu jeder Tages- und Nachtstunde anzuhören. Die beiden wurden ins Zimmer des Sekretärs geführt, dort mußten sie drei viertel Stunden warten. Von Zeit zu Zeit trug der Wind ihnen die wuterfüllten Schreie des Pöbels zu, die Tod oder Folterung bedeuteten. Endlich erschien der Mandarin: „Ah, Mr. Taylor", sagte er leutselig, „nun erzählen Sie mir: Was haben Sie eigentlich mit jenen Kindern angestellt?" Es ging beinahe über Taylors Kraft, ruhig und besonnen zu antworten. Nach einer Weile erklärte er offen, der Grund des Aufstandes sei darin zu suchen, daß Seine Exzellenz nach den Ereignissen der vergangenen Woche es versäumt habe, durchzugreifen. Nun verlange er, Taylor, sofortige Maßnahmen zum Schutze der Missionare und ihrer Familien, sonst hätte Seine Exzellenz sämtliche Folgen zu tragen.

„Sehr richtig, sehr richtig", erwiderte der Mandarin in größter Ruhe, „zuerst sollen die Aufständischen beruhigt werden, und dann kann eine Untersuchung stattfinden. Bleiben Sie ruhig hier! Ich will sehen, was sich tun läßt. Alles hängt davon ab, daß Sie sich nicht blicken lassen. Es sind immerhin 20 000 Aufständische auf der Straße."

Zwei bange Stunden vergingen, ehe der Präfekt in Begleitung des Militärkommandanten zurückkehrte: „Die Ruhe ist wiederhergestellt. Die Pöbelhaufen haben sich aufgelöst. Ich lasse Sie nun in Tragstühlen unter militärischer Bewachung heimbringen." Taylor und Duncan wurden durch die auffallend ruhigen Straßen getragen. Einer ihrer Begleiter sah aus dem Fenster und sagte grinsend: *„Alle* Ausländer sind getötet worden!" Eine Rauchwolke lag über dem Missionshaus. Immerhin, es stand wenigstens noch. Duncan und Taylor stiegen aus der Sänfte und traten ins Haus. Die Kerzen beleuchteten ein schreckliches Trümmerfeld: Zertrümmerte Möbelstücke, zerbrochene chirurgische Instrumente, verkohlte Bücher und Hefte, Spielzeug und Verbandstoff lagen auf dem Fußboden. Und über allem eine unheimliche Stille. Nirgends eine Spur von Maria und den andern, außer einem schrecklichen Gestank, den die erschöpften Männer für den Geruch von verbranntem Menschenfleisch hielten.

Als der halbnackte Mann ins Zimmer getreten war, hatte Maria ihn scharf ins Auge gefaßt? „Was wollen Sie hier? Wir sind nur Frauen und Kinder. Schämen Sie sich nicht, uns zu belästigen?"

„Fürchten Sie sich nicht! Ich komme vom Präfekten. Wieviel Geld wollen Sie mir geben, wenn ich Sie beschütze?"

Um Zeit zu gewinnen, tat Maria, als ob sie seinen Worten Glauben schenkte. Sie verlangte, seine Ausweiskarte zu sehen. Er schwatzte wild auf sie ein und trat dann plötzlich auf sie zu, legte seine Hände auf ihre Brust und suchte unter dem dünnen Baumwollkleid nach Geld. Da fiel sein Blick auf Emilys Geldtäschchen. Er ergriff es und fand darin die sieben Dollars, die sie für den Fall einer plötzlichen Flucht im Boot bei sich trug. Er verlangte mehr. „Ich werde dir den Kopf abschneiden", schrie er. Emily bemerkte, daß er kein Messer bei sich trug. Er nahm Louise Desgraz die Tasche weg und riß ihr ein Schmuckstück aus dem Haar. Dann begann er das Zimmer zu durchwühlen.

Andere Plünderer gingen aus und ein. Das Kindermädchen, das die kleine Maria auf dem Arm trug, trat kurz entschlossen hinter einen der Räuber, der gerade eine große Kiste in seinen Armen trug, eilte die Treppe hinunter und durch das Fenster hindurch, wobei die Kiste des nichtsahnenden Begleiters sie vor Steinen und Ziegelbrocken schützte, und gelangte über den Hof in die Sicherheit des Brunnenhäuschens.

Unterdessen fuhr Rudland in aller Ruhe fort, Freddy, Samuel und das chinesische Adoptivkind von Louise Desgraz abzuseilen. Maria stand vor dem Fenster, um Rudland vor den Blicken des halbnackten Plünderers zu verbergen. Plötzlich sah dieser ihren Ehering und riß ihn ihr vom Finger.

Mr. Reid trieb uns „erneut zur Eile an. Der Qualm war fast unerträglich geworden. Das Krachen der einstürzenden Mauern und die Schreie der Menge warnten uns, daß keine Zeit mehr zu verlieren sei. Louise Desgraz war eben sicher unten angekommen, als die Plünderer einen Haufen brennendes Zeug unter unser Fenster zu werfen begannen, um uns Zurückgebliebenen den Fluchtweg abzuschneiden."

Bevor Maria und Emily die neue Lage recht überblickten, entdeckte der halbnackte Plünderer Rudland auf dem Vordach. Er packte ihn am Zopf, preßte ihn gegen die Hauswand, tastete ihn ab und fand seine Uhr. Rudland wehrte sich und warf die Uhr in die Nacht hinaus, in der Hoffnung, der Chinese würde ihr nacheilen. Statt dessen geriet der Plünderer in maßlose Wut und versuchte, Rudland vom Dach zu stoßen. Die Frauen hinderten ihn daran. Da ergriff er einen Stein und wollte damit auf Rudland einschlagen. Die Frauen fielen ihm in den Arm. Eigenartigerweise griff er diese nicht an. Emily vermutete, der Eindringling habe Marias akzentfreies Chinesisch bemerkt und sie für die Frau eines Mandarins gehalten und deshalb nicht gewagt, Hand an sie zu legen.

Rudland war es gelungen, ins Zimmer zurückzuklettern. „So stand ich dem Plünderer gegenüber. Er wagte es als echter Chinese nicht mehr, mich anzugreifen, sondern zog es vor, Verstärkung zu holen." Eine Flucht war unmöglich, bis Reid unter zunehmendem Steinhagel das brennende Zeug unter dem Fenster wegzerrte.

„Springt!" schrie er. „Springt! Ich fange euch auf!"

Das Fenster lag vier Meter über dem Erdboden. Maria sprang. Reid konnte sie nur halbwegs auffangen. Sie fiel auf die Seite. Emily sprang. In diesem Augenblick traf ein Ziegelstein Reid mitten ins Auge und verursachte eine Gehirnerschütterung. Emily fiel auf den Rücken, doch verlor sie die Besinnung nicht. Der Wille zur Flucht brachte sie wieder auf die Füße. Sie sah, wie Rudland, der ebenfalls hinausgesprungen war und den mörderischen Angriff einer Keule abgewehrt hatte, die zitternde, verletzte Maria wegführte. Reid war halb bewußtlos, hatte rasende Schmerzen und schrie, jemand möge ihm helfen. Unter einem neuen Hagel von Steinwürfen brachte Rudland Maria hinter einer Mauer in Sicherheit und holte die andern aus dem Brunnenhäuschen. Sie erinnerten sich später kaum, wie sie alle ins Nachbargehöft entkommen und sich dort verstecken konnten.

Da lagen sie nun. Der schwerverletzte Reid stöhnte vor Schmerzen. Emily wunderte sich, daß sie alles überstanden hatte. Maria war durch starken Blutverlust sehr geschwächt. Sie tröstete und beruhigte ihre Kinder. „Ich bemühte mich, niemand merken zu lassen, wie schwer ich verletzt war. Das hätte sie nur beunruhigt, und es schien mir vor allem wichtig, daß wir die Ruhe bewahrten." Niemand wagte es, die größte Angst um Hudson und Duncan auszusprechen. „Gott war unsere einzige Zuflucht. Er wirkte in mir das Vertrauen, daß unser Leiden China zum Besten dienen werde."

Endlich fand Hudson seine Leute und brachte sie in das nun bewachte Missionshaus zurück.

Am Sonntagmorgen sandte Taylor einen seiner chinesischen Mitarbeiter mit einer Botschaft zum britischen Vizekonsul Allen nach Chinkiang.

Kurz nach Tagesanbruch verließen die Wächter das Missionsgrundstück. Bald waren die Plünderer wieder zur Stelle. Taylor mischte sich unter sie. „Ich stieg auf einen wackligen Stuhl und redete in entrüstetem Ton auf sie ein." Während die Räuber im hinteren Teil des Grundstücks eifrig fortfuhren, Kisten, Möbel und Hausgeräte wegzuschaffen, hielten die in Taylors Nähe unter der Macht seiner Worte beschämt inne. „Wir sind eine Gruppe von Fremden", hörten sie ihn sagen, „wir kamen von weit her, weil wir euch Gutes tun wollten. Hätten wir Böses im Sinn, wären wir dann unbewaffnet oder in so geringer Zahl gekommen? Hätten wir dann unsere Frauen und Kinder mitgebracht? Ihr seid ohne eine Herausforderung unserseits in unser Haus eingebrochen, habt unseren Besitz geplündert, viele von uns verwundet und versucht, unsere Gebäude niederzubrennen. Jetzt steht ihr schon wieder da, begierig, uns auszurauben und neues Unheil anzurichten. Hätten wir gestern abend nicht das Recht gehabt, euch anzugreifen, um uns zu verteidigen? Aber wir haben keinen Stock gegen euch erhoben und keinen Stein geworfen. Schämt ihr euch eurer schandbaren Taten nicht? Wir sind schutzlos. Wir können und wollen keinen Widerstand leisten. Wir suchen das Gute und nicht das Böse. Wenn ihr uns tötet, sterben wir mit reinem Gewissen, daß wir keinem von euch ein Leid getan haben. Wir selbst haben Kranke und Verwundete im Haus, dazu Frauen und Kinder. Wenn ihr uns mißhandelt oder tötet, werden wir es euch nicht vergelten. Doch der Herr im Himmel wird uns rächen. Unser Gott, auf den wir vertrauen, kann uns schützen und euch strafen, wenn ihr Ihn erzürnt."

Taylor stieg von seinem Stuhl und eilte auf die Präfektur. Wieder einmal mußte er warten. Der Präfekt war noch nicht aufgestanden ... hatte noch nicht gebadet ... noch nicht gefrühstückt.

Nach der dritten oder vierten Anfrage teilte man Taylor mit, der Kommandant würde ihn ins Missionshaus zurückbegleiten. Es verging mehr als eine Stunde, bis der Mann erschien, doch teilte er Taylor mit, er habe die Menge vor dem Missionshaus bereits zerstreut. Dann fügte er hinzu: „Machen Sie dem Präfekten einen Bericht! Aber bezeichnen Sie die Ereignisse der vergangenen Nacht als Ruhestörung und nicht als Aufruhr! Bitten Sie um eine offizielle Erklärung, damit sich die Leute beruhigen, und verlangen Sie eine Bestrafung der Rädelsführer! Auf diese Weise gelingt es uns vielleicht bis zum Abend, Ruhe und Ordnung wiederherzustellen, ohne daß Sie die Stadt verlassen müssen."

Nach seiner Rückkehr schrieb Taylor einen nach seiner Meinung schonenden, aber wahrheitsgetreuen Brief. Doch der Kommandant wies ihn als unannehmbar zurück. Nochmals sprach Taylor vor und erklärte, daß die Tatsachen nicht geändert werden könnten. Der Kommandant erwiderte: „Wenn Sie darauf bestehen, diesen Bericht abzusenden, will ich mit der ganzen Sache nichts mehr zu tun haben. Beschützen Sie sich selbst, so gut Sie können! Aber ich warne Sie! Vielleicht setzen Sie damit das Leben Ihrer Leute aufs Spiel." Taylor fügte sich. Er schrieb, mehr oder weniger nach Diktat, einen Brief, der nach Peking weitergeleitet werden konnte, ohne daß der Präfekt kaiserliche Ungnade zu gewärtigen hätte. Der Kommandant nahm den Brief an sich. Dann sagte er: „Meine Untergebenen können die Leute nicht im Schach halten. Ich will Sie unter Bewachung in Booten nach Chinkiang senden. Sobald wir Ihr Haus wiederhergestellt haben, werden wir Sie einladen, zurückzukehren."

Einige Meilen hinter Yangchow trafen die geschlagenen Missionsleute Vizekonsul Allen, Sands und einen Kaufmann, Mr. Carney, die ihnen zu Hilfe eilen wollten. Sie wurden mit Freundlichkeit und Fürsorge überschüttet. Sands und Carney begleiteten sie nach Chinkiang zurück, um ihnen dort behilflich zu sein. Der junge Konsul Allen setzte seine Reise in grimmiger Laune nach Yangchow fort.

AM RANDE EINES KRIEGES

Einige Tage nach dem Aufstand saß Maria, die nicht ohne Hilfe gehen konnte und deren Glieder noch schmerzten, beim Abendessen in Carneys Heim in Chingkiang. Ein junger englischer Kaufmann fragte sie, welche Strafe sie den Aufständischen auferlegen würde, wenn sie darüber zu bestimmen hätte. Er wußte, was *er* „mit den Schurken anstellen würde".

„Strafe?" antwortete Maria. „Ich habe wirklich noch nie dar-über nachgedacht. Die einzige Vergeltung, die ich mir wünsche, ist eine weit offene Tür ins Innere des Landes für unsere Arbeit."

Als die Haltung Hudsons und Marias zu einer brennenden politischen und internationalen Angelegenheit wurde, faßte sie ihre Ansichten darüber in einem Brief an Mrs. Berger in die Worte: „Während des Aufstandes baten wir den chinesischen Mandarin um seinen Beistand. Mein lieber Mann dachte, er dürfe dieses Mittel zur Rettung unseres Lebens nicht verachten. Als dann unser Leben gerettet und wir in Sicherheit waren, baten wir nicht um Wiedererstattung unserer Güter und wollten auch keine Vergeltung."

Es war eine Ironie des Schicksals, daß Hudson Taylor, der seinen Missionaren gebot: „Wendet euch nicht am Beamte! Stellt keine Forderungen! Erwerbt euch Liebe!", fast ein cacus belli (Grund zum Kriege) zwischen China und England wurde und man ihn beschuldigte, er wolle China mit Hilfe von Kanonen-booten evangelisieren.

Ein in Chinkiang lebender Ausländer, der nur oberflächlich mit Taylors bekannt war, schrieb ohne ihr Wissen einen Bericht über den Yangchowaufstand für die Zeitungen in Shanghai. Die öffentliche Meinung vergaß ihren Spott über die CIM und zeigte plötzlich große Sympathie. Es wurde eine sofortige entschiedene Aktion von den Engländern gefordert. „Man hielt den Aufstand für den Gipfel einer Anzahl von Herausforderungen, die die Engländer durch die Chinesen erfahren hatten", meinte Maria. Britannien ergriff die Gelegenheit, alte Schulden einzutreiben.

Der Generalkonsul Walter Medhurst erreichte am 30. August 1868 Chinkiang. Er forderte von Taylor genaue Berichterstat-tung. Dieser erklärte, er wünsche keine Wiedergutmachung. Medhurst antwortete, er werde unbedingt Genugtuung verlan-gen. Er war allerdings kein Draufgänger und hatte Verständnis für die Gefühle der Chinesen. So war er nicht einverstanden damit, daß Europäer chinesische Kleidung trugen. Doch berich-tete er dem britischen Botschafter in Peking, Sir Rutherford

Alcock, er vermöge sich an keinen Aufruhr zu erinnern, „an dem die Betroffenen so schuldlos waren und bei dem die Nachlässigkeit und Schuld der örtlichen Behörden so offensichtlich zutage trat". Zu Taylor sagte er, er wünsche einfach für sie und alle Missionare „Freiheit zur Ausübung ihres Berufs ohne Belästigung oder Einschränkung, solange sie sich in den Grenzen der Vernunft und Klugheit bewegten".

Er stattete dem Tao-tai von Chinkiang, als dem nächsten Vorgesetzten des Bürgermeisters von Yangchow, einen formellen Protestbesuch ab. Dabei stellte sich heraus, daß die Chinesen nichts bereuten. Der Unterbürgermeister in Chinkiang ließ eine antiausländische Proklamation anschlagen, und eine Gruppe von Grobianen schlug einen Mann, der bereit gewesen war, Taylor ein Haus zu vermieten. Am 2. September griff eine erzürnte Menge den Yamen des Tao-tai an und bedrohte das britische Konsulat.

Sogar Emily Blatchley empörte sich. Sie schrieb an Jennie Faulding: „Die chinesischen Behörden hier benehmen sich unverschämt. Konsul Medhurst ist empört. Er bespricht mit uns alles und scheint entschlossen zu sein, die Angelegenheit zu ordnen. Heute oder morgen wird eine Kriegsfregatte aufkreuzen. Bete darum, daß die Sache ohne Verluste an Leben und ohne Blutvergießen geregelt wird, wenn es Gottes Wille ist! Es ist ein schwieriger Fall; jeder fühlt es. Es kann sogar den Krieg mit China zur Folge haben. Sei es, wie es wolle, wenn es nur dazu dient, daß die Tür für das Evangelium in China sich öffnet!"

HMS „*Rinaldo*" (Kommandant Bush, R. N.) ging am 4. September vor Chinkiang vor Anker. Medhurst ließ sich von einer Marinewache zu dem Manchugeneral begleiten, der die Stadt sofort beruhigte. Der Vizekönig in Nanking lehnte es ab, einen hohen Beamten mit dem Generalkonsul nach Yangchow zu senden. Dieser sandte daraufhin siebzig Marinesoldaten nach Yangchow, besichtigte den Tatort des Aufstands und verlangte in aller Form Genugtuung und Bestrafung der Hintermänner, die die eigentlichen Anstifter waren. Der Bürgermeister sagte, er könne diese nicht bestrafen. Sie wären seine Vorgesetzten.

Am 10. September segelte Medhurst auf der „*Rinaldo*" nach Nanking. Weder der Bürgermeister von Yangchow noch ein besonderer Vertreter des Vizekönigs hielten ihr Versprechen, zu kommen. In Nanking war man fast zu einer befriedigenden Abmachung gekommen, als Kommandant Bush erkrankte und mit der HMS „*Rinaldo*" nach Shanghai abzog und Medhurst in einer „demütigenden und hilflosen Lage" zurückließ. Der Vizekönig, der die Geschütze der britischen Flotte nun nicht mehr zu fürchten brauchte, verweigerte alle gemachten Konzessionen. Bush sagte: „Ich hätte nie geglaubt, daß die bloße Anwesenheit eines kleinen Kriegsschiffes den Vizekönig so stark beeinflussen könnte."

Der in Peking weilende britische Botschafter Alcock befahl dem Admiral der China-Flotte, Sir Harry Keppel, „das Mißgeschick wiedergutzumachen, indem er eine so starke Flotte nach der Mündung des Großen Kanals entsende, daß sie in der Lage sei, sowohl auf die Behörden und auf die Bevölkerung von Yangchow wie auf den Vizekönig den nötigen Druck auszuüben".

Die königliche Flotte segelte den Yangtse hinauf und tief in chinesisches Gebiet hinein. Das Flaggschiff HMS „*Rodney*" wurde später durch die „*Rinaldo*", „*Stanley*", „*Ikarus*" und „*Zebra*" verstärkt. Sie bildeten eine imponierende Macht, bereit zu bombardieren, zu verbrennen und zu töten — und das alles, weil Hudson Taylor China evangelisieren wollte.

Als Maria die im Yangtse verankerte „*Rodney*" erblickte, meinte sie, es könne sich noch alles zum Guten wenden. Obgleich die CIM nicht um Vergeltung gebeten hatte und nicht die Ursache zu einem Kriege sein wollte, „will ich unsere körperlichen Leiden für gering achten", schrieb sie am 7. Oktober, „und unsere Ängste, mögen sie auch noch so groß gewesen sein, sind reichlich vergolten, wenn sie zur weiteren Öffnung des Inlands für die Ausbreitung des Königreichs unseres Meisters dienen. Und wenn es Gott gefällt, Maßnahmen zuzulassen, die unsere Regierungsbehörden für richtig halten, so glaube ich, daß all unser Erleben dazu dienen mußte. Die Tatsache, daß englische Frauen grob behandelt wurden und ihr Blut floß bei der jähen Flucht aus einem Holzhaus, unter dessen Treppen bereits Feuer gelegt war und in das Plünderer eingedrungen waren, von denen zumindest einer Mordabsichten hatte, trug gewiß mit dazu bei, die Hände der britischen Obrigkeit zu stärken."

Ihr Empfinden und die ganze Begebenheit waren kennzeichnend für das 19. Jahrhundert: Kriegsschiffe, die über dreihundert Kilometer tief im Gebiet eines souveränen Staates lagen, diktierten Verträge; Engländer verlangten unter dem Schutz ihrer Kanonen die Einhaltung von Verträgen; Blaujacken empörten sich, daß Chinesen es gewagt hatten, englische Frauen und Kinder zu belästigen.

Dies alles war ein böser Hintergrund, auf dem sich die Ausbreitung des Christentums in China abspielte, und das erste jener Ereignisse, bei denen Politik und Religion Hand in Hand zu arbeiten schienen. Damit hinterließen sie ein Erbe des Mißtrauens, und so ist es zum Teil begreiflich, daß für die Kommunisten alle missionarischen Unternehmungen nur als Deckmantel für den westlichen Imperialismus gelten. Katholische Missionare billigten ganz offen einen politischen und militärischen Druck zur Erreichung ihrer religiösen Ziele: Gegen Ende des Jahrhunderts war die kaiserliche Regierung gezwungen worden, den römisch-katholischen Bischöfen die Rechte der höchststehenden Mandarine einzuräumen. Andere treue, mutige, demütige Priester wurden unwissentlich zu Werkzeugen fremder Mächte. So erging es Hudson Taylor im Yangchow-Zwischenfall. Er bedauerte, daß seine aus Liebe zu China entsprungene Handlungsweise Kanonenboote heraufbeschwören sollte und daß unter Gewaltandrohung Wiedergutmachung für das Unrecht erzwungen wurde, das er gern vergeben und vergessen hätte, wenn es ihm nur erlaubt war, das Evangelium ins Innere Chinas zu tragen. Er war eine Schachfigur in den Händen von Staatsmännern. Schlimmer noch, er wurde nach wenigen Monaten wider Willen zum Spielball in der britischen Politik.

Der Fehler muß vielleicht bei den wirtschaftlichen und politischen Bestrebungen westlicher Nationen gesucht werden. Doch liegt ein großer Teil der Schuld bei der kaiserlichen Regierung und der schrecklichen Kaiserinwitwe. Hätte China als eine normale Macht gehandelt, die Verträge gehalten, einen natürlichen Handelsverkehr oder Gedankenaustausch erlaubt und den Ausländern Gerechtigkeit widerfahren lassen, wären keine Kanonenboote gesandt worden, und die Schmach außerterritorialer Konzessionen wäre dem Land erspart geblieben.

Im Jahre 1867 hatte der britische Konsul in Hangchow Hudson Taylor zugesichert, daß „Ausländer, die im Inland reisen, ein vollkommenes Recht auf legalen örtlichen Schutz beanspruchen könnten". Der Tao-tai versicherte dem Konsul nach der Schlichtung des Aufstandes gegen Nicol in Siao-san: „Wenn Ihre Landsleute in das Landesinnere reisen, um zu missionieren oder um sich zu vergnügen oder Handel zu treiben, wird ihnen in allen Fällen Frieden und Ruhe zugesichert. Man wird sie weder belästigen noch behindern." Es war die absichtliche Verzögerung durch die chinesischen Behörden, die den Yangchow-Aufstand verursachte. Die spätere Haltung des Vizekönigs stimmte absolut nicht überein mit dem im Jahre 1857 geschlossenen Vertrag, der 1860 ratifiziert wurde. Erst nach der im Jahre 1876 abgeschlossenen Konvention von Chefoo gab China den Weg in das Inland nicht nur theoretisch, sondern tatsächlich frei. Allerdings wurde der Vertrag buchstäblich unter den Geschützen der englischen Flotte unterzeichnet.

Nanking wurde nicht von der Marine bombardiert. Prinz Kung in Peking, das ausführende Organ der kaiserlichen Regierung, kam Sir Rutherford Alcocks Forderungen so weit entgegen, daß er die Verhandlungen wieder aufnahm. Diese verzögerten sich jedoch in den Städten des Nordens und Südens bis in den November hinein. Die Chinesen gaben ihren Fehler offen zu und entschuldigten sich. Der Bürgermeister und einer der Beamten Yangchows wurden entlassen.

Am 18. November 1868 kehrten Hudson und Maria wieder nach Yangchow zurück. Zehn Tage später wurde Charles Eduard Taylor geboren. „An diesem Tage", schrieb Hudson, „wurden wir in unserem Haus durch Mr. Medhurst, den Tao-tai von Shanghai als Vertreter des Vizekönigs und zwei Distriktsbürgermeister wieder eingesetzt. Dieses Ergebnis wird wahrscheinlich viel zur Erleichterung der Missionsarbeit im Inland beitragen. Ich weiß nicht, wie ich Mr. Medhurst unsere Dankbarkeit ausdrücken soll, und kann nicht sagen, was höher einzuschätzen ist: seine Freundlichkeit und Höflichkeit oder die Geschicklichkeit, mit der er die ganze Untersuchung führte."

Die Europäer in Shanghai hielten nun sehr viel von der CIM, die dem Westen mit ihrem Blut und Leben den Zugang in das Innere Chinas geöffnet hatte. „Eine Art Volkstümlichkeit", heißt es in einer Notiz unter Taylors Papieren, „zuerst natürlich Geschäft — *Erfolg* — steht auf der sich vor ihnen entrollenden Flagge."

Die Nachricht über den Yangchow-Aufstand erreichte England nur langsam. Am 20. November wies der britische Außenminister, Lord Stanley, Alcock an, „die Angelegenheit der chinesischen Regierung zu unterbreiten", und empfahl Mr. Medhurst aufs beste. „*The Times*" sagte: „Unser politisches Prestige wurde verletzt und muß zurückgewonnen werden."

Lord Stanley war ein Konservativer. Es war die Zeit der allgemeinen Wahlen, und Disraelis Amt wankte. Er trat am 2. Dezember zurück, und die Königin berief Gladstone. Die Nachricht erreichte ihn in Hawarden beim Fällen eines Baumes.

Der Graf von Clarendon übernahm als Liberaler das Amt des Außenministers und vollzog sofort einen Frontwechsel in der Chinapolitik. Die Liberalen waren mit Disraelis Politik nicht einverstanden gewesen und suchten nach einem Grund zu einem Angriff auf seine Geschäftsträger Alcock und Medhurst. Außerdem hatte der amerikanische Botschafter am Pekinger Hof, Anson Burlinghame, Europa und die Vereinigten Staaten im Auftrage der Chinesen bereist. Es war dies eine sonderbare Abmachung, die ihn zum ersten Botschafter Chinas im Ausland werden ließ. Er brandmarkte Englands „tyrannische Dolch-am-Hals-Politik" und verurteilte die Yangchow-Affäre als „gewalttätige Aktion". Lord Clarendon glaubte ihm.

Die große Zeitung „*The Times*" meldete am 3. Dezember schadenfroh den Fall Disraelis und brachte einen Leitartikel, in dem sie verurteilte, daß eine Gruppe von Missionaren sich den Titel China-Inland-Mission zuzulegen anmaßte. Die Zeitung sagte: „Das Evangelium des Friedens sollte nicht ein Anlaß zum Kriege werden ... Die Apostel und ersten Missionare verbreiteten bestimmt ihren Glauben nicht unter dem Schutz von Flotten und Armeen. Sie brachten keinen Krieg ... Wenn wir von eindrücklicher Machtentfaltung lesen, von schweren Geschützen, die auf stille Inlandstädte gerichtet sind, und dies nur wegen Menschen, deren Aufgabe es ist, das Evangelium zu verkündigen, dann wird man es uns nicht verübeln, wenn wir darüber entsetzt sind."

Die Leser dieses Artikels waren allerdings entsetzt. Der unbekannte Hudson Taylor wurde darin als feuerfressender Fanatiker verschrien, der unschuldige Chinesen durch heftige Angriffe auf ihre Ahnenanbetung beleidige und dann laut nach Vergeltung und Kanonenbooten rufe. „Es ist sehr traurig, daß das englische Volk in den Streit hineingezogen wird, der ebenso beschämend wie kostspielig ist, nur weil Personen, von denen man noch nie etwas gehört hat, die Chinesen bekehren wollen."

Frühere Gegner der CIM, George Moule an ihrer Spitze, erneuerten ihre Anstrengungen, diese Mission zu erledigen. Einige wenige Freunde hielten sich weiter zur CIM. Viele Träger der Mission bedauerten es, daß Taylor, wie sie meinten, Vergeltung gefordert hatte. Es fielen viele Gaben aus, Missionskandidaten zweifelten an ihrer Berufung, und in dem Augenblick, da die Verhandlungen in China über den Yangchow-Zwischenfall einen guten Fortgang nahmen, blieben die weiteren Mittel aus.

Die allgemeine Erregung in England erreichte ihren Höhepunkt in einer Debatte im Oberhaus am 8. Mai 1869.

Der Herzog von Somerset, früherer liberaler Erster Lord der Admiralität, ein älterer Mann, dessen Frau eine Enkelin des Dramatikers Sheridan war, wollte wissen, „welche Aussichten bestünden, diese Mission zu verkleinern oder ihr nicht zu erlauben, weiter ins Inland vorzudringen. Sie kamen bereits bis nach Yangchow, und ich fürchte, sie stoßen noch weiter vor, wenn man sie nicht daran hindert, und", so fügte er mit seiner ihm eigenen Logik hinzu, „je weiter sie vorrücken, desto nachteiliger wirkt es sich für die Christianisierung aus."

Der edle Herzog hatte die Korrespondenz nur oberflächlich durchgelesen und dachte, die Missetäter gehörten der Londoner Missionsgesellschaft an, „die ihre Missionare besser in andere Teile der Welt senden und China unbekehrt lassen sollten, anstatt ihren gegenwärtigen Kurs weiter zu verfolgen. Wird die Regierung zu einem erfolgreicheren und schärferen Vorgehen gegenüber diesen Missionaren schreiten, entweder sie aus dem Lande weisen oder ihnen verbieten, weiter vorzudringen und damit unsere freundschaftlichen Beziehungen mit China durch ihr Handeln zu gefährden?"

Der Sekretär des Auswärtigen, Clarendon, unterstützte Somerset. „Wir befinden uns ständig am Rande eines Krieges, nicht wegen Verletzung irgendwelcher englischer Rechte oder wegen einer Beleidigung der englischen Regierung oder Flagge oder irgendeines Schadens, der dem Handel zugefügt worden wäre, sondern weil gute, aber unvorsichtige Leute beschützt wurden."

Herzog und Graf wurden durch den neu eingesetzten Bischof von Peterborough, den treuen evangelischen Conor Magee, und späteren Erzbischof von York, angegriffen. Er machte den Rat des Herzogs lächerlich, „man sollte einige Teile der Welt unbekehrt lassen und von jedem Versuch zu deren Bekehrung absehen, weil solche Bestrebungen wahrhaftig dem britischen Handel schaden könnten". Der jüngste und am wenigsten eifrige Missionar, erklärte der Bischof, würde darauf antworten, daß es in seinen Augen etwas gebe, „das heiliger sei als jener ‚heilige‘ Opiumhandel, um deswillen Großbritannien einst einen Krieg für gerechtfertigt hielt — nämlich Gehorsam dem Befehl des Meisters gegenüber, hinzugehen und das Evangelium jeder lebenden Seele nahezubringen".

„Es war bestimmt einer christlichen Nation unwürdig", fuhr er fort, „zu erklären, daß ihre Untertanen, die Handel trieben, und mochte er noch so verderblich sein, vor jeglicher Verletzung ihrer Rechte oder der leisesten Beleidigung durch die gesamte Macht Großbritanniens geschützt werden sollten, daß aber Missionare, die den Chinesen nicht gefielen, entweder ihrem Schicksal überlassen oder durch eine gewaltsame Ausweisung dem Pöbel entrissen werden sollten."

Am darauffolgenden Tag verspottete „The Times" die Taylors als Leute, die die chinesischen Sprachen nicht beherrschten und die kein Verständnis hätten für „die Religion, die sie entwurzeln wollten". Die ganze Brut von Missionaren sei eine Schar „ganz gewöhnlicher Leute, ungebildet, ohne Umgangsformen, die gern lange Geschichten erzählen", deren Jahresberichte „dazu angetan seien, mit Unglauben und Verachtung von jenen gelesen zu werden, die in politischen Diskussionen tonangebend sind". Berger schrieb am 11. März an Taylor: „Sie können sich nicht vorstellen, was die Sache in unserm Lande anrichtete . . . sie bildet das allgemeine Gesprächsthema." Er bekam täglich zwanzig bis dreißig Briefe, „solch eine gewaltige Zunahme, daß ich fast darunter zusammenbreche".

„The Times" hatte die Freundlichkeit, Berger zu einer Erwiderung auf all die kritischen Stimmen aufzufordern. Er wurde aber daran durch Taylors gehindert, die Alcock und vor allem Medhurst schützen wollten, dessen große Güte und dessen Einsatz für sie von seinen neuen liberalen Vorgesetzten des Auswärtigen Amtes übel vermerkt worden waren. Berger wurde angewiesen, nicht besonders zu betonen, daß Konsul und Botschafter sich „der Angelegenheit ohne unsere Aufforderung annahmen".

Taylor schrieb: „Ich muß sagen, ich war erstaunt über die absichtlichen Verdrehungen, die durch die Zeitungen und Politiker verbreitet wurden, um damit ihren eigenen Zielen zu dienen." Maria fand, es sei das beste, ihre Arbeit weiterzuführen „und die Rechtfertigung unserer Sache Gott zu überlassen". Hudson erklärte sich damit einverstanden, doch tat es ihm sehr weh, daß auch Freunde und Träger des Werkes den gegen ihn gerichteten Beschuldigungen geglaubt hatten.

MITTERNACHT

Die CIM befand sich wieder in Yangchow. Die Missionare waren überzeugt, daß Liebe und Vertrauen jeden Gedanken an Aufstand und Kanonenboote aus dem Gedächtnis der Einwohner tilgen würden. Marias Weigerung, Charlies Geburt in der Geborgenheit Chinkiangs abzuwarten, hinterließ einen starken Eindruck, vor allem weil es ein Knabe war. Einer alten Sitte gemäß überbrachten alle Nachbarn ihre Glückwünsche. Plötzlich fühlten sie sich zu diesen Ausländern hingezogen, die sie ausgeplündert und verletzt hatten. Alle hatten sich davon erholt, alle schienen über ihre Rückkehr erfreut zu sein.

Der Gastwirt und seine Frau meldeten sich als erste zur Taufe. Die Missionare konnten im Jahre 1869 bezeugen, daß das vergossene Blut tatsächlich der Same der Gemeinde wurde. „Die Bekehrten hier", schrieb Emily am Jahresende, „unterscheiden sich von allen, die wir bisher in China kannten. Sie strömen so viel Leben, Wärme und *Ernst* aus."

Hudson Taylor hatte bereits vor ihrer Rückkehr nach Yangchow die Gegend ausgekundschaftet und einige seiner älteren Missionare tiefer im Inland eingesetzt. Im Frühling 1869 besuchte er die neuen Stationen. „Das Land, das ich eben durchzog", schrieb er an Maria, „ist sehr schön: Bergpässe, Sturzbäche, terrassenförmige und mit fußhohem Getreide bepflanzte Hügel, süßer Duft von den Blüten von Bohnen und Senf, liebliche Täler und Gärten voller Obstbäume verschiedener Sorten." Sein Boot glitt von Stadt zu Stadt, von Dorf zu Dorf. Er sah Tempel, Götzenschreine und Gräber, er beobachtete Priester, wie sie bei Begräbnissen Papiermöbel und Höllengeld verbrannten. Überall traf er fleißige und liebenswürdige junge und steinalte Leute. Doch ihre geistliche Not bedrückte ihn.

Die Verdüsterung seines Gemüts vertiefte sich im Blick auf die Zukunft. „Ich habe den Eindruck, daß wir vor einer nicht geringen Verfolgung in China stehen", schrieb er am 13. März 1869 an seine Mutter. Er glaubte, „die Macht des Evangeliums ist bisher kaum verspürt worden. Das *fremde* Element war das große

Hindernis." Das weite Inland sollte das Christentum in einheimischer Kleidung kennenlernen. Der Teufel mußte mit scharfen Waffen angegriffen werden. Es dürfe keine Kompromisse geben. Der daraus entstehende Konflikt würde schmerzhaft sein.

Auch andere Sorgen quälten ihn. „Ich meine, daß wir besonders dafür beten sollten, daß die Regierung uns nicht dazu zwingt, die einheimische Kleidung abzulegen, oder sich auf andere Weise in unsere Art des Handelns einmischt." Als Taylor die Haltung der neuen liberalen Verwaltung in England verstand, befürchtete er einen zwingenden Befehl zum Rückzug aller Missionare aus dem Inland und die Weisung an die chinesischen Behörden, daß jeder, der zurückblieb, keine Hilfe bekäme, wenn Aufständische ihn angreifen und diese durch die Mandarine nicht bestraft werden sollten.

Aus dem Rückgang der Gaben machte er sich nicht viel, hatte er doch zu viele solcher Krisen überstanden. Sein Glaube und seine Erfahrung ließen ihn erwarten, was ihm selbst unbewußt bereits geschah. Georg Müller hatte einige Tage nach dem Yangchow-Aufstand angefangen, seine Unterstützungsbeiträge an die CIM-Missionare zu erhöhen. Als die Nachricht vom Aufstand ihn erreichte, noch ehe der politische Sturm ausbrach, hatte Müller seine Gaben bereits erhöht. Er glaubte die Verleumdungen über Taylor nicht, konnte aber auch nicht wissen, daß die Gaben zurückgehen würden. Später erwies es sich, daß das in den Jahren 1868—1870 durch Georg Müller gespendete Geld fast den ganzen Verlust aus andern Quellen ausglich.

Tiefer war Taylor beunruhigt über die Qualität einiger der neuen Kandidaten. Er war zu der Überzeugung gelangt, daß er künftig weder „eine große Zahl unerfahrener Leute" aufnehmen sollte, noch erwarten könne, die Kandidaten wüchsen schnell zur inneren Reife heran. „Einige scheinen eine ganz besondere Fertigkeit zu entwickeln, das Richtige auf die ungeschickteste Art oder im ungünstigsten Augenblick zu tun", erzählte er Berger. „Wirklich einfältige oder ungehobelte Leute werden sich selten auf dem heißen Boden Chinas behaupten, und obgleich ernst, geschickt und fromm, werden sie nicht viel erreichen. Nichts kann uns als Mission mehr schaden, als wenn wir es an Takt und Höflichkeit fehlen lassen."

Taylor mußte in dieser Zeit oft Briefe folgenden Inhalts an einen Neuangekommenen schreiben, der sich über seinen Senior beklagte: „Ich weiß, daß er manchmal schwer zu ertragen ist, doch ist vielleicht Deine Art des Handelns ebensoschwer für ihn wie die seinige für Dich ... Du wirst aber gut tun, Deine große Unerfahrenheit, Deine Unkenntnis der Sprache, Gewohnheiten und Gefühle der Leute zu bedenken, die Dich sehr, sehr oft zu falschen Ansichten und ungerechten Urteilen verleiten muß."

Taylors Himmel verdüsterte sich im Laufe dieses Frühlings und Sommers des Jahres 1869: „Beneidet von einigen, verachtet von vielen, vielleicht gehaßt von andern, oft getadelt für Dinge, von denen ich nie etwas hörte oder mit denen ich gar nichts zu tun hatte, ein Neuerer, der mit eingefleischten Regeln der Missionspraxis brach, Gegner eines mächtigen Systems heidnischen Aberglaubens, in mancher Hinsicht ohne Vorbild und mit unerfahrenen Helfern arbeitend, oft körperlich elend und durch besondere Umstände verlegen und hilflos. Wäre der Herr mir nicht besonders gnädig gewesen und mein Geist nicht gestärkt worden durch die Überzeugung, daß es des Herrn Werk und Er in allen Schwierigkeiten mit mir sei, ich wäre bestimmt zusammengebrochen."

Ein junger Kandidat namens Judd nannte Taylor in Yangchow einen „sich plagenden, schwer belasteten" Christen. Taylor war sich dessen bewußt. Er bekannte seiner Mutter: „Ich kann Dir nicht sagen, wie oft ich gegen Versuchungen ankämpfen muß. Ich habe nie gewußt, wie böse mein Herz ist."

Die internationale Siedlung war durch die kalten Winde, die von Westminster und den Zeitungsverlagshäusern her wehten, zersprengt. Als Taylor seine Familie im Mai 1869 zu einem zehntägigen Ferienaufenthalt an die sandigen Ufer der Pu-Tu-Insel in der Nähe Ningpos brachte, berichteten die Zeitungen von Shanghai, er sei gegangen, um Dummheiten zu machen, und durch den Konsul auf chinesische Klagen hin zurückgerufen worden. Sie geißelten Taylors „verheerende Torheit" und „Unverschämtheit". „Es kann nicht geduldet werden, daß es einer Person, die durch eine Dummheit bereits ernstliche politische Komplikationen hervorgerufen hat, erlaubt ist, im Lande umherzureisen und damit jeden andern Ausländer zu gefährden, der so unglücklich ist, in seine Fußtapfen zu treten." Ein Verleger hoffte zutiefst, Taylor würde in ein Asyl für unverbesserliche Idioten eingewiesen werden. Der *„Shanghai Evening Courier"* meinte: „Dieser ruhelose Apostel ist so schwer einzufangen wie ein Floh in einer Decke."

Der Konsul stellte öffentlich die Pu-Tu-Geschichte in Abrede. Der *„Evening Courier"* war so anständig, sich zu entschuldigen, wenn auch nur schwach und indirekt. Doch diese Zeitungsartikel waren zu viel für Taylors Nerven. China öffnete sich, aber er schreckte vor der Größe der Aufgabe zurück. Er stand in Gefahr, in dunkelste Verzweiflung zu sinken, „in die schreckliche Versuchung", wie es in einer unveröffentlichten Notiz in Taylors Papieren heißt, „sich sogar das Leben zu nehmen".

Maria aber stand zwischen Hudson und dem Selbstmord. Der einzige Faktor, der sich nicht änderte in seiner zerstörten Welt, war ihre Liebe. „Sie ist weder verbraucht noch erloschen."

Die Briefe, die sie sich bei einer Trennung im Jahre 1869 schrieben, offenbaren die gegenseitige Zuneigung: „Ich träumte letzte Nacht, ich sei neben Dir, und während wir zusammen redeten, weckte mich ein Geräusch und — Du warst weit, weit weg. Ich war so enttäuscht, Liebste. Wann werde ich Dich wirklich sehen und in meine Arme schließen können?" Maria wünschte, „ich könnte heute nacht in Deinen Armen ruhen oder mich an Deiner Brust bergen, anstatt Dir einen Brief zu schreiben, der Dich erst wer weiß wann erreichen wird". „Mein innigst Geliebter", schrieb sie, als sie ihm etwas Lebensmittel schickte, „mein unschätzbares Kleinod ... Ich möchte mich gern zwischen die Sachen legen, die Du erhältst."

Einen Gedanken konnte Hudson nicht ertragen — daß Maria je ein Opfer der ungezählten Krankheiten werden könnte, die ein Leben in wenigen Stunden auslöschten, daß ihr wagemutiges, gemeinsames Unternehmen einmal ein Ende finden könnte und er allein zurückbleiben müßte. „Ich danke Gott, meine Liebste, daß Er Dich mir schenkte und Dich mir so lange erhalten hat. Möge Er es noch lange tun! Aber möchte Er uns auch helfen, Ihn am meisten zu lieben, ständig und ohne Unterbrechung! Dann lieben wir uns nie *zu sehr* ... und nun eine lange, innige Umarmung von Deinem Dir gehörenden, auch in der Ferne Dich liebenden Gatten."

„Ich haßte mich, ich haßte meine Sünde, und doch bekam ich keine Kraft, dagegen anzugehen." Im Sommer vertiefte sich Hudson Taylors innerer Konflikt. Er betete, litt, fastete, faßte Vorsätze, las die Bibel fleißiger, doch ohne Erfolg. „Täglich, fast stündlich bedrückte mich das Bewußtsein des Versagens und der Sünde." Wohl wußte er, daß die Antwort in Christus lag. „Ich begann die Tage mit Gebet und war entschlossen, keinen Moment von ihm wegzublicken. Doch der Druck der Pflichten, die mich zuweilen sehr auf die Probe stellten, die beständigen Störungen, die mich so ermüdeten, ließen mich Ihn oft vergessen. Außerdem greift dieses Klima die Nerven sehr an, so daß man Versuchungen zu Reizbarkeit, bösen Gedanken und unfreundlichen Worten schwer widerstehen kann."

Je mehr er um Heiligung und innere Kraft zu äußerer Gelassenheit rang, „desto mehr entzog sie sich meinem Griff, bis sogar die Hoffnung fast erstarb". Er zweifelte nie, daß „*in* Christus alles liegt, was ich brauche, doch die praktische Frage heißt: Wie bringe ich es *heraus?* ... Ich betete um Glauben, aber er kam nicht. Was *sollte* ich tun?"

Während Taylor die Missionsstationen bereiste oder in der zwischen Hügeln und dem Fluß gelegenen Stadt Chinkiang arbeitete, wo sich die Druckerei und sein Heim befanden, sprach er viel über „das Bedürfnis nach mehr Leben und Kraft in unseren Seelen". Andere fühlten wie er. Seine Kollegen sehnten sich nach geistlicher Befriedigung, nach Ruhe und Heiterkeit. „Mrs. Taylor wunderte sich, wonach wir denn eigentlich suchten", schrieb einer von ihnen.

Im August besuchte Hudson Hangchow, wo John McCarthy, der junge Irländer, stationiert war. Dieser hatte ein lebhaftes

Temperament und eine kurz angebundene, grobe und herrische Art. Als Taylor über sein tiefes Verlangen nach „Einheit mit Jesus" sprach, sagte McCarthy kaum etwas dazu, doch „mich trieb diese Not um, und auch andere beschäftigte diese Frage". Mr. McCarthy war geplagt von „einem Bewußtsein des Versagens, eines beständigen Zukurzkommens in dem, was ich selbst gern erreichen möchte. Eine Unruhe — ein ständiges Bemühen, einen Weg zu *finden*, auf dem ich mich fortlaufend jener Einheit, jener Gemeinschaft erfreuen könnte, die ich oft so real, aber noch öfter — wie viel öfter! — so traumhaft, so weit in der Ferne empfand."

Hudson drang nicht in McCarthys Gedanken ein. Er verließ ihn und kehrte nach Norden zurück. Immer bewegte er die Frage: „Wie kann ich es *herausbekommen?* Christus ist reich, aber ich bin arm. Er ist stark, ich schwach." Hudson besuchte alle Stationen auf seinem Rückweg nach Chinkiang. Überall waren Probleme zu lösen, Anweisungen zu geben, Andachten zu halten, zu predigen, Konfirmanden zu prüfen, schwierige Mandarine zu besuchen, kleine Unstimmigkeiten zwischen Missionaren zu ordnen, Entmutigte aufzurichten — und dabei immer wieder der Kampf im eigenen Herzen.

Er erreichte sein kleines, überfülltes Haus in Chinkiang am Samstag, dem 4. September. Nachdem er Maria und die Kinder begrüßt und schnell mit Missionaren und chinesischen Lehrern verschiedene Angelegenheiten besprochen hatte, eilte er zur Erledigung der Korrespondenz in sein Zimmer. Er öffnete und las Brief um Brief von Stationen, von daheim und von Shanghai.

Darunter befand sich auch einer von John McCarthy, der einen oder zwei Tage nach Hudsons Besuch geschrieben wurde. Es war ein langer Brief. Er las und las mit wachsender Aufmerksamkeit. McCarthy schrieb: „Mir scheint, als ob der erste Schimmer eines herrlichen Tages über mir aufgegangen sei ... Mir scheint, als ob ich bisher nur genippt habe von dem, was ganz befriedigen kann." McCarthy hatte die Antwort auf das Geheimnis gefunden, nach der sie suchten. Hudson sah den Brief noch einmal durch. „Meinen geliebten Erlöser in mir *Seinen Wil-*

len auswirken lassen . . . In Ihm bleiben, nicht darum ringen oder kämpfen . . .“

Hudson kam zum letzten Abschnitt: „Nicht um Glauben oder um Stärkung des Glaubens kämpfen, sondern auf den schauen, der treu ist, scheint alles zu sein, was wir brauchen. Ein völliges Ruhen in dem Geliebten für Zeit und Ewigkeit. Dies scheint mir nichts Neues zu sein, ich habe es bisher einfach nicht verstanden.“

Hudson wunderte sich über seine eigene Blindheit. Sein Blick weitete sich. Wie vor zwanzig Jahren in Barnsley, wie vor vier Jahren in Brighton löste sich in einer kurzen Sekunde sein innerer Kampf. „Während ich noch las, sah ich alles. ‚Glauben wir *nicht*, so bleibt *Er* doch getreu.‘ Und ich schaute auf Jesus und sah (o wie da die Freude hereinströmte!), daß Er gesagt hatte: ‚Ich will dich *nie* verlassen.‘ “ Schneller, als er es später beschreiben konnte, verstand Hudson, daß er nicht um Kraft oder Frieden zu ringen brauchte, sondern in der Kraft und im Frieden Christi ruhen durfte. „Ich habe umsonst nach einem Bleiben in Ihm gerungen. Ich werde nicht mehr ringen. Hat Er denn nicht versprochen, in mir zu bleiben, mich nie zu verlassen und mich nie zu versäumen?“ Die eigene Anstrengung, es „herauszubekommen“, erwies sich als falsch.

„Ich bin *eins* mit Christus“, rief er aus, als er diese herrliche Entdeckung allen in Chinkiang weilenden Missionaren mitteilte. Er hatte sie sofort zusammengerufen und ihnen Mr. McCarthys Brief vorgelesen. „Es war ganz verkehrt, zu versuchen, die Fülle aus Ihm *heraus*zubekommen. Ich bin ja ein *Teil* von Ihm. Jeder von uns ist ein Glied an Seinem Leibe, ein Zweig am Weinstock. O denkt darüber nach, wie herrlich es ist, mit dem auferstandenen Erlöser eins zu sein!“ Ungefähr mit denselben Worten schrieb er einige Wochen später an seine Schwester Amalia in England und erklärte ihr die so lange entbehrte Wahrheit: „Bedenke, was dies in sich schließt! Kann Christus reich und ich arm sein? Kann Deine rechte Hand reich und Deine linke arm sein? Oder Dein Haupt wohlgenährt, während Dein Körper verkümmert?“

Einige Abende später reiste Hudson den Kanal nach Yangchow hinauf. Judd kam zur Begrüßung ins Wohnzimmer und war erstaunt. „Er war so voller Freude, daß er kaum wußte, was er zu mir sagen sollte. Er grüßte mich nicht einmal in der üblichen Weise, sondern wanderte, die Hände auf dem Rücken, im Zimmer auf und ab, indem er immer wieder ausrief: ‚O Mr. Judd, Gott hat aus mir einen neuen Menschen gemacht!‘ "

Judd und alle anderen Männer und Frauen, die näher mit Taylor in Berührung kamen, merkten den Unterschied. Er strahlte jetzt Liebe und Glückseligkeit aus. Die Jahre gingen dahin, und anstatt frühzeitig zu altern, sah er aus wie ein Mann in den vierziger Jahren. „Er war so freundlich zu mir", erinnerte sich ein neuer, junger Missionar, C. T. Fishe. „Er sah ganz jung aus und war sehr lebhaft. Er liebte Musik und Gesang und pflegte für die Chinesen an den Sonntagabenden eine Stunde Harmonium zu spielen und sie Loblieder singen zu lassen."

„Was die Arbeit betrifft", schrieb Hudson im Oktober an Amalia, „war sie nie so vielseitig und verantwortungsvoll und schwer, doch die Last ist weg. Die letzten Wochen waren vielleicht die glücklichsten meines Lebens."

Im November, während er sich auf einer Reise befand, erreichte ihn ein dringender Brief Marias, „der Dir die Nachricht von ernsten Neuigkeiten bringen soll, die wir soeben vernommen haben. Ein katholischer Missionar ist von Anking gekommen und hat berichtet, daß unsere Anwesen zerstört und die ihrigen ausgeplündert wurden. Die örtliche Behörde scheint alles in ihrer Macht Stehende getan zu haben, um den Missionaren zu helfen . . ." Anking war die weitestgelegene Station. Zuerst glaubte man, Meadows und seine Frau seien ermordet worden. Taylor verlor sein neu gewonnenes Vertrauen nicht. „Ich muß gehorchen, *Er* befiehlt. Darum vermag ich diese neue Not in Anking nicht bloß zu ertragen, sondern dabei *völlig* im Frieden zu sein . . . ‚Ja, Vater, denn es ist also wohlgefällig vor Dir.‘ " Und als die Gerüchte sich aufklärten, erwies sich die Lage günstiger, als sie geschildert wurde.

Körperlich blieb Hudson schwächlich. „Meinem lieben Mann geht es gut", berichtete Maria Mrs. Berger Ende des Jahres 1869,

„doch es braucht nicht viel, um ihn zur Arbeit unfähig zu machen. Und wie Sie wissen, arbeitet er immer noch, wenn andere schon längst aufgegeben hätten." „Die Belastung dieses Jahres war sehr groß", schrieb Hudson nach Barnsley, „ich bin ständig in einer Hetze, und die Korrespondenz ist so umfangreich, daß ich sie kaum bewältigen kann. Doch bin ich glücklicher in dem Herrn als je zuvor ... Wenn auch manches nicht so ist, wie ich es gern haben möchte, aber wenn *Gott* es zuläßt oder so bestimmt, bin ich zufrieden."

Diese kühne Behauptung wurde bald auf die äußerste Probe gestellt.

HERRLICHER MORGEN

Eine amerikanische Zeitung brachte im April 1870 einen Artikel eines Baptistenmissionars, der fast alle der zwölf CIM-Stationen besucht und viele der dreiunddreißig Männer und Frauen kennengelernt hatte.

„Sie sind erfüllt von einem vorzüglichen Geist", schrieb er, „verleugnen sich selbst und kennen nur *ein* Ziel. Sie sind von frommer Gemütsart und haben einen Geist des Vertrauens, der Liebe und der Demut. Sie leben von der Hälfte dessen, was Missionare älterer Gesellschaften bekommen. Sie sind auch bereit, doppelt soviel zu arbeiten, als einige andere zu tun bereit sind." Sie lebten in engster Berührung mit den Chinesen, schlugen sich mühsam durch und hatten Erfolg. Es waren in der Hauptsache Menschen ohne besondere Ausbildung aus den einfachen Arbeiterschichten, die aber Eifer und Geschick in der Gewinnung von Seelen zeigten. „Deshalb stehen sie nicht in der Gefahr", schloß der Schreiber mit einer etwas ungerechten Spitze gegen Männer in der Art von George Moule, „ihre Zeit mit dem Lesen alter chinesischer Schmöker zu vergeuden oder Bücher und Traktate zu schreiben, die niemand lesen will."

Während dieser anerkennende Bericht in Amerika erschien, trieb China der gewaltigsten internationalen Krise entgegen, die ihren Höhepunkt in dem bekannten Massaker von Tientsin fand, dem zehn französische Nonnen, zwei Priester und der französische Konsul zum Opfer fielen. „Eine Zeit großer Not", sagte Hudson Taylor später darüber, „die schwierigste Zeit, die ich in China erlebte. Von Peking bis Kanton waren die Menschen aufgewühlt. Wir wußten nie, was der nächste Tag über unsere Inlandstationen bringen würde. Doch war mein Herz von einem unbeschreiblichen Frieden erfüllt."

„Wir brauchen Eure Gebete", heißt es in einem Brief von Chinkiang an Jennie Faulding in Hangchow, „es sieht alles sehr dunkel aus. Eine Schwierigkeit folgt der andern auf dem Fuße, doch ist es *Gott*, der regiert, und nicht der *Zufall*. In Nanking war die Aufregung furchtbar, doch scheint sie sich zu legen. Unsere Leute wurden nicht belästigt, auch nicht auf den Straßen. Wäre jedoch die katholische Mission geplündert worden, wären auch unsere Leute kaum verschont geblieben ... Hier gehen allerlei Gerüchte um, doch hoffe ich, sie verflüchtigen sich. In Yangchow ist es besonders schlimm ... Mein Herz ist ruhig, doch mein Kopf ist sehr mitgenommen durch die ständigen Schwierigkeiten und Aufregungen."

Das war der Hintergrund von Hudsons und Marias Schlußdrama.

Im Frühjahr 1870 erkannten die Taylors, daß der fast neunjährige Bertie und der siebenjährige Freddie vor Einbruch des nächsten Sommers nach England zurückkehren sollten. Der fünf Jahre alte Samuel war ein besonders zarter Junge. Auch er sollte mitreisen mit der kleinen Maria als Spielgefährtin. Nur der kleine Charley sollte in China bleiben. Emily Blatchley war bereit, die Kinder nach Hause zu begleiten und als Pflegemutter bei ihnen zu bleiben. Aber die Furcht vor der Trennung war zu viel für Sammy. Er starb auf dem Yangtse am 4. Februar und wurde in einer Friedhofsecke am Fuße eines Hügels, eine Meile vom Flußufer entfernt, begraben, als erstes Glied der Taylorfamilie. Sechs Wochen später, am 22. März, trennten sich Hudson und Maria weinend von ihren Kindern.

Sie reisten auf einer Dschunke, die nur langsam vorwärtskam, den Yangtse hinauf. Das kostete weniger als die teure Fahrt auf einem Flußdampfer. An einem der Hafenplätze vernahmen sie, daß Mrs. Judd in Chinkiang schwer erkrankt sei. Hudson wagte nicht, einen Kranken, den er von Shanghai mitbrachte, zu verlassen. Deshalb reiste Maria allein weiter und nahm, um schneller voranzukommen, die Unannehmlichkeiten des Fahrens im federlosen, einrädrigen Schubkarren auf sich. Um Mitternacht erreichte sie ihr Ziel. Sie bestand darauf, daß Judd zu Bett gehe. Nichts vermochte sie selbst von der Notwendigkeit des Ausruhens zu überzeugen. „Nein", sagte sie, „du hast gerade genug ohne eine weitere Nachtwache. Geh zu Bett; ich werde bei deiner Frau wachen, ob du es tust oder nicht."

Der Sommer 1870 im Yangtsetal sollte als einer der heißesten in ihrer Erinnerung bleiben. Er trug wesentlich zu der allgemeinen Erregung unter der Bevölkerung bei.

Das Juniwetter erwies sich als ungünstig für Marias Lungen, die bereits durch eine Tuberkulose geschwächt waren. Sie erwartete Mitte Juli wieder ein Kindchen, wollte aber ihre Arbeit nicht aufgeben und führte ihren Unterricht wie gewohnt weiter. Auch widmete sie sich wie bisher der Literaturarbeit und der Korrespondenz. „Sie fühlte sich besser, schien sich zu erholen und war so froh wie schon seit langem nicht mehr", schrieb Hudson. „Ich war fest davon überzeugt, daß sie uns erhalten bliebe, bis ihr chinesisch-englisches Wörterbuch gedruckt wäre und sie ihre geliebten Kinder in England wiedergesehen hätte." Hudson wußte, daß sie kein hohes Alter erreichen würde, doch ließen ihn gewisse Anzeichen glauben, die Krankheit sei überwunden, „obgleich mir der Anblick ihrer abgezehrten Gestalt oft Kummer bereitete".

Am 29. Juni kamen William und Mary Rudland nach Chinkiang. Sie hatten vor kurzem ihr Kindchen verloren. Das kleine Haus vermochte kaum noch alle Bewohner zu fassen. Hudson und Maria verzichteten auf das gemeinsame Schlafzimmer, um mehr Platz zu schaffen. Louise Desgraz, die Schweizerin, teilte von nun an Marias Zimmer, während Hudson und Reid ihr

Lager im Hausflur aufschlugen. Dadurch konnten sie natürlich erst spät zu Bett gehen und mußten früh aufstehen wegen des ständigen Kommens und Gehens.

In Marias Zimmer war ein verhängnisvoller Vorhang angebracht worden, damit sie und Miss Desgraz ganz für sich allein sein konnten. Maria ertrug die große Hitze nur mit Hilfe öfterer kühler Bäder in der Nacht. Am 5. Juli zog sich Hudson, nachdem er ihr Gute Nacht gesagt hatte, auf den Hausflur zurück. Maria nahm in der Nische ihres Zimmers noch ein Bad, legte sich kaum bekleidet auf ihr Bett und schlief sofort ein. Wäre der Vorhang nicht gewesen, hätte Louise die Gefahr erkannt, in der Maria schwebte, denn die Temperatur veränderte sich plötzlich. „Es wurde empfindlich kalt und windig. Mein Liebling erwachte mit einer Erkältung."

Es folgte ein schwerer Choleraanfall. Sie sagte etwas später, die Geburtswehen wären eine Kleinigkeit gewesen, verglichen mit den Schmerzen, die diese Krankheit verursachte. Sie weckte Hudson nicht auf, auch Louise nicht, die ihn ja sofort gerufen haben würde.

Dieser erschrak, als er am Morgen die Veränderung an Maria sah.

„Liebste, wie *konntest* du es nur fertigbringen, mich schlafen zu lassen, während du solche Schmerzen littest?"

„Sprich nicht so! Ich brachte es einfach nicht über mich, dir auch nur eine Stunde deiner ohnehin kurzen Ruhe zu rauben."

Maria war sehr geschwächt und konnte kaum noch Nahrung zu sich nehmen. Sie hatte beständig Schmerzen, und das körperliche Unbehagen hielt zwei Wochen an. Die von Hudson verordnete Medizin schien Erfolg zu haben. Er glaubte, sie würde sich erholen, und dies „aus dem einfachen Grunde, weil ihr Bleiben für die Mission nötig und ihr Werk unvollendet ist".

Am nächsten Tag, dem 7. Juli, fühlte sie sich besser. Am Nachmittag fuhr Williamson flußaufwärts nach Anking und brachte den kleinen Sammy Meadows zu seinen Eltern zurück. Die Mühe, die Maria mit dem Packen von Sammys Kleidern hatte, war zu viel für sie gewesen. Kurz vor fünf Uhr kam Hudson in ihr Zimmer und sagte, er werde Williamson zum Flußufer begleiten, und auf dem Rückweg wolle er etwas Branntwein einkaufen.

„Bleib nicht zu lange fort, Liebster", antwortete Maria, „denn ich werde dich heute nacht wahrscheinlich nötig haben, und diesmal muß ich alle Vorbereitungen dir überlassen." Sie wies auf den Stoß Babywäsche hin.

Hudson fragte, ob ihre Zeit schon gekommen sei, war es doch noch zwei Wochen zu früh. Sie meinte, das Kleine würde wohl im Laufe der Nacht geboren werden, und wünschte nur, er käme gleich nach Williamsons Abfahrt zurück.

Dies Gespräch veranlaßte die beiden Männer, sich schon auf dem Weg zum Fluß nach Schnaps umzusehen. Als er ihn gekauft hatte, verabschiedete sich Hudson auf der Straße von Williamson und kehrte nach Hause zurück. Dort empfing ihn Rudland schon mit der Nachricht, das Kleine sei soeben angekommen; es sei die kürzeste und leichteste der acht Geburten gewesen, die Maria bisher erlebt habe. „Es ist ein schöner, stämmiger Junge."

Hudson stürzte ins Zimmer. „Maria war selig, daß alles so gut vorübergegangen war. Ich aber hatte meine Bedenken, denn mir gefiel ihr Puls nicht." Er mischte etwas Schnaps mit Wasser für den Notfall und besorgte den Kleinen. Als die Dämmerung hereinbrach, schlummerte Maria leicht ein, und beim Erwachen sagte sie, sie fühle sich frischer. „In diesem Augenblick brachte Mrs. Rudland eine Kerze. Ich bemerkte, wie die Lippen Marias auf einmal ihre Farbe verloren und wie sie totenblaß wurde. Ich schob meine Hand unter ihren Verband." Eine innere Blutung. Hudson war davon überzeugt, daß Maria nicht durchgekommen wäre, wenn er in diesem Augenblick nicht daheim gewesen wäre oder keinen Schnaps im Hause gehabt hätte.

Während der nächsten Woche war der kleine, überfüllte Raum wie ein Hochofen. Auf den Straßen der Stadt stieg die Erregung mit dem Thermometer. Maria erholte sich nur langsam. Sie konnte nur ganz wenig Nahrung zu sich nehmen und blieb deshalb sehr schwach. Doch beteuerte sie, es gehe ihr besser, und sie müsse wieder gesund werden.

Sie hießen den Kleinen Noel. Charley aber nannte ihn Di-Di (kleiner Bruder). „Noel war ein liebes, kleines, dunkles Bürschchen mit seidenen Härchen, wie seine Mama sie hatte. Er hatte schöne Augen und zarte Augenwimpern und einen lieben, kleinen Mund genau wie Grace."

Eine Woche lang wurde er mit der Flasche ernährt. Dann zeigte sein Hals Bläschen, und etwas in seinem kleinen Körper schien nicht zu stimmen. Es wurde nach einer Amme gesucht. Weil jedoch die fremdenfeindliche Stimmung so stark war, meldete sich niemand bis zum Mittwoch, dem 20. Juli. Doch die Hilfe kam zu spät. Der Kleine starb am Nachmittag. Dreizehn Tage alt war er nur geworden. Hudson schrieb an seine Eltern: „Dies alles zehrte an den Kräften der lieben Mama. Die zur Reife gewordene *Gnade* wurde durch dieses Erleben in Maria offenbar, doch stellte es große Ansprüche an die entkräftete *Natur*." Sie wählte zwei Loblieder für das am Freitagabend vorgesehene Begräbnis aus. Auf dem Rückweg vom Friedhof suchte Hudson den Kaufmann White auf und nahm dessen Einladung zur Übersiedlung in sein Haus an, „denn es war offensichtlich, daß ein Wechsel Marias Wiederherstellung bedeuten *könnte*. Nur der Umzug ließ noch etwas Hoffnung."

Es war fast acht Uhr abends, als Hudson zu Maria zurückkehrte. Ihr Befinden schien unverändert. Er fragte sie, ob sie gern zu Whites umziehen würde.

„Könnte ich dort baden, sooft ich will?"

Hudson sagte es ihr zu. Maria freute sich über den Plan. „Reisen tut mir immer gut", sagte sie.

Er war sehr müde, legte sich neben sie zur Ruhe und schlief sogleich ein. Maria bat Louise Desgraz, ihn mit einer Decke zuzudecken. Ungefähr nach einer Stunde wachte Hudson wieder auf und fragte Maria, ob sie etwas nötig habe.

„Nein", antwortete sie. „Du mußt aber etwas Tee zu dir nehmen. Mrs. Rudland hat bereits etwas für dich bereitgestellt."

Hudson begab sich in das anstoßende Zimmer. Er trank seinen Tee, aß etwas Reis und plauderte mit Mary Rudland, als Louise, die sich zwischen den beiden Räumen aufhielt, ein schwaches „Hudson" vernahm.

Er eilte ins Zimmer und fand Maria auf, doch sehr schwach und außerstande, etwas zu sagen oder sich aus eigener Kraft zu Bett zu legen. Hudson hob sie hinein, häufte Kissen und Polster unter ihre Beine, träufelte ihr einige Tropfen Schnaps zwischen die Lippen und rieb ihre Arme und Beine. Sie hatte Hudson bei seinem Mahl nicht stören und sich selbst helfen wollen. Nach einigen Schritten mußte sie bewußtlos geworden sein.

Während Hudson sich um sie bemühte, sagte er zu Rudland: „Bitte, bete für mich! Ich hatte keine Ahnung, wie krank Mrs. Taylor ist. Es ist eine innere Blutung, und ich fürchte, es ist keine Hoffnung mehr. Bitte, bete für mich, daß ich in allem ruhig bleiben kann! Ihre Lunge ist schon seit einiger Zeit angegriffen, doch befand sie sich auf dem Wege der Besserung. Ihr Husten war nicht gefährlicher Natur."

Rudland bemerkte, „daß Taylor sehr niedergeschlagen war — es kam auch alles so plötzlich, und ohne daß er es ahnte".

Als Maria aus ihrer Ohnmacht erwachte, ging ihr Atem ungewöhnlich schwer. Doch erwiesen sich Hudsons Anstrengungen als erfolgreich. Der Atem wurde ruhiger, und Maria schien sich zu erholen.

„Mein Kopf ist so heiß", sagte sie.

„Ich will dir Hilfe verschaffen, soll ich?" Hudson wußte, wie ungern Maria sich ihre Haare kurzschneiden ließ, weil sie dann nicht mehr ordentlich nach chinesischer Sitte aufgesteckt werden konnten.

Ihr Haar war naß und wirr. Er schnitt es ganz kurz.

„Möchtest du gern jedem der drei Kinder eine Locke geschickt haben? Was soll ich ihnen dazu schreiben?"

„Ja, und sage ihnen, sie möchten zu der lieben Miss Blatchley recht freundlich sein und ... und ... Jesus liebhaben."

Als er fertig war, betastete sie ihren Kopf.

„Das nennst du das Haar kurzschneiden?" lächelte sie. „Nun, *ich* habe die Annehmlichkeit und *du* alle Verantwortung für mein Aussehen. Ich kümmere mich nicht darum, was andere denken. Du weißt es, mein Geliebter, ich gehöre dir allein." Dabei schlang sie ihre ach so dünnen Arme um ihn und küßte ihn auf die ihr eigene liebe Art.

Louise brachte feuchte, kalte Tücher und legte sie Maria auf. Sie fühlte sich erleichtert und schlummerte ein. Für den Augenblick war die Gefahr gebannt. Hudson hieß Louise die Umschläge öfters erneuern und schlug Mr. und Mrs. Rudland und Reid vor, mit ihm einen anderen Raum aufzusuchen, wo sie, von Maria ungehört, zusammen beten konnten. Alle beteten, „aber es fiel mir auf, daß keiner vorbehaltlos um Marias Genesung beten konnte".

Um Mitternacht gab er Maria etwas Arznei und flüssige Nahrung, darauf schlummerte sie wieder ein. Hudson sandte die beiden Rudlands und Reid zu Bett.

Um vier Uhr morgens, an jenem Samstag, dem 23. Juli, fand er Maria schlafend. Er begab sich leise in den anstoßenden Raum, um ihr etwas zu essen zuzubereiten. Sie wachte auf und fühlte sich elend.

„Dies erschreckte mich. Ihr Kopf fühlte sich wieder heiß an. Ich kühlte ihn mit kaltem Wasser. Bald fühlte sie sich wieder besser, und das Erbrechen hörte auf. Um 4.30 Uhr konnte sie bereits wieder etwas Nahrung zu sich nehmen. Inzwischen war es hell geworden. Das Sonnenlicht enthüllte mir, was die Kerze verborgen hatte: die Todesschatten auf ihrem Antlitz. Auch meine tiefe Liebe konnte nicht leugnen, sondern mußte zugeben, daß Maria im Sterben lag. Sobald ich mich etwas beruhigt hatte, sagte ich zu ihr:

‚Mein Liebling, weißt du, daß du im Sterben liegst?'

Sie erwiderte offensichtlich erstaunt: ‚Sterben? Denkst du ans Sterben? Warum?'

‚Ich sehe es, Liebste.'

‚Woran muß ich sterben?'

‚Deine Kraft ist zu Ende.'

‚Wirklich? Ich fühle keine Schmerzen, nur Schwachheit.'

‚Ja, du gehst heim. Du wirst bald bei Jesus sein.'

‚Es tut mir so leid!'

‚Es ist dir doch nicht leid, zu Jesus zu gehen?‘

‚O nein!‘ (Nie werde ich den Blick vergessen, den sie mir dabei zuwarf, als sehe sie ganz tief in mein Inneres hinein.) ‚Das ist es nicht. Du weißt, Liebster, wie während der letzten zehn Jahre kein Schatten zwischen mich und meinen Heiland trat. (Ich weiß, daß es so war.) ‚Ich kann nicht traurig sein, zu Ihm zu gehen‘, flüsterte sie. ‚Aber es betrübt mich, dich in einer solchen Zeit allein zurücklassen zu müssen. Doch Er wird bei dir bleiben und dir in allem beistehen.‘ “

Sie küßte ihn wiederholt und gab ihm auch Küsse für die Kinder. Sie erinnerte sich, daß Freddy keine eigene Bibel besaß, und bat Hudson, ihm als ihre letzte Gabe eine Bibel zu schenken. Leise versammelten sich die Hausgenossen. Sie brachten Maria den kleinen Charley, und sie küßte ihn.

Ihre Kräfte ließen nach. Hudson fragte sie, ob sie Schmerzen habe. Sie verneinte.

Ungefähr um 7.30 Uhr verlor sie das Bewußtsein. Um 7.45 Uhr wurde sie von einem Krampf geschüttelt. Hudsons Schwiegertochter schrieb später die unvergeßlichen Worte: „Die Sommersonne stieg höher und höher über die Stadt, die Hügel und den Fluß. Das Geräusch emsigen Lebens aus den vielen Höfen und Straßen drang bis zu ihnen hinauf. Doch in einem der chinesischen Häuser, in einem Obergemach, von dem aus man das Blau des Himmels sehen konnte, herrschte ein tiefer Friede.“

Kurz nach neun Uhr wurde ihr Atem leiser. Hudson kniete nieder. „Mit einem vollen Herzen“, schrieb einer der Anwesenden, „übergab er Maria dem Herrn, dankte Ihm, daß Er sie ihm geschenkt hatte, dankte für die zwölfeinhalb Jahre gemeinsamen Glücks und für die Aufnahme Marias in Seine gesegnete Gegenwart. Sich selbst weihte er mit tiefem Ernst neu für den Dienst.“

Um 9.20 Uhr ging sie heim. „Als sie von ihm gegangen war“, schrieb Rudland, „begab sich Taylor in einen anderen Raum und blieb dort lange Zeit. Dann kehrte er zurück. Es schien, als habe er — allein mit Gott — den Sieg errungen. Er war ruhiger als vorher.“

Die große Hitze zwang dazu, Maria noch am gleichen Abend zu beerdigen. Hudson besorgte den Sarg. Als sie Maria hineinlegten, sagte er: „Der Herr hat's gegeben, der Herr hat's genommen, der Name des Herrn sei gelobt!"

Rudland blieb an seiner Seite. „Zuletzt, als Maria im Sarge lag, stand er neben ihr und blickte sie lange an. Wieder eilte er hinauf, um eine Zeitlang allein zu bleiben."

Sein Kindchen. Seine Frau. „Mein Herz geht über vor Freude und Dankbarkeit über ihre unaussprechliche Seligkeit, obgleich es fast brechen möchte. Unser Heiland hat alles wohl gemacht!"

PIONIER IM VERBOTENEN LAND –
WAS IST GEBLIEBEN?

1905 starb Hudson Taylor als Dreiundsiebzigjähriger in dem Land, das er so sehr geliebt, für das er über fünfzig Jahre lang gelebt und für das er so viel gelitten hatte. Fast ein dutzendmal war Hudson Taylor nach China gereist. Erst sein letzter Besuch führte ihn in jene Provinz, die dem Evangelium am längsten verschlossen blieb. Während ich mich im Frühjahr 1983 darauf vorbereitete, von Hongkong aus nach China zu reisen, ahnte ich noch nicht, daß ich genau in jene Stadt kommen würde, die für Hudson Taylors letzten Chinabesuch so bedeutungsvoll war. Sie sollte auch zu einem Höhepunkt meines Besuches werden.

Tourist im verbotenen Land

In der ehemals britischen Kronkolonie Hongkong erhielten mein Kollege und ich ein Einzelvisum. Es erlaubte uns die Reise in 28 Städte Chinas. Wir sollten einfach eine Route wählen und sehen, daß wir Bahn- oder Flugkarten bekämen. Auf diese Weise lernten wir innerhalb von 16 Tagen sieben Millionenstädte kennen. Genausoviele Gottesdienste in fünf verschiedenen Kirchen konnte ich besuchen. Nie werde ich Bilder, Eindrücke und Erlebnisse dieser Reise vergessen.

In Shanghai, das während der ersten Jahre für Hudson Taylor eine so große Rolle spielte, erlebten wir zwei Gottesdienste in vollen Kirchen; den ersten schon sonntagmorgens um sieben Uhr. Fünfzehn Kirchen sind in der Elf-Millionen-Metropole wieder geöffnet. „In unserer Kirche", erzählte mir eine einheimische Mitarbeiterin, „erreichen wir in unseren beiden Sonntagsgottesdiensten bis zu 4000 Menschen." Doch nicht nur die Zahlen haben mich beeindruckt, – die Atmosphäre vor allem und der Gemeindegesang vom Heil in Christus waren es, die Chorlieder und das Beten mit den lauten „Amen!" dazwischen, der prächtige Blumenschmuck in der noch kühlen Jahreszeit („Die Kommunebauern bringen ihn, die haben Glashäuser.").

Und überhaupt die Liebe zum Detail; die Bibeln, in denen sie die Texte nachschlugen, und die Predigt über den Jünger Petrus. „Der Herr fragte nicht, warum Petrus ihn verleugnet habe, sondern ob er ihn noch liebe."

Ich mußte dabei an Chinas jüngste Vergangenheit denken, an Verfolgung und Verrat der Christen untereinander, an Anfeindung und Unterdrückung durch die Behörden, an Verzweiflung, Mord und Selbstmord, an die geisttötenden Versuche, den Massen einen neuen „Heiland und Erlöser" aufzuzwingen.

Und jetzt die Botschaft von der gemeinsamen Rückkehr zum Herrn, vom Leben aus der Vergebung und vom Dienst der Liebe. Während meine 82jährige Übersetzerin die Predigt aus dem Shanghaidialekt Satz für Satz ins Englische übertrug und ich eifrig mitschrieb, war mir plötzlich klar: Die Erneuerung der chinesischen Kirche wird sich nicht auf die Freigabe und Renovierung altehrwürdiger Kirchengebäude beschränken.

Auf den Spuren Hudson Taylors

Von Shanghai aus fuhren wir mit der Bahn zunächst in jene Provinz, in der Hudson Taylor schließlich starb. Freunde in Hongkong hatten uns für eine Wissenschaftlerin Fachliteratur mitgegeben. Wir kannten den Namen ihres Mannes und die Institution, in der er tätig war. Vom Hotel aus ließen wir uns mit einem Taxi dort hinfahren. Den ersten besten Weißgekleideten fragten wir nach diesem Mann. „Ja, dort im andern Flügel, über jenen Hof, dann rechts ..." An unseren ratlosen Gesichtern erkannte er wohl, daß er uns zu viel zumutete. Deshalb ging er mit durch überfüllte Korridore, über einen regennassen Hof, in ein Nebengebäude, noch einmal um etliche Ecken und blieb vor einer Bürotür stehen. Sie war verschlossen. „Augenblick!" In einem Raum schräg gegenüber fand er den Gesuchten.

Herr X. war schmächtig und zierlicher als die meisten Chinesen. Er trug Zivil und eine braune Pelzmütze. Begrüßung mit Handschlag.

„Bitte kommen Sie herein!" Er schloß die Tür hinter uns. Ein Glasfenster darin ließ den Blick nach draußen zu und wohl auch umgekehrt. Doch das störte uns während der nächsten 60 Minuten nicht weiter. Wir übergaben unsere Bücher. „Die sind für meine Frau? Vielen Dank! Sie wird sich freuen! – Ich nehme an, Sie sind Christen?"

„Ja!"

„Ich auch!"

Sofort änderte sich die Atmosphäre unseres bis dahin etwas förmlichen Gesprächs. Er erzählte aus seiner Jugend- und Studentenzeit, von Kontakten mit auch uns bekannten chinesischen Christen, die sein Leben geprägt hatten, vom Abschluß seines Studiums kurz vor der Befreiung.

„Drei Tage lang habe ich damals gebetet und gefastet, um herauszufinden, was Gott mit mir vorhatte. Er führte mich dann in den Süden des Landes, wo ich einem Bergstamm dienen konnte." Später Gefängnis und Degradierung. Heute rehabilitiert.

Der Name „Hudson Taylor" fiel schon, bevor wir ihm sagten, daß wir Missionare der ehemaligen China Inland Mission sind. Später berichtete er begeistert weiter:

„Hudson Taylor war ein Mann, der Gott liebte – und die Chinesen. Deswegen habe ich schon vor vierzig Jahren die Lebensgeschichte Hudson Taylors gelesen. Sie hat mich sehr beeindruckt und mein Leben geprägt. Ich habe in China vieles gesehen. Gott segnet wirklich alle, die an ihn glauben. Während dieser Zeit ist es für all die andern Brüder, die in fremden Ländern leben, nicht möglich, in China zu sprechen. Aber ich bin ein Christ in China, ich bin ein Wissenschaftler. Gott hat schon viele chinesische Christen, die sein Werk tun. Ich bitte euch, einfach im Gebet an uns zu denken. Gott wird euch segnen, und Gott wird uns segnen, und er wird alle Menschen in der Welt segnen."

Nicht durch Kulte und Kanonen

Auf die Anzahl der Christen in China kam er von sich aus zu sprechen. „Trotz allem haben wir jetzt prozentual mehr Christen in China als in Japan." In absoluten Zahlen wären das wenigstens zehn Millionen. Etwa 800 000 evangelische Christen gab es bei der Machtübernahme Maos 1949.

Drei, zehn, dreißig oder fünfzig Millionen. Wer will das zur Zeit mit letzter Bestimmtheit sagen? Für mich sind nach dieser Reise allerdings auch die gewagteren Zahlenangaben glaubwürdiger geworden. Doch es geht nicht zuerst um Statistiken.

Hudson Taylor hatte Gott vertraut. Er hatte ihn erprobt und erlebt. Er und seine Leute hatten das Evangelium nach China gebracht, hatten es hineingelebt, hineingeliebt, hineingelitten. In viel Schwachheit, aber doch auch in der Kraft des Heiligen Geistes, der sein prägendes Werk auch in China begonnen hatte und es fortführte, unabhängig davon, ob weiße Missionare weiter im Land arbeiten konnten oder ausgewiesen wurden, ob Geld da war oder nicht, ob die christlichen, durch den Westen inspirierten Institutionen erhalten blieben oder in Trümmer sanken.

Der lebendige Herr Jesus Christus wirkte weiter durch die Chinesen, wie er zuvor durch die Missionare aus dem Westen gewirkt hatte. Durch seinen Geist war er gegenwärtig auch in den Arbeitslagern: zehn Jahre, fünfzehn Jahre, zwanzig Jahre. Im weiteren Verlauf unserer Reise trafen wir Leute, die das bezeugten. Der Same des Wortes Gottes, hineingesät in dieses Volk, trägt in den Herzen ungezählter einzelner Menschen Frucht, zehn-, fünfzig-, hundertfältig. Die Liebe Gottes, in die Herzen eingegossen, wird zur missionarischen Kraft in einer Gesellschaft, die von Haß und Mißtrauen bestimmt wird.

Nichts hatte all das auslöschen können, nicht die zehn grausamen Jahre der Kulturrevolution 1966 – 1976 mit ihrem Kampf gegen Religion, Bildung, Kunst und Wissenschaft und nicht die dreißig Jahre intensiver Versuche, Mao und seine Ideologie in die Herzen einzupflanzen.

Ich stand jetzt vor seinem Mausoleum im Herzen Pekings. Es war durch Kette, Gitterzaun und Posten gesichert. Zutritt verboten! Menschen kann man mundtot machen oder ihr Weiterwirken nach ihrem Tode durch Kulte und Kanonen steuern. Jesus braucht beides nicht, auch in China nicht. Seine Kirche lebt und wächst ohne all das. Sie ist lebendiges Zeugnis dafür, daß er auferstanden ist und seinen Heiligen Geist gesandt hat.

Die Zukunft hat begonnen

Ein Blick in die Geschichte macht das deutlich. Die Ausweisung der Missionen Anfang der fünfziger Jahre und die Verfolgung der Christen Chinas, vor allem während der Kulturrevolution von 1966 bis 1976 hatte auch die treusten und glaubensstärksten ehemaligen Chinamissionare fragen lassen: „Herr, warum? Wie soll das weitergehen? Kann deine Gemeinde so überleben? War all unser Tun vergebens?" Und wie hatten sie sich gemüht!

Als Hudson Taylor starb, hatte die China Inland Mission (CIM) etwa 850 Missionare in China. 1928 erreichte die Missionstätigkeit ihren Höhepunkt. Über 8000 Missionare waren im Land; allein die CIM entsandte zu jener Zeit fast 1400.

Der Westen hatte aber nicht nur Missionare geschickt. So stark war der Eindruck einer materiellen Abhängigkeit geworden, daß ein chinesischer Vizekönig sagen konnte: „Wenn den chinesischen Christen ihr Ein- und Auskommen genommen wird, das sie durch die Missionsstationen haben, gibt es in China bald keine Christen mehr."

Schon mehrfach in der Geschichte Chinas waren Ansätze christlicher Mission ausgelöscht worden. Bereits im 7. Jahrhundert war es den Nestorianern gelungen, Teile des Reiches der Mitte mit dem christlichen Glauben bekanntzumachen. Doch im 10. Jahrhundert soll es in China keine Christen mehr gegeben haben. Im 13. Jahrhundert konnte das Christentum unter der Mongolenherrschaft ein zweites Mal eingeführt werden. Aber als dann die Jesuiten zu Beginn des 17. Jahrhunderts nach China kamen, konnten auch sie keine Spuren des christlichen Glaubens mehr entdecken. Die Gelehrten streiten noch heute darüber, ob die Mission des Italieners Matteo Riccis, die in einer weitgehenden Anpassung des Christlichen an die chinesische Kultur ihren Ausdruck fand, zur Heimischwerdung des christlichen Glaubens in China einen wesentlichen Beitrag leistete.

Daß die protestantische Missionsbewegung des 19. und 20. Jahrhunderts in China, für die Hudson Taylor die prägende Persönlichkeit wurde, hier erfolgreicher war, wurde mir schlagartig deutlich, als ich mit Männern wie Herrn X. zusammentraf.

Herr X. lud uns zum Mittagessen ein. Die höfliche Zurückhaltung unsererseits ließ er nicht gelten.

Sie wohnten gleich nebenan. Diese größere Neubauwohnung hatten sie erst vor kurzem zugewiesen bekommen. Er zeigte uns das Wohnzimmer, ein kleines Schlafzimmer, in dem der Enkelsohn schlief, und ihr Schlafzimmer, dessen eine Ecke sein Büro aufnahm. Über dem Bett handgeschrieben, groß und farbig: Verse aus 1. Korinther 13. Die Küche zeigte er uns nicht, aber die Geräusche verrieten uns, daß sich dort eine rege Tätigkeit entfaltete. Er zeigte uns auch seine Bibliothek. So sehr groß war sie noch nicht wieder, aber immerhin. Er griff ein Buch heraus und sagte: „Davon sind jetzt 140 000 gedruckt und im Buchhandel vertrieben worden. Auszüge aus der Bibel. Ich habe auch zehn Stück erworben und die andern verschenkt. " Ob die Texte unter gewissen politischen Gesichtspunkten ausgewählt worden seien? „Nein, die sind in Ordnung. "

Das Christentum hat nicht nur überlebt, es ist in China heimisch geworden.

Ob die Gemeinde Jesu in China auch deshalb überleben

konnte, weil die Boten des Evangeliums aus dem Westen ihren Zeugendienst selbst mit dem Martyrium beglaubigen mußten? Hatten sie das Gesetz vom Weizenkorn, das erst, wenn es in die Erde fällt, viel Frucht bringt, nicht selbst veranschaulichen müssen? Allein von der CIM mußten 58 Missionare und Missionarinnen und 28 Kinder im Boxeraufstand des Jahres 1900 ihr Leben lassen. Die Erfahrung des gegenwärtigen Gottes im Leiden wurde Bestandteil des christlichen Zeugnisses in China.

Hatten die Missionare bei Ausbruch der Krise ihr eigenes Werk und die Auswirkungen ihres Dienstes unterschätzt? Hatten sie nicht für möglich gehalten, daß Gott durch die Chinesen genauso wirken konnte wie durch sie? So kann China auch zu einem Lehrstück für Missionsstrategie werden.

Das Wachstum eines Werkes

Wie steht es um das Wachstum des Werkes, das Hudson Taylor begonnen hatte, oder zunächst nur einmal um dessen Fortbestand? Die CIM war zu einer internationalen Gemeinschaft geworden mit Mitarbeitern aus praktisch allen protestantischen Denominationen. So etwas hatte es vor Hudson Taylor noch nie gegeben.

1887 war er erstmals in die USA und nach Kanada gereist. Kurze Zeit später wurden von dort die ersten Missionare nach China gesandt. Ein Besuch in Australien folgte 1890. Etwa zur gleichen Zeit knüpfte er in Südafrika und auf dem europäischen Kontinent Kontakte. 1895 unterstellte die Pilgermission St. Chrischona, Schweiz, ihre Missionare der CIM. Eine ganze Reihe skandinavischer Missionen traten mit der CIM in Verbindung. In Deutschland gehörten zu diesen sogenannten „assoziierten" Missionen die Allianz Mission Barmen (1890), die Liebenzeller Mission (1899), das Diakonissen-Mutterhaus Friedenshort der Schwester Eva von Tiele-Winckler (1912), der Deutsche Frauen-Missionsgebetsbund (1913) und die Vandsburger bzw. Marburger Mission (1929).

Was war es, das diesen Mann befähigte, auf allen fünf Kontinenten Bewegung zu schaffen, die keine flüchtige Begeisterung blieb, sondern bis in unsere Tage nachwirkt?

Der bekannte Tübinger Theologe Karl Heim kann uns hier weiterhelfen. Er erlebte Hudson Taylor im August 1893 auf einer Studentenkonferenz in Frankfurt am Main. In seiner Autobiographie „Ich gedenke der vorigen Zeiten" schreibt er unter anderem:

„Eine weitere, ganz besonders prominente Persönlichkeit, die in Frankfurt dabei war, war der englische Missionsarzt Hudson Taylor, eine wahrhaft apostolische Erscheinung. Ich hatte von ihm schon manches gelesen und gehört. Ich wußte auch, wie er zum Glauben an Christus gekommen war. Er hatte, wie Augustin, eine Mutter, die eine gläubige Beterin war.

Besonders auf uns Tübinger machte Hudson Taylor einen starken Eindruck. Wir hatten noch nie einen Mann kennengelernt, dessen Leben wie das der Apostel und Propheten bis in alles einzelne hinein unter göttlichen Befehlen stand. Wir kamen ja aus dem Tübinger Stift, der Hochburg der liberalen Theologie und Bibelkritik.

Wir umringten darum Hudson Taylor und stellten ihm die Frage: Wie können Sie an jedes Wort der Bibel glauben?

Er gab uns zur Antwort: Wenn Sie morgen wieder von Frankfurt abreisen wollen, so schlagen Sie das Kursbuch auf und sehen nach, wann der Zug abgeht. Und wenn da steht, um sieben Uhr morgens fährt der erste Zug, so stellen Sie weiter keine Untersuchungen an über die Zuverlässigkeit des Kursbuchs, sondern gehen morgens sieben Uhr auf den Bahnhof und finden dort den angegebenen Zug. Genauso, wie Sie es mit dem Kursbuch machen, habe ich es seit fünfzig Jahren mit der Bibel und ihren Geboten und Zusagen gemacht, und ich habe ihre Weisungen in einem langen Leben auch unter hunderten von Todesgefahren immer richtig gefunden. Wenn zum Beispiel in der Bibel steht: ‚Trachtet am ersten nach dem Reich Gottes, so wird euch alles übrige zufallen‘, so habe ich mich danach gerichtet, und ich bin dabei in allen kritischen Lebenslagen nie enttäuscht worden. Handeln Sie ebenso, und Sie werden dieselbe Erfahrung machen!

Die einfache Antwort auf unsere kritische Frage, hinter der aber ein langes Leben in Nöten und Gefahren stand, machte uns großen Eindruck. "

Neue Aufgaben

Würde dieses Werk, das so schnell gewachsen war, auch Krisenzeiten überstehen? Diese Frage stellte sich 1952 in bis dahin nie gekannter Intensität, als in jenem Jahr auch die letzten ausländischen Missionare China verlassen mußten. Der Verband, in dem die CIM und die assoziierten Missionen zusammenarbeiteten, löste sich zwar auf, doch schon hier zeigte sich die Lebenskraft dieser Werke. Die meisten von ihnen nahmen neue Aufgaben in Angriff. Sendboten dieser heute selbständigen Missionsgesellschaften finden sich auf allen Kontinenten.

Und die China Inland Mission? Während seiner ersten Schiffsreise von England nach China durch die ostasiatische Inselwelt schrieb Hudson Taylor folgende Sätze nach Hause, als sich die Bewohner dem Segelschiff in kleinen Booten näherten: „Was würde ich nicht alles dafür geben, könnte ich ihnen nur das Evangelium predigen! Welch eine Aufgabe für den Missionar! Insel nach Insel, die meisten unbekannt, einige dicht bevölkert, doch ohne Licht, ohne Jesus, ohne Hoffnung. Mein Herz sehnt sich nach diesen Menschen. Ist es recht, daß gläubige Männer und Frauen, umgeben von Bequemlichkeit, ihr Leben daheim zubringen und diese Seelen dem Verderben preisgeben? Darf es sein, daß für Jesu Sache keine Opfer gebracht werden; für ihn, der sein Leben zur Erlösung einer verlorenen Welt dahingab? O, könnte ich doch zu ihnen gehen. O daß ich tausend Zungen hätte, um in jedem Land den Reichtum der Gnade Gottes zu verkündigen! Herr, bereite du dir Arbeiter zu und sende sie in deine Ernte!"

Das Gebet hatte Gott erhört. Bis Anfang der fünfziger Jahre

war auf vielen dieser Inseln das Evangelium verkündigt worden; aber sollte Gott hier jetzt auch Arbeit für ehemalige Chinamissionare haben? Leslie Lyall schreibt in dem Buch „Das Unmögliche gewagt", das zum hundertjährigen Jubiläum der Mission erschien, folgendes:

„Während sich die erschöpften und geschlagenen Truppen nach Hongkong zurückzogen, trafen sich die aus allen Heimatländern herbeigereisten Direktoren der CIM in der kleinen Stadt Kalorama in Australien. Einige waren im Zweifel, ob man das Missionswerk fortsetzen sollte. Es gab viele Probleme. Doch in den Tagen des Beisammenseins wurden sie durch Briefe und Telegramme aus aller Welt ermutigt. Im betenden Warten auf eine Antwort Gottes erkannten sie, daß diese kampftüchtige und erfahrene Missionstruppe nicht aufgelöst werden dürfe. Vor allem sollte zum Gebet für China aufgerufen werden. Die jüngeren Jahrgänge, die 1948 und 1949 nach China gekommen waren, und andere ältere Freiwillige fänden bestimmt jetzt schon Gelegenheit zum Dienst unter den Millionen Übersee-Chinesen in Südostasien und den Heimatländern. Es wurden auch ältere Missionare benötigt. Wenn irgendwo Chinesen lebten, die durch keine andere Mission erreicht würden, wäre es ein schlimmes Versäumnis, ihnen das Evangelium nicht zu verkündigen. Die Direktoren beschlossen deshalb, Erkundungstrupps nach Thailand, Malaysia, Indonesien und den Philippinen zu entsenden."

Ausgewanderte Chinesen

Gleich von Hongkong aus zogen die ersten Erkundungstrupps los – und nicht erst nach einem Heimaturlaub. Zehn Millionen Chinesen lebten in Südostasien außerhalb Chinas. Immer mehr verließen das Festland auf der Flucht. Um diese Leidensgenossen kümmerten sich die ehemaligen Chinamissionare zuerst. Schon bald darauf halfen sie mit in bereits bestehenden chinesischen Gemeinden, unterrichteten an Bibelschulen und taten

244

Pionierdienst, wo immer sie im ostasiatischen Raum Chinesen fanden. 4700 Gemeinden mit Überseechinesen gibt es heute weltweit. Das ist nicht allein das Verdienst ehemaliger China-missionare; aber was wäre alles nicht geworden, hätten sie damals resigniert?

Bei einem Besuch in Hongkong führte mich der Leiter eines chinesischen Werkes an eine Weltkarte und sprach von der Missionsbewegung, die von Jerusalem ausgehend westwärts verlaufen sei. Über Kleinasien habe sich das Zentrum missiona-rischer Aktivität nach Ost-, Süd- und dann nach Nord-Europa verlagert und später nach Nordamerika. Die USA und Kanada seien in unserer Zeit Hauptträger der Weltmission, doch „jetzt sind wir dran, die Chinesen", schloß er seine Betrachtung, „denn die Bewegung setzt sich weiter fort: westwärts über den Pazifik".

Unerreichte Bevölkerungsgruppen

Vor allem im Süden Chinas hatten Missionare der CIM wert-volle Erfahrungen in der Arbeit mit Bergstämmen gesammelt. Sollten sich diese in Nordthailand zum Beispiel oder auf der Philippinen-Insel Mindoro nicht auch bewähren? Dort hatten die „Expeditionscorps" auf ihren Erkundungsreisen bis dahin vom Evangelium unerreichte Bergstämme entdeckt. Auch Japan – wo es zwar keine Chinesen und keine unerreichten Stämme gab, rückte in das Blickfeld.

Hunderte, vielleicht Tausende neuer Gemeinden sind seither allein in Ostasien in unerreichten Gebieten entstanden – nicht nur durch Missionare der CIM. Allein auf der Insel Mindoro unter den Bergstämmen sind es bisher sechzig, und in weiteren etwa sechzig kleineren Gruppen hören sie regelmäßig das Wort Gottes. Die nordjapanische Insel Hokkaido vor allem, die Phi-lippinen-Inseln Luzon, Mindoro und Mindanao, Nord-, Zen-tral- und Südthailand und weite Gebiete Ostmalaysias bieten der einstigen CIM, die 1965 zum hundertjährigen Geburtstag endgültig den neuen Namen „Überseeische Missions-Gemeinschaft" (ÜMG) annahm, bis heute viele Möglichkeiten für Pioniermission und Gemeindebau.

Moderne Medien

Überseechinesen und unerreichte Gebiete blieben nicht die einzigen neuen Initiativen einer alten Mission. Der Mangel an direkten Kontaktmöglichkeiten mit den Festlandchinesen rückte die indirekte Kontaktnahme stärker in den Mittelpunkt. In Hongkong – und später in anderen Ländern – begann eine ausgedehnte Literaturarbeit. „Stärkung der chinesischen Christen und Gemeinden durch das gedruckte Wort", lautete die Zielsetzung. Später wurde für Stammesgruppen auf den Philippinen und in Thailand der Zugang zum gedruckten Wort durch Bibelübersetzung und Alphabetisierung überhaupt erst geschaffen.

Auch die evangelistisch-missionarische Rundfunkarbeit erhielt durch die China-Erfahrung neue Impulse oder gar erst die entscheidenden Anstöße, und das nicht nur in Richtung China. Über den Äther aber konnte in dieses Land von Ostasien aus das Evangelium weiterhin verkündigt werden. Hörerbriefe von dort ermutigten zu immer umfassenderen Initiativen. Allein die Far East Broadcasting Company erhielt in der Zeit von 1979 bis 1982 40 535 Hörerbriefe aus China. Die ÜMG finanziert bis heute solche Sendungen nach China, die alle Provinzen des Landes erreichen.

Hidden People

„Hidden People" ist der in Missionskreisen zur Zeit gängige Ausdruck für die vom Evangelium unerreichten, „verborgenen" Bevölkerungsgruppen. In gewisser Hinsicht hat die ÜMG solche Gruppen schon seit Anfang der fünfziger Jahre immer wieder „aufgestöbert". Auf Taiwan waren es z.B. Anfang der siebziger Jahre junge Fabrikarbeiter, die zu Zehntausenden in die neu entstehenden Fabrikzonen strömten. Auf der Philippinen-Insel Mindanao gibt es unter moslemischen Bevölkerungsgruppen bis heute keine Gemeinden, weil geeignete Mitarbeiter fehlen.

Auch auf solche Gruppen waren Mitarbeiter der CIM bereits in China aufmerksam geworden. Einer unserer ehemaligen China-Missionare erzählte mir kürzlich bei einem Besuch in Deutschland, daß er sich schon damals in China in die Studentenarbeit gerufen wußte. Die Missionsleitung hatte ihn aber wieder aufs Land geschickt, „weil dort 80 Prozent der Bevölkerung lebt". Eine christliche Studentenbewegung begann in China deshalb erst während des Zweiten Weltkriegs in den Flüchtlingsuniversitäten im Westen des Landes. Bis dahin war die Studentenarbeit im großen und ganzen das Monopol liberaler Theologen gewesen. Die erste Studentenkonferenz nach dem Muster der englischen Inter-Varsity-Christian-Fellowship wurde 1944 in der Kriegshauptstadt Chungking organisiert. Gleich nach Ende des Krieges zogen Zehntausende von Studenten in ihre alten Universitäten nach Shanghai, Peking, Tientsin, Nanking, Tsinan und Kanton zurück. Auch dort wandten sie sich mit der Bitte um Hilfe an die CIM, die inzwischen die strategische Bedeutung dieser Arbeit erkannt hatte und aktiv geworden war. Im Jahr 1947 fand die größte Konferenz evangelikaler Studenten, die je in China durchgeführt wurde, auf dem Purpurberg außerhalb Nankings statt. Zweihundert Delegierte aus hundert Universitäten und Hochschulen fanden sich dort zusammen. Die kurz zuvor von einem chinesischen Gelehrten herausgegebene Übersetzung der Biographie Hudson Taylors wurde zum Bestseller.

Als die ausgewiesenen Missionare dann in die andern Länder Ostasiens kamen, brauchte man sie von der Notwendigkeit der Studentenarbeit nicht mehr zu überzeugen. Die taiwanesische Studentenmission z.B. geht auf die Initiative dieser Männer und Frauen zurück. Sie hat heute 45 vollzeitlich tätige, chinesische Mitarbeiter, erreicht wenigstens zehn Prozent der studierenden Jugend des Landes regelmäßig mit dem Wort Gottes und wird vollständig aus eigenen Mitteln finanziert.

In Indonesien, wo die ÜMG mit nationalen Kirchen zusammenarbeitet, hat sie stets auch Dozenten an Universitäten vermittelt, die neben ihren Vorlesungen auch durch ihr christliches Zeugnis eine lebenstüchtige junge Generation heranbilden wollen.

In Singapur, mit einem christlichen Bevölkerungsanteil von ca. 8,5 Prozent, sind 50 Prozent der Lehrer und 35,8 Prozent derer, die eine höhere Schulbildung haben, Christen. Zu einer einzigen Gemeinde in dieser 2,5 Millionenstadt gehören allein 70 Ärzte.

Keine weißen Privilegien

Die Hundertjahrfeier war für die Mission nicht nur Anlaß für die fällige Namensänderung, sondern auch für veränderte Aufnahmebedingungen. In Singapur, dem Sitz der Leitung, beschloß der Überseerat, fortan auch nichtweißen Mitarbeitern die Vollmitgliedschaft zu ermöglichen. Sechzig sind es zur Zeit. Zu den Arbeitsgebieten Singapur, Hongkong, Taiwan, Japan, Thailand, den Philippinen, Malaysia und Indonesien kam noch Südkorea. Bis zur kommunistischen Machtübernahme gehörten auch Laos, Vietnam und Kambodscha dazu. Die Erkenntnis, daß man von einer zeitlichen Begrenzung der Arbeit ausgehen muß, die nicht von der Mission selbst festgesetzt wird, lehrte die Mission, viel früher und intensiver auf das Selbständigwerden der einheimischen Kirchen und Werke hinzuarbeiten. Es sollen weder finanzielle noch personelle Abhängigkeiten von Missionen und Kirchen des Westens entstehen. Auch wenn man zuweilen Gefahr lief, ins andere Extrem zu verfallen, ging es doch vor allem um die Umsetzung der geistlichen Erkenntnis, daß Gott durch seinen Geist Menschen aller Kulturen, Rassen und Klassen begaben und befähigen kann, nicht nur ein angefangenes Werk fortzuführen, sondern auch neue zu beginnen. Dafür gilt China selbst inzwischen als Beweis.

Die ÜMG ist den Grundsätzen Hudson Taylors treugeblieben. Inhalt der Verkündigung ist Jesus Christus. Treibende Kraft ist der Heilige Geist, der Missionsstratege Gott selbst. Auch über scheinbarem Zusammenbruch bleibt er souverän der Herr. Doch bevor Missionare des Landes verwiesen werden können, müssen sie zuerst dort gewesen sein. Deswegen sendet die ÜMG weiterhin Männer und Frauen aus. In viele Gebiete können sie noch gehen. Viele Aufgaben sind noch zu erledigen. Bruderschaft und Partnerschaft im Dienst für Jesus weltweit, hören niemals auf.

China ist für Missionare aus dem Westen weiterhin ein verbotenes Land. Aber die Gemeinde lebt in den wiedereröffneten Kirchen und in wahrscheinlich Zehntausenden von Hausgemeinden, die Männern wie Herrn X. geistliche Basis und Wirkungsfeld zugleich sind. Dieses Wissen läßt uns zuversichtlich in die Zukunft schauen.

Die ÜMG mit ihren derzeit 933 Mitarbeitern aus 25 Nationen wird seit 1980 von einem Urenkel Hudson Taylors geleitet. James Hudson Taylor III. ist (China-) Missionar in der vierten Generation. Sein Sohn macht zur Zeit bei der ÜMG in den USA ein Praktikum. Eine Familiendynastie ist die CIM/ÜMG allerdings nie gewesen, wohl aber ein Beweis für die Treue Gottes über Generationen hin, dort wo Menschen ihm die Treue halten. Daß der jetzige Leiter wieder ein Taylor ist, hat allein damit zu tun. Die These jenes Chinesen aus Hongkong von der Westwärtsverschiebung des missionarischen Zentrums stimmt auch in diesem Fall. Die Taylors, ehemals Engländer, sind inzwischen Amerikaner geworden. Dann könnte der nächste Generaldirektor der ÜMG ein Chinese sein.

1832, 21. Mai	James Hudson Taylor, geboren in Barnsley, Yorkshire, England
1849, Juni	Bekehrung und Ruf in den Dienst
1850, Mai	Beginn des Medizinstudiums in Hull
1853, 19. September	Taylor segelt nach China als Vertreter der Chinesischen Evangelisationsgesellschaft
1854, 1. März	Hudson Taylor landet in Shanghai
1857, Juni	Rücktritt von der Chinesischen Evangelisationsgesellschaft
1858, 20. Januar	Hochzeit mit Maria J. Dyer
1859, September	Taylor übernimmt die Verantwortung für Dr. Parkers Krankenhaus in Ningpo
1860, Sommer	Rückkehr nach England zum ersten Heimataufenthalt und Abschluß des Medizinstudiums
1865, 25. Juni	Übergabe in Brighton und Gebet um 24 Mitarbeiter für das Innere Chinas – Beginn der China Inland Mission
1866, 26. Mai	Die erste Gruppe der China Inland Mission segelt auf der „Lammermuir" nach dem Fernen Osten – eine Reise von vier Monaten
1870, 23. Juli	Tod von Maria Taylor, geb. Dyer
1872, 6. August	Bildung des Londoner Rats der China Inland Mission
1872, 9. Oktober	Rückkehr nach China mit Mrs. Taylor, geb. Faulding
1875, Januar	Aufruf zum Gebet um 18 Pioniere für die neun unevangelisierten Provinzen
1881, November	Appell für die Siebzig (Wuchang)
1886, 13.-26. Nov.	Erstes Treffen des China-Rates und Appell für die Hundert (Anking)
1888, Sommer	Erster Besuch in Nordamerika

1889, November	Erste Besuche in Schweden, Norwegen und Dänemark
1890	Die ersten deutschen Missionare reisen mit der China Inland Mission nach China
1890, August	Erster Besuch in Australien
1893, Sommer	Dienste und wichtige Begegnungen bei der Studentenkonferenz in Frankfurt/Main
1900, Mai	Beginn des „Boxeraufstandes"
1900, August	D. E. Hoste zum geschäftsführenden Direktor ernannt
1902, November	Hudson Taylor übergibt den Direktorposten an D. E. Hoste
1904, 30. Juli	Tod von Mrs. Taylor, geb. Faulding, in der Schweiz
1905, Februar	Hudson Taylors Rückkehr nach China zum letzten Besuch
1905, 3. Juni	Hudson Taylor stirbt in Hunan.
1911	Entmachtung der Ching-Dynastie und Gründung der Republik China durch Dr. Sun Yat-sen
1921	Gründung der Kommunistischen Partei Chinas
1932	Der Schotte George Gill wird Generaldirektor der CIM
1934	Beginn des „Langen Marsches"
1934	Die CIM hat 1.368 Missionare in China
1937-1945	Krieg zwischen China und Japan
1940	Der Engländer Bischof Frank Houghton wird Generaldirektor der CIM
1946-1949	Bürgerkrieg in China
1949	Ausrufung der Volksrepublik China durch Mao Tse-tung
	Beginn der Arbeit der CIM in Hongkong
1950	Gründung des Schweizer Zweiges der CIM/ÜMG

1951	Rückzug der Missionare aus China Beginn der Arbeit in Japan, Singapur und Philippinen
1951	Der Neuseeländer Oswald Sanders wird Generaldirektor der CIM/ÜMG
1951	Der internationale Sitz – früher in Shanghai – ist jetzt in Singapur
1952	Beginn der Arbeit der ÜMG in Taiwan und Thailand
1953	Beginn der Arbeit in Malaysia
1954	Beginn der Arbeit in Indonesien
1957	Beginn der Arbeit in Laos
1960	Beginn der Arbeit in Vietnam
1965	Hundertjähriges Jubiläum der Mission. Die China Inland Mission bekommt den Namen Überseeische Missions-Gemeinschaft (Overseas Missionary Fellowship). Satzungsänderung: Auch Nichtweiße können Vollmitglieder der ÜMG werden
Ab 1965	Entstehung asiatischer Zweige der ÜMG zur Sendung von Missionaren
1967	Gründung des Deutschen Zweiges
1969	Beginn der Arbeit in Süd-Korea
1969	Der Engländer Michael Griffiths wird Generaldirektor der ÜMG
1974	Beginn der Arbeit in Kambodscha
1975	Ende der Arbeit in Laos, Vietnam und Kambodscha
1980	Der Amerikaner James H. Taylor III., ein Urenkel des Gründers der CIM, wird Generaldirektor der ÜMG
1983	Die ÜMG hat 933 Mitglieder aus 25 Nationen

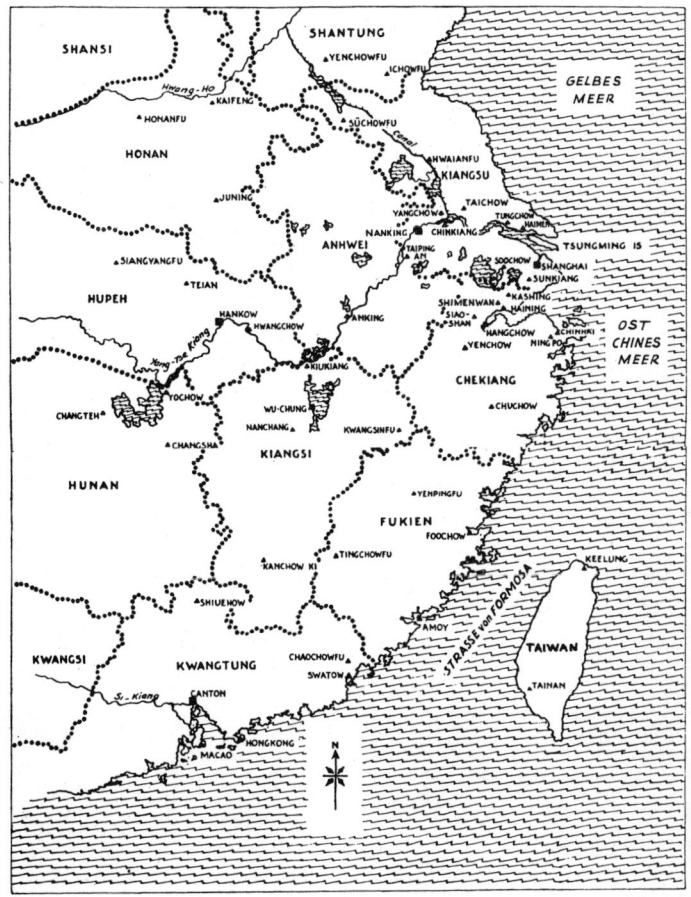

Preiswerte Jubiläumsausgaben aus dem Brunnen Verlag

Marianne Wintersteiner

Willst du dein Herz mir schenken

Das Leben der Anna Magdalena Bach
240 Seiten. ABCteam-Taschenbuch
Bestell-Nr. 3-7655-3637-7

Die siebenjährige Anna Magdalena belauscht Bach bei einem Orgelspiel und ist von seiner Kust und ihm selbst beeindruckt. Erst später lernen sich beide im Hause ihres Vaters kennen, des Hoftrompeters Wülken. Bach sagt von ihr: „Sie hat einen gar sauberen Sopran …" Anna Magdalena verliebt sich in den Meister; für ihn dagegen ist sie zunächst nicht mehr als eine junge, begabte Sängerin. Erst später werden Anna Magdalena und Johann Bach ein Liebespaar. In dieser Zeit entsteht das Lied „Willst du dein Herz mir schenken …" Die beiden hatten es wohl nötig, ihr Liebe geheimzuhalten, um sie vor dem Klatsch des Fürstenhofes zu schützen. Ein spannender biographischer Roman.

Jahn Dobracynski

Gib mir deine Sorgen

Die Geschichte des Pharisäers Nikodemus
416 Seiten. ABCteam-Taschenbuch
Bestell-Nr. 3-7655-3410-2

Anschaulich und faszinierend beschreibt Jan Dobracynski, ein Meister des Erzählens, das Leben Jesu aus der Sicht des Pharisäers Nikodemus. Dieser Zeitgenosse Jesu ist Skeptiker, dabei aber ein Mann, der offene Augen hat für eigene und fremde Vorzüge und Schwächen. Eine packende Erzählung, die den Leser hineinnimmt in das biblische Geschehen.

Dieter und Vreni Theobald

Heut schließt er wieder auf die Tür

Ein Familienbuch für die Advents- und Weihnachtszeit
192 Seiten. ABCteam-Taschenbuch
Bestell-Nr. 3-7655-3615-6

Für die Zeit vom 25. November bis 6. Januar wird ein
„Programm zum Einüben auf Weihnachten" geboten: Jedem die-
ser Tage wird ein Bibelvers vorangestellt, dem ein passender
Liedvers und ein Sinnspruch folgt. Eine kurze Andacht beschließt
jeden Tag.
Advent und Weihnachten ist für viele die schönste Zeit des Jahres,
weil sie Raum für die Familie gibt. Wie man diese Tage gemein-
sam feiern kann, haben Dieter und Vreni Theobald in ihrem
besinnlichen Familienbuch zusammengestellt.
In bunter Auswahl folgen alte und neue Advents- und
Weihnachtserzählungen, Berichte über traditionelle
Weihnachtsbräuche und Sitten, Backrezepte, Gedichte, kleine
Anspiele und andere Besonderheiten.

BRUNNEN VERLAG GIESSEN